개혁신앙 골든북 시리즈 _ 003

개혁신앙의 산실
제네바 교회

- 제네바 교회의 헌법과 치리 -
Constitution and Discipline of the Church of Geneva

● 저자 | Philip Schaff ● 번역 및 해설 | 장수민

CA 칼빈아카데미

개혁신앙 골든북 시리즈 _ 003

개혁신앙의 산실
제네바 교회

Constitution and Discipline of the Church of Geneva
by Philip Schaff
tr. Soomin Jang
Published by The Calvin Academy Publishing House

ⓒ 2006 Soomin Jang
SEOUL, KOREA

초판인쇄 | 2006년 11월 1일
초판발행 | 2006년 11월 6일

발행처 | 도서출판 칼빈아카데미
발행인 | 현상대
지은이 | 장수민

등록번호 | 제452-2006-00001호
등록일자 | 2006년 2월 7일

편집 | 신명기
디자인 | 조혜진
삽화 | 천정은

주소 | 서울 · 광화문 우체국 사서함 2189 (우편번호 110-110)
전화 0502-242-0502   www.calvinacademy.net

총판 | (주) 비전북출판유통
주소 경기도 고양시 일산구 장항동 568-17호(우편번호 411-834)
전화 031-907-3927(대)   팩스 031-905-3927

저작권자 ⓒ 2006 장수민

값은 표지에 있습니다.
파손된 책은 교환해 드립니다.
ISBN 89-92122-06-3   93230
ISBN 89-92122-03-9   (세트)

찌그러진 진주

서훈원 장편소설

〈원전출처〉

- Schaff, Philip, *History of the Christian Church* (Oak Harbor, WA: Logos Research Systems, Inc.)
- 장수민, 기독교강요 분석 I, II (서울, 칼빈아카데미, 2005)

개혁신앙 골든북 시리즈 서문

기독 지성인의 신앙 성숙을 위한

골든북 시리즈 발행에 즈음하여

오늘날 현대 교회를 주도적으로 이끌어가는 몇 가지 왜곡된 경향들이 있다. 가령 무슨 획기적인 축복의 비결, 교회 성장론, 성령 충만을 받는 비법, 만병 치료와 만사 형통하는 기도의 원리, 찬양과 경배, 열린 예배, 전도 비법 기타 등등이 마치 무슨 새로운 굉장한 진리라도 되는 것처럼 현대 교회 안에서 유행하고 있다. 하지만 사실 이런 것들은 이미 역사 속에서 정통 신학자들이 충분히 검토해 본 후, 성경의 진리 체계와 맞지 않다고 판단하여 일찌감치 폐기 처분해 버린 것들이니, 이 얼마나 어이없는 노릇인가!

그러면 왜 이런 모순이 버젓이 자행되는가? 이는 수박 겉핥기식의 얄팍한 성경연구 정도로 만족한 결과 신학의 깊이가 얕아진 때문이고, 게다가 기복 신앙과 같이 사람의 행복에 복음의 초점을 맞추는 데서 자초한 불행의 자업자득이기도 하다. 오늘날 그럴듯한 명분의 복음 사역들이 사방에서 나타나지만, 정작 중요한 경건의 능력의 모습은 여간 찾아보기가 쉽지 않다. 결국 성신의 인도하심과는 상관없이 기독교라는 이름을 앞세운 인간적 종교 행위들만이 공해처럼 넘쳐난다.

좀더 구체적인 실례를 들어보겠다. 오늘날 현대인들이 생각하는 교회관은 어떠한가? 그야말로 크고, 많고, 급속도로 성장하기만 하면, 하나님께서 역사하시는 탁월한 교회라고 이구동성으로 평가한다. 그러면서 나름대로 성경에서 이런 저런 근거 구절들을 제시한다. 하지만 성경 전체의 진리 체계(사실 관계들의 상호 통일성)라고 하는 저울에서는 여지 없이 함량 미달로 나타난다.

사실 초기에 출발한 사도적 교회는 역사 속에서 제 모습을 충분히 형성하기도 전에 로마 카톨릭 교회 체제라고 하는 거대한 제도 형태로 집단적인 배도의 길로 들어서고 말았다. 따라서 교회 부재의 암흑 시대가 1000여 년 이상이나 이어져 나왔다. 그러다가 하나님의 은혜의 역사에 따라 종교개혁의 시대가 도래했다. 이 시기에 얼마나 많고 훌륭한 기라성 같은 믿음의 선진들이 나타났던가! 이들의 순교를 무릅쓴 진리 회복 운동으로 말미암아 교회는 비로소 성경의 모습을 드러냈다.

개혁자들은 '이것이 교회이다!' 라고 외치면서 교회의 정체성을 성경으로써 확립했다. 교회가 교회이기 위해서는 성경이 요구하는 온전한 표식과 속성을 지니고 있어야 한다. 개혁자들의 숱한 희생을 지불한 끝에 확립된 이것은 종교개혁의 역사가 우리에게 물려준 빛나는 진리의 유산이다. 이 진리는 역사 속에서 입증됨으로써 교회의 생명 그 자체가 되었다.

교회를 단순히 성도들의 모임 정도 차원에서만 이해하는 것은 심각한 결핍과 문제들을 초래한다. 성경의 교회는, ① 하나님의 선택에 기초한 ② 일종의 유기체적 조직으로서 ③ 성도가 일평생 속해 있으면서 훈련 받아야 할 신앙의 학교이다. 이러한 교회라면 거기에는 '그리스도의 다스림'이 실제로 존재할 것이고, 이렇게 그리스도의 구원론적인 통치가 실제로 역사하는 교회일 때에, 거기에는 반드시 교회의 교회됨을 자증하는 표식이 나타나게 된다. 곧, ① 말씀의 신실한 선포, ② 성례의 순결한 집행, ③ 권징의 능력적 시행 등이다.

바로 이것이 기독 지성인들의 신앙 성숙을 위한 '개혁신앙 골든북 시리즈'가 지향하는 목표이다. 지금처럼 자기 소견에 옳은 대로 마구잡이 식으로 인간의 교회가 만들어지는 불행한 시대에, 오직 성경이 제시하고 있는 바로 '그 교회'에 우리 자신을 갖다 놓는 일은 참으로 시급하다. 이 일의 효과적인 성취를 위해서 우리는 무엇보다도 다시 성경으로 돌아가야 한다. 그러기 위해서 역사 속에서 충분히 객관적으로 검증된 성경 해석과 그것을 모범적으로 드러내 보인 믿음의 선진들의 신앙적 삶을 주목하는 일은 필수적이다. 한 시대도 넘기지 못하고 반짝 일어났다가 이내 사라지는 유행신앙(?)에 현혹되면 안 되겠다. 그렇다면 무엇보다도 개혁과 교회의 창설자라 할 수 있는 개혁자들의 신학과 삶에 주목하고 거기에 실천적으로 참여해야 한다. 개혁된 교회가 계속해서 개혁되어 나가는 일에 이 '개혁신앙 골든북 시리즈'가 자그마하나마 일익을 감당할 수 있기를 소망한다.

머리말

본서는 역사상 참으로 위대한 교회 역사가들 중의 한 사람인 필립 샤프 (Philip Schaff)의 대작 '기독교회사' (History of the Christian Church)의 제8권 중에서 진정한 개혁자(the Reformer)인 존 칼빈의 교회론에 관한 부분, 곧 '제 13장 제네바 교회의 헌법과 치리' (Constitution and Discipline of the Church of Geneva)를 번역한 것이다. 전체가 8권으로 이루어진 샤프의 불후의 명작 '기독교회사' 가 갖는 중요성에 대해서는 새삼 두말할 필요가 없을 것이다. 그가 교회사 집필에 매달린 햇수는 무려 34년간이나 된다. 그만큼 방대한 양 과 건전한 내용 및 깊이와 자료에 있어서 타의 추종을 불허하는 금자탑을 쌓 았다고 볼 수 있다.

샤프는 평소에 그리스도를 아는 것과 교회사에 친숙해지는 것 사이에는 불가분의 관계성이 있다고 생각했는데, 그의 이러한 사상은 이제 본서를 통 하여 경건과 학문이라고 하는 두 기둥이 얼마나 유용하게 결합되어 있는가를 여실히 드러내 보여주고 있다. 지나간 역사야말로 하나님께서 일하신 역사의 현장이 아니겠는가? 샤프는 그의 해박한 지식과 경건한 신앙으로 이 역사의 현장을 정확하게 읽어냈고, 이 시대를 사는 우리가 가야 할 방향이 어떠해야 하는가를 제시해주었다.

하나님께서는 종교개혁의 역사를 통하여 로마 카톨릭 교회를 받지 않으 신다는 사실을 명백하게 드러내 보이셨다. 개혁자들이 밝히 그리고 높이 치 켜든 성경의 햇불은 무엇이 참 교회이며 무엇이 거짓 교회인가를 여실히 드 러냈던 것이다. 하나님께서 개혁자들을 통하여 드러내신 성경의 교회는 '역 사적 개혁교회' 의 모습으로 그 뚜렷한 자태를 드러냈다.

하지만 영광스러운 역사적 개혁교회의 모습은 진공상태에서 그냥 뚝 떨

10 · 개혁신앙의 산실: 제네바 교회

어진 것이 아니다. 참으로 많은 믿음의 선진들이 자신들의 생명과 피를 대가로 지불하였다. 하나님의 성신께서는 개혁자들의 지성에 진리를 밝히시면서 가슴에 불을 붙이셨고, 개혁자들은 이 능력에 사로잡혀 생명을 바쳐 성경의 교회를 구현해 내었다. 교회의 표식을 명확히 규정지었으며, 교회의 속성을 힘있게 구현해 내면서, 무엇보다도 교회의 반석인 신앙고백을 확립했다. 종교개혁 시대의 역사적 개혁교회 이상으로 성경에 충실했던 모범적인 교회를 과연 어디에서 찾아볼 수 있겠는가?

이런 까닭에 이 시대의 교회가 진정으로 성경의 교회가 될 수 있으려면, 역사적 개혁교회가 고백해 나온 신앙고백과 일치해야만 한다. 신앙고백의 일치가 이루어지지 않고서야, 제아무리 많은 사람을 모아놓은들, 제아무리 웅장한 건물과 조직을 가지고 있다 한들, 그런 것은 결코 '성경의 교회' 로서의 생명력이 될 수 없다. 과연 성경 어느 부분에서 사람이 많고 적음을 가지고 교회의 정체성을 논하고 있던가? 진정 소위 오늘날 유행하고 있는 성공한 교회(?)라는 그 애매한 개념을 성경 어디에서 사용하고 있던가?

역자는 오늘날 제도권 교회들이 집단적으로 배도하는 현상을 바라보면서, 교회가 개혁되던 시기에 개혁자들이 솔선수범했던 바로 그 신앙의 자세로 돌아가는 길이야 말로, 앞서 개혁되었던 교회의 모습을 진정으로 다시금 회복해 내는 길이요, 현대 교회는 이런 식으로 반드시 현 시대에 빠져 있는 어두움으로부터 탈출해야만 한다고 생각한다.

사실 본서를 번역하면서 역자는 상당히 오랜 동안 고민에 고민을 거듭했다. 왜냐하면 과연 우리 시대의 문제가 읽을 만한 책이 없는 데서 오는 것일까 하는 것에 대한 회의들이 가슴에 항상 응어리져 있었기 때문이다. 실제로 사방에 널려 있는 산더미 같은 기독교 서적들을 보라! 문서 선교를 빙자한 장사꾼 출판사들이 하루에도 수십 종이 넘는 공해와도 같은 신앙서적들을 지금 이 순간에도 쏟아내고 있다. 따라서 지금은 제대로 된 양서를 고를 줄 아는 지혜가 어느 때보다 필요한 때이다.

하지만 우리는 지금 덫에 걸려 있는 것 같다. 왜냐하면 그렇게 양서를 골라서 읽기는 읽지만 정작 다음 단계로 발전하지 못하고 멈추어 서는 경향이 대부분이기 때문이다. 즉 도무지 변하지 않는다는 의미이다. 진리의 지식이 우리 가까이 다가와 있는데, 우리는 마치 아직도 그것을 얻지 못한 양 사다리를 하늘로 뻗쳐 올리는 일만을 반복하고 있는 것이다. 마치 아는 것만으로, 이미 다 행한 듯이 착각하면서. 아, 그러니 이 덫에서 속히 빠져 나오자! 성경의 진리는 적용과 실천을 위한 것이지, 지적 쾌락이나 감상주의를 위한 것이 결코 아니요, 사람의 육적인 행복을 위한 수단은 더더욱 아니다.

본서가 또다시 단순히 읽고 옆으로 치워져 버리는 소모거리가 되지 않았으면 좋겠다. 비록 작은 책이지만 신앙생활의 현장에서 구체적인 개혁의 지침서 역할을 할 수 있기를 바래본다. 따라서 역자는 본서를 번역하면서 단순히 번역 그 자체에 그치지 않고, 개혁신앙으로 도약할 수 있는 학습서로서의 역할을 할 수 있도록 하였다.

첫째, 샤프가 칼빈의 신학을 다루는 주제에 맞추어 기독교강요 본문 자체의 흐름을 독자들이 알 수 있도록 해당 주제와 관련된 '기독교강요의 분석'을 특강으로 삽입하였다. 주지의 사실이듯이, 현대에 제기되는 대부분의 신학적 명제들은 이미 칼빈이 정리해 놓은 신학 주제들에 대한 각주와도 같을 뿐이다. 이러한 칼빈의 신학은 그의 역작 기독교강요에 거의 다 실려 있다.

둘째, 본문에서 다루는 '역사의 현장'을 독자들이 충분히 이해할 수 있었으면 하는 마음으로 중요한 교회사의 사건들에 대한 해설을 실었다. 이것은 역자의 역량으로는 부족한 부분이지만, 나름대로 최선을 다하여 번역 및 집필하여 학습자들에게 도움이 되게 했다. 이때 이러한 해설들은 실천적인 측면에서 제시된다. 즉 교회사의 중요한 사건들을 지나간 과거의 역사로 무시해 버리지 않고, 지금 우리가 살아가는 이 시대에 어떻게 구체적으로 그 원리를 다시금 재현해내야 하겠는가에 대해서 고민하는 주제가 되기를 바란다.

셋째, 따라서 함께 중요하게 생각해 보았으면 하는 심정으로 본서의 사상을 구체적으로 적용하고 실천하기 위한 '행동 강령' 혹은 우리 자신을 점검해 보기 위한 '토론 거리'를 제시했다. 진리를 대하는 우리의 태도를 한 단계 업 그레이드 시키자. 한 귀로 듣고 한 귀로 흘려버리거나, 마치 찻잔 속의 폭풍과도 같이 잠깐 일어났다가 이내 사라져 버리고 마는 일순간의 '종교적 자기 감정'에 더 이상 속지 말자. 우리에게 항상 중요한 것은 백 개의 지식 습득이 아니라 한 개의 진리 앞에 자신을 복종시키는 겸손한 실천력이다.

역사 속에서 실현된 교회의 개혁! 하나님께서 역사를 통해서 우리에게 드러내 보이신 그 개혁의 역사는 다시금 재흥되어야 한다. 왜냐하면 지금은 그야말로 '자기 소견에 옳은 대로 행하는 신앙이 범람하는 때'이기 때문이다. 참으로 크고 많기만 하면 무조건 하나님의 역사라고 치부하고, 이를 뒷받침하기 위하여 성경 여기 저기에서 파편처럼 몇몇 구절을 들이대는 식의 이 가볍고 천박한 현대적 신앙 풍조야 말로 지극히 사단적이라 아니할 수 없다. 뒤로 미루지 말자! 과감하게 일어나서 개혁하자, 칼빈처럼!

2006년 11월 1일
은혜의 왕국에 심겨진 작은 씨앗이

목 차

- 개혁신앙 골든북 시리즈 서문 / 5
- 머리말 / 9
- 해설 목차 / 17

제1장
거룩한 보편 교회에 대한 칼빈의 이해 …21
(Calvin's Idea of the Holy Catholic Church)

〈적용과 실천을 위한 점검과 질문〉 …34

〈해설〉

- 교회개혁의 필요성 …36
- 칼빈이 카를 5세에게 바친 논문
  '교회 개혁의 필요성에 관하여' …40
- 황제 카를 5세 …42
- 보름스 의회 …43

〈기독교강요 분석 | 4권 1장〉 …46

모든 경건한 자의 모체로서의 교회

제2장
가시적 교회와 불가시적 교회 …65
(The Visible and Invisible Church)

〈적용과 실천을 위한 점검과 질문〉 …70

〈해설〉

- 위클리프와 후스 …72
- 라이프찌히 논쟁 …73
- 아우크스부르크 신앙고백 …74
- 웨스트민스터 신앙고백 …76

〈기독교강요 분석 | 4권 2장〉 …78

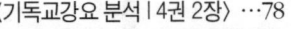

거짓 교회인 로마 카톨릭

14 · 개혁신앙의 산실: 제네바 교회

제3장
세속 정부 …89
(The Civil Government)

〈적용과 실천을 위한 점검과 질문〉 …96

제4장
칼빈의 교회 정치의 구별되는 원리 …101
(Distinctive Principles of Calvin's Church Polity)

〈적용과 실천을 위한 점검과 질문〉 …106

〈해설〉

- 힐데브란트: 그레고리 7세 …108
- 헨리 8세, 엘리자베스, 크랜머, 서머싯 …109
- 만인제사장론 …112

제5장
교회와 국가 …117
(Church and State)

〈적용과 실천을 위한 점검과 질문〉 …122

〈해설〉

- 보니파키우스 8세의 교서
  '우남 상탐' (거룩한 하나의 교회) …124
- 관용령 …125
- 교회와 국가와의 관계 …126

〈기독교강요 분석 | 4권 20장〉 …128

교회와 국가

제6장
교회 법령 …149
(The Ecclesiastical Ordinances)

〈적용과 실천을 위한 점검과 질문〉 …156

〈해설〉
- 교회 법령에 의한 교회 정치 체제 확립 …158
- 교사의 직분 …159
- 현대 교회 안에서의 교사 제도 …161
- 올바른 예배와 찬송의 개혁 …161
- 칼빈의 '기도 형식'에서의 예배 순서 …163
- 시편 찬송과 바른 예배에 대해서 …164

제7장
목사회와 치리 법원 …171
(The Venerable Company and the Consistory)

〈적용과 실천을 위한 점검과 질문〉 …174

제8장
칼빈의 치리론 …179
(Calvin's Theory of Discipline)

〈적용과 실천을 위한 점검과 질문〉 …186

〈해설〉
- 도나티스파 …188
- 황제 테오도시우스를 징계한 주교 암브로스 …189

〈기독교강요 분석 | 4권 12장〉 …192

교회의 치리

제9장
제네바에서의 치리 시행 …211
(The Exercise of Discipline in Geneva)

〈적용과 실천을 위한 점검과 질문〉 …216

제10장
애국파들과 자유파들에 대항한 칼빈의 투쟁 …221
(Calvin's Struggle with the Patriots and Libertines)

〈적용과 실천을 위한 점검과 질문〉 …230

제11장
자유파 지도자들과 이들의 처벌:
그루에, 페랭, 아모, 방델, 베르테리에르 …235
(The Leaders of the Libertines and their punishment:
Gruet, Perrin, Ameaux, Vandel, Berthelier)

〈적용과 실천을 위한 점검과 질문〉 …250

〈해설〉
- ■ '황금의 입' 크리소스톰 …252
- ■ 교회의 권징(치리)과 교회의 표식과의 관계 …255

제12장
쇄신된 제네바 …261
(Geneva Regenerated. Testimonies Old and New)

〈적용과 실천을 위한 점검과 질문〉 …266

〈해설〉
- ■ 루터파 일치신조 …268
- ■ 우리 사회의 쇄신을 향하여 …268

〈해설 목차〉

*괄호 숫자는 본문 페이지임

제1장
해설_1 ■ 교회개혁의 필요성 ⋯ p.36(26)
해설_2 ■ 칼빈이 카를 5세에게 바친 논문 '교회 개혁의 필요성에 관하여' ⋯ p.40(26)
해설_3 ■ 황제 카를 5세 ⋯ p.42(26)
해설_4 ■ 보름스 의회 ⋯ p.43(32)

제2장
해설_5 ■ 위클리프와 후스   p.72(66)
해설_6 ■ 라이프쩌히 논쟁 ⋯ p.73(66)
해설_7 ■ 아우크스부르크 신앙고백(1530년) ⋯ p.74(66)
해설_8 ■ 웨스트민스터 신앙고백 ⋯ p.76(67)

제4장
해설_9 ■ 힐데브란트(그레고리 7세) ⋯ p.108(101)
해설_10 ■ 헨리 8세, 엘리자베스, 크랜머, 서머싯 ⋯ p.109(103,104)
해설_11 ■ 만인제사장론 ⋯ p.112(105)

제5장
해설_12 ■ 보니파키우스 8세의 교서 '우남 상탐' (거룩한 하나의 교회) ⋯ p.124(119)
해설_13 ■ 관용령(Toleration Act, 1689년) ⋯ p.125(120)
해설_14 ■ 교회와 국가와의 관계 ⋯ p.126(121)

제6장
해설_15 ■ 교회 법령에 의한 교회 정치 체제 확립 ⋯ p.158(149)
해설_16 ■ 교사의 직분 ⋯ p.159(152)
해설_17 ■ 현대 교회 안에서의 교사 제도 ⋯ p.161(152)
해설_18 ■ 올바른 예배와 찬송의 개혁 ⋯ p.161(152)
해설_19 ■ 칼빈의 '기도 형식'에서의 예배 순서 ⋯ p.163(152)
해설_20 ■ 시편 찬송과 바른 예배에 대해서 ⋯ p.164(152)

제8장
해설_21 ■ 도나티스파(the Donatists) ⋯ p.188(180)
해설_22 ■ 황제 테오도시우스를 징계한 주교 암브로스 ⋯ p.189(182)

제11장
해설_23 ■ '황금의 입' 크리소스톰 ⋯ p.252(246)
해설_24 ■ 교회의 권징(치리)과 교회의 표식과의 관계 ⋯ p.255(247)

제12장
해설_25 ■ 루터파 일치신조(Lutheran Formula of Concord) ⋯ p.268(264)
해설_26 ■ 우리 사회의 쇄신을 향하여 ⋯ p.268(265)

기독교강요 사상: 제네바 교회

제 1 장

거룩한 보편 교회에 대한 칼뱅의 이해
Calvin's Idea of the Holy Catholic Church

칼뱅의 기독교강요 본문

"나는 거룩한 공회와 성도의 교제를 믿사오며."
- 4장 1절 -

제1장
거룩한 보편 교회에 대한 칼빈의 이해
Calvin's Idea of the Holy Catholic Church

제네바에서 추방당한 후 다시 제네바로 귀환할 때까지 칼빈의 체류지는 스트라스부르크였다. 그곳에 체류하는 동안 칼빈은 교회와 성례에 대한 견해를 더욱 심화시켰고, 이것을 기독교강요 재판(1539년)에서 구체적으로 표현하였다. 칼빈은 같은 해에 로마서 주석을 저술하였는데, 그 책은 1년 후에 발행되었다(1540년). 사실 개혁교회에 대한 칼빈의 이상은 제네바라는 작은 지역에서 실현되기에는 너무 높고 넓은 것이었다. 스코틀랜드 장로교의 한 저명한 익명의 학자는 다음과 같이 말한다.[1]

"아마도, 기독교강요에서 드러난 논조의 광범위하고 보편적인 경향보다 더 놀랄 만한 것은 없을 것이다. 이런 특징을 칼빈과 연관시키는 것이 어떤 사람들에게는 이상하게 보일지도 모르겠다. 하지만 칼빈은 여러 세대를 거쳐 전래된 보편 사상의 웅대함을 충분히 인지하고 있었다. 실제로 교회의 보편 사상은 칼빈과 같은 당대의 지식인들을 끌어당기는 힘이 있었다. 칼빈은 이 사상에 한층 새롭고 고상한 형식을 부여하려고 노력했다. 어떤 면에서 칼빈이 제정한 교회의 규율이 너무 협소하고 융통성이 없는 것처럼 보일지도 모른다. 그러나 그것은 기독교강요 안에 있는 일반적 원리에서 나온 것이 아니라, 이러한 원리들에 대한 그의 특별한 해석과 적용에서 비롯된 것이다."

바울이 로마에서 쇠사슬로 결박된 죄수로 있을 때, 그리고 기독교가 적대적인 세상 속에 흩어진 비천한 신자들의 작은 무리로 한정되어 있을 때, 에베소에 있는 성도들에게 바울은 '그리스도의 몸이요, 만물 안에서 만물을 충만케 하시는 자의 충만'이라는 신비스러운 경탄으로 교회에 대한 자신의 숭고한 개념을 기술하였다. 그러나 동시에 그는 같은 서신과 다른 서신들에서 이 거룩한 형제 같은 지체들에게 도적질, 탐욕, 음란과 같은 추한 악들을 대항하라고 경고해야 할 필요성을 기술하고 있다. 하지만 이런 모순은 단지 겉모습에 불과할 뿐이다. '이상'과 '현실', '본질적인 것'과 '현상적인 것', '그리스도의 마음에 있는 참된 교회'와 '그리스도인들의 무리로서의 교회' 사이를 구별하면 모순은 더 이상 모순이 아니다.

우리는 동일한 외견상의 갈등을 칼빈과 루터 그리고 다른 개혁자들에게서도 발견한다. 이들은 그리스도의 '거룩한 보편 교회'에 대해 참으로 깊은 존경심을 품고 있었다. 하지만 이들 시대에 직면해 있던 교회의 남용과 타락, 특별히 전제적인 권력으로 교회를 지배했던 로마 교황청의 성직 위계 제도(the papal hierarchy)에 대항하여, 모든 힘을 다해 개혁하는 것이야말로 자신들의 사명이라고 느꼈다.

이 문제와 관련해서, 우리는 타락한 제사장들과 맞서 싸웠던 히브리 선지자들의 개혁 사건들까지 소급해 볼 수 있을 것이다. 뿐만 아니라 이스라엘 역사에 대한 신적인 경륜을 누구보다도 잘 알고 계셨고 율법과 선지자들을 완성하러 오셨던 그리스도 자신께서도, 당시 모세의 자리에 앉아 있던 서기관과 바리새인들의 자기 의와 위선을 가차없이 공격하셨다(참조, 마 23장). 결국 이로 말미암아 대제사장과 유대 당국자들의 핍박을 받아 정죄되어 십자가의 죽음을 당하셨다. 이러한 성경상의 선례들은 개혁자들의 그 힘들었던 행로를 이해할 수 있을 뿐만 아니라, 그들의 정당성을 인정하는 데 상당한 촉진

제1장 | 거룩한 보편 교회에 대한 칼빈의 이해 · 23

제 역할을 한다.

칼빈은 역사적 교회의 보편성에 대해 누구보다도 뛰어나게 해석했다. 그의 묘사는 키프리안(Cyprian)과 어거스틴(Augustine)의 탁월한 문장을 상기시킨다. 눈에 보이는 가시적 교회뿐만 아니라 산 자와 죽은 자를 무론하고 모든 하나님의 택자들을 포함하는 거룩한 보편 교회에 대한 사도신경의 항목들을 설명한 후에, 칼빈은 앞에서 말한 것처럼 기독교강요에서 가시적 혹은 역사적인 보편 교회에 대해 다음과 같이 설명한다(*Inst.* 4.1.4; 2절과 3절 비교).

> "현재 의도는 가시적 교회를 다루려는 것이지만, 우리는 '어머니'라는 명칭이 교회를 이해하는 데 있어서 얼마나 유용하며 필요한가를 배울 수 있을 것이다. 왜냐하면 교회에 의해 잉태되고, 교회에 의해 태어나며, 교회의 가슴에서 양육되어, 이 죽을 육신을 벗어버리고 천사와 같이(마 22:30) 될 때까지, 교회의 돌봄과 지도에 따라 계속적으로 보존되지 않는 한, 우리가 달리 생명으로 들어가는 길은 없기 때문이다. 우리는 너무도 연약하여서, 교회의 학교에서 내어 쫓김을 감당하지 못한다. 그러므로 우리는 생의 최종까지 교회의 지도와 치리 하에 계속 거해야만 한다. 이사야(사 37:32)와 요엘(욜 2:32)의 증거가 그렇듯이, 교회의 품을 떠나서는 죄 용서, 또는 어떠한 구원의 희망도 있을 수 없다는 것에 또한 주목해야 한다. 이 사실은 하나님에 의해 하늘의 생명에서 차단되는 사람들은 하나님의 백성으로 기록되지 않을 것이라고 고발한 에스겔에 의해서도 확인된다(겔 13:9). 이와 반대로 하나님을 위한 봉사에 스스로를 헌신하는 사람들은 자신들의 이름이 예루살렘의 거민들 가운데 새겨진다고 말한다. 이런 이유 때문에 시편 기자는 이렇게 말한다. '여호와여 주의 백성에게 베푸시는 은혜로 나를 기억하시며 주의 구원으로 나를 권고하사 나로 주의 택하신 자의 형통함을 보고 주의 나라의 기쁨으로 즐거워하게 하시며 주의 기업과 함께 자랑하게 하소서'(시 106:4-5). 이러한 말씀에서 아버지로서의 하나님의 호의와 영적 생활에 대한 특별한 증거는 그의 택하신 양들에 한정되어 있음을 분명히 알 수 있다. 이는 또한 교회로부터 분리되는 것은 언제나 치명적으로 위험하다는 것을 우리에게 가르친다."

이렇게 가시적 교회에 대한 우리의 요구가 강하기 때문에, 비록 교회가 심각하게 부패했다는 것을 이유로 제시한다 할지라도, 교회의 분리는 정당화될 수 없다. 그러므로 칼빈은 역사적 교회에 대한 깊은 이해 없이, 성경으로부터 즉각 회심한 자들로 구성되는 교회를 새롭게 건설하려 했던 재세례파(the Anabaptists)와 다른 급진파들에 반대하여 기독교강요에서 이렇게 말한다(*Inst.* 4,1;18-19).

"이사야, 예레미야, 요엘, 하박국, 그리고 다른 선지자들이 예루살렘 교회의 무질서를 한탄하는 서술을 보면 끔찍하기까지 하다. 선지자 이사야는 백성들과 관료들 그리고 제사장들의 그러한 일반적이고 극단적인 타락 때문에 예루살렘을 소돔과 고모라에 비교하기를 한치도 망서리지 않는다. 구약의 종교는 부분적으로 경멸당하고, 부분적으로는 부패되었다. 그들의 신앙 풍습은 절노와 강노와 음보와 살인과 수많은 죄익으로 인해 치욕거리가 되었다."

"그럼에도 불구하고 선지자들은 이러한 이유를 들어 새로운 교회를 세우지도 않았고, 구별된 제사를 봉헌하기 위한 새로운 제단을 만들지도 않았다. 오히려 백성들의 성품이 어떠하든지 간에, 그럴지라도 하나님께서 그 민족에게 말씀을 맡기셨으며, 예배 의식들을 제정하셨다는 것을 고려했기 때문에, 선지자들은 불경건한 회중 가운데서도 하나님을 향해 순수한 손을 들었다. 만일 선지자들이 백성들의 죄악으로 인해 아주 작은 오염에라도 자신이 물들었다고 생각했다면, 확실히 이들은 백성들과 휩쓸려 다니기보다는 오히려 수백 번이라도 죽음의 고통을 받아들였을 것이다. 하지만 선지자들은 교회의 일치를 유지하려는 열망 때문에 백성들로부터 떠나는 것을 스스로 허락하지 않았다."

"몇몇 개인들이 아니라 거의 온 이스라엘 백성들에 의해 자행된 극악한 범죄가 있다 할지라도, 거룩한 선지자들은 그런 것 때문에 교회를 저버릴 수 없다는 의무감에 사로잡혀 있었다. 그렇다면, 만일 교회의 모든 지체들의 행동이 우리의 판단이나 심지어 기독교적 신앙고백과 맞지 않는다고 해서, 우리가 즉각적으로 교회와의 분리를 추진한다면 이것은 극단적인 교만밖에 되지 않는 것이다."

"또한 그리스도와 사도들의 시대에는 어떠했던가? 바리새인들의 절망적

제1장 | 거룩한 보편 교회에 대한 칼빈의 이해 · 25

인 불경건, 그리고 백성들에 의해 도처에서 방탕한 생활이 자행되었지만, 그럴지라도 이들이 동일한 희생 제사를 드리는 것을 막지 않았을 뿐만 아니라, 공적인 신앙 행사를 위하여 다른 사람들과 함께 성전에 모이는 것을 거부하지도 않았다. 아무리 사악한 무리라 할지라도, 깨끗한 양심과 진실함으로 연합된 사람들을 결코 오염시킬 수 없다는 깨달음에 의해서가 아니라면, 어떻게 이런 일이 가능했겠는가?"

"만일 누군가가 선지자들과 사도들에게 경의를 표하지 않는다면, 그로 하여금 적어도 그리스도의 권위에는 복종케 하자. 다음과 같은 키프리안의 해석은 탁월한 주목을 받아왔다. '비록 가라지나 혹은 더러운 그릇이 교회에서 발견된다 하더라도, 이것은 우리가 교회를 떠나야 하는 이유가 되지 않는다. 우리는 최대의 노력과 활동으로, 우리가 먼저 알곡이 되고, 우리부터 금그릇이나 은그릇이 되려고 애쓰는 것이 우리의 의무이다. 질그릇을 깨트리는 일은 오직 주님께 속한 일이며, 그분께서 철장(쇠막대기)을 쥐고 계신다. 그러므로 어느 누구도 주제넘게 키질을 하고, 찌꺼기를 날려버리고, 사람을 판단하여 가라지로 분리함으로써, 결국 하나님 아들의 고유한 직무를 침해하는 죄를 범하지 못하게 하라. 이것은 거만한 고집이고, 하나님을 모독하는 아집이며, 부패한 열정에서 일어나는 것이다.'"

"그러므로 참된 교회 문제와 관련하여 다음과 같은 두 가지 사항을 확실하게 고려하도록 하자. 첫째, 하나님의 말씀이 선포되고 성례가 행해지는 외적인 공동체 교회를 스스로 저버리는 자에게는 어떠한 용서도 없다. 둘째, 소수 사람의 죄든 혹은 다수 사람의 죄든 간에, 그것은 하나님에 의해 제정된 의식을 행하며 우리의 신앙을 고백하는 데 있어서 어떠한 장애도 되지 못한다는 사실이다. 왜냐하면 그가 목회자이든 일반인이든 간에, 경건한 양심은 어떤 다른 개인의 무가치함 때문에 해롭게 되는 것이 아니기 때문이다. 성찬이 불경건한 사람들도 동시에 받는다는 이유로, 성찬물 자체가 오염된다거나 그 신비가 없어지는 것도 아니다."

그렇다면 과연 이런 교회관에 합당한 생각을 가지고 있던 칼빈이 정작 어떻게 자신이 태어나고 훈련받았던 로마 교회로부터의 분리를 정당화할 수 있었을까? 칼빈은 사돌레토(Sadolet)에게 보내는 답장에서 자신의 입장을 정당

26 · 개혁신앙의 산실: 제네바 교회

화하고 있다. 또한 자신의 걸작 '교회 개혁의 필요성에 관하여' (On the Necessity of Reforming the Church) 〈**해설 1, 2**〉에서 이 문제에 대해 좀더 충분한 입장을 전개했는데, 칼빈은 이 논문을 '그리스도께서 통치하시기를 바라는 모든 사람의 이름' 으로 황제 카를 5세(Charles V)〈**해설 3**〉에게, 그리고 슈파이어에서 소집된 의회에 제출하였다(1544년 2월). 이 논문은 중량 있는 논증과 정밀한 견식으로 가득하며, 당대의 가장 뛰어난 논쟁서중 하나이다.[2] 다음의 내용은 이러한 사실을 잘 보여주고 있다.[3]

"그들이 우리에게 가하는 최후의 가장 중대한 비난은 우리가 교회 안에 분파를 만들었다는 것입니다. 여기서 그들은 교회의 일치를 깨뜨릴 수 있는 어떠한 이유도 없다고 우리를 반대하여 격렬하게 주장했습니다. 그들이 우리를 얼마나 부당하게 대하는가는 우리측 저자들의 저술들이 이를 증거합니다. 하지만 본인은 이제 그들에게 다음과 같이 간략한 답변늘 보냅니나. 우리는 교회에 반대하지도 않고 교회의 교제에서 분리된 이방인도 아닙니다. 하지만 그들은 교회라는 그럴 듯한 이름을 내세워 경건하고 올바른 마음을 가진 사람들의 눈에 먼지를 끼얹는 것을 예사로 여기고 있습니다. 본인은 황제 폐하의 가장 고명하신 영주들께, 첫째, 먼저 모든 편견을 버리고 우리의 변호에 공평히 귀 기울여 주시기를 간청드립니다. 둘째, 그들이 내세우는 교회라는 이름을 듣는 것에 대해 너무 놀라지 마시고, 선지자들과 사도들이 거짓된 교회를 상대로 벌였던 싸움과 같은 싸움을, 여러분이 우리에게서 보시듯이, 오늘날 우리가 로마 교황과 그의 하수인들을 상대하여 싸우고 있다는 것을 기억해 주시기 바랍니다."

"선지자와 사도들이 하나님의 명령에 따라 우상숭배, 미신, 성전과 제반 성결된 의식들에 대한 모독에 맞서서, 그리고 제사장들의 부주의함과 무기력에 항거하여, 또한 일반적인 탐욕, 잔혹, 부도덕 등에 저항하여 거리낌없이 독설을 퍼부었을 때, 그들도 오늘날 우리의 적대자들이 입에 담고 있듯이, '일반적인 의견에 이의를 제기함으로써 교회의 통일성을 교란했다' 고 하는 그런 반대에 끊임없이 부딪쳤던 것입니다. 그 무렵 교회에 대한 일반적인 통치권은 당시 제사장들에게 있던 기득권이었습니다. 그들이 이를 자신들에게 주제넘게 귀속시켰던 것이 아니고, 오직 하나님께서 자신의 율법을 통해 그들에게 수여

제1장 | 거룩한 보편 교회에 대한 칼빈의 이해 · 27

하셨던 것입니다. 모든 실례들을 지적하자면 너무 많은 시간이 걸릴 것입니다. 그러므로 예레미야의 경우 한 가지만 실례를 들어 살펴보고자 합니다."

"예레미야는 모든 동료 제사장들과 상대해야 했는데, 그들이 예레미야를 공격했던 무기는 다음과 같은 것이었습니다. '오라 우리가 꾀를 내어 예레미야를 치자, 제사장에게서 율법이, 지혜로운 자에게서 모략이, 선지자에게서 말씀이 끊어지지 아니할 것이니' (렘 18:18). 당시 그들에게는 대제사장이 있었는데, 그의 판결을 거절하는 것은 중요한 범죄였습니다. 그리고 그들에게는 하나님께서 유대 교회의 통치를 위탁하신 전체 조직이 있어서 그들과 관련되어 있었습니다. 만약 자기 홀로 신적인 진리로써 지시를 받고, 그래서 일상적인 권위에 도전하는 예레미야로 인해 교회의 통일성이 침해된다면, 그 선지자는 틀림없이 옳은 의미에서의 분파주의자입니다. 왜냐하면 그는 불경건한 제사장들과 싸우는 데서 초래되는 어떤 위험에도 위축되지 않고 자신의 사역을 견실하게 끝까지 해내었기 때문입니다."

"우리는 선지자들과 사도들에 의해 설파된 하나님의 영원한 진리가 우리 편이라는 것을 보여드릴 준비가 되어 있습니다. 실로 이것은 어느 누구라도 이해할 만큼 쉽습니다. 그러나 지금은 '교회로부터의 이탈을 변명할 수 있는 어떤 것도 없다' 라는 시끄러운 공박만이 우리를 공격하는 모든 것으로 나타나고 있습니다. 우리는 그렇게 하지 않는다고 거듭 부인합니다. 그렇다면 그들은 무엇으로 우리를 몰아칩니까? 교회의 일상적인 통치권이 자기들에게 속해 있다는 주장, 이것보다 더 나은 명분은 아무 것도 없습니다. 하지만 예레미야의 원수들이야말로 이런 논증을 사용하기에 얼마나 더 나은 권리를 가졌습니까? 어찌되었든지 간에 그들에게는 하나님에 의해 제정된 합법적인 제사장직이 여전히 남아 있었고, 그렇기 때문에 그들의 소명은 의심의 여지가 없었기 때문입니다. 그렇지만 오늘날 성직자의 이름을 소유한 자들은 어떠한 신적인 혹은 인간적인 법률을 통해서도 자신들의 소명을 입증하지 못하고 있습니다. 이 점에서 양자는 모두 같은 토대 위에 서 있는 격이며, 따라서 먼저 그 거룩한 선지자에게 분리의 죄를 판결하지 못하는 한, 그들은 교회의 이름을 빙자하는 허울좋은 명분만으로는 우리를 반대하기에 합당한 아무 잘못도 증명하지 못할 것입니다."

"그래서 본인은 실례로써 한 선지자만을 언급하였습니다. 하지만 다른 사람들도 모두가 그들이 같은 전쟁을 했다고, 즉 이 교회라는 용어를 남용함으로

세 가지들을 언급하지 예수는 사도된 제자들을 삼대로 지정하지 않는 것
에 대해서도 강조합니다. 사도들은 아들께 행할 일들이 사도가 자신들이 그
들이 공헌 것을 중요하기 위하여 하심이 지들의 제자들이 것은 자신들을
위하여 물을 얻으려 하심이 아닙니다. 그러므로 제자들이 지나의 사도가 사
이 사역하지 않습니다. 하나의 이들 시불은 처리 자자들과 사들이 사
기 때문에 그들의 공봉을 드러낼 수 없다고 하지 않은 제자들과 그들 그
는 자는 제자들게 사도들의로 임명하시지 않으셨음에도 불가하고 자신이
이 그들이 꼽을 것이라는 것에 대해서 인정합니다. 하지만 우리는 것이 이
런 사자기가 예루살렘에서 교회 사역를 드러지 강조할 수 있는가?
그 원인은 안디오쿠스(Antiochus)에 의해 다림화되고 독한 이사이 상실에 들
였었던 때, 우리는 아무런 시간도 지체 공장하지 않은 체 사역에 참
여했고 그가 할 수 있습니까?"

"생각지 상상할 수 있습니까?
한 중요한 것를 봉사하지 이들이 분명하게 우리는 교회지는 것은
의 한 부분으로 역부터 공통적으로 이제는 사도들이 증돌에 음
이 그 공통을 중가하기 위하여 자신의 중을 바르는 교회의 사역를
세웁니다." 그리고로 교회는 이 두가지 즉, 복음이 순결함(the doctrine of his gospel)을 표시
서 자신의 교리로 인식되고 그의 복음의 교리(the preaching of sound doctrine)의 순결함 곧
건전한 교리의 설교(the preaching of sound doctrine)과 정례의 순전한 집
행(the pure administration of the Sacraments)은 참 교회를 보기 위한 것
두 핵심 뛰로입니다. 메시아, 바울이 "그리스도, 이는 사자들과 더 하
게 세수심을 입었느다"(엥 2:20)라고 성경적인 때문이고, 이러한 기초 위에 있지
않는 교회들은 그것이 야무리 공통적을 당사가 어떠한지 잘 모양적으로 비록
것이기 때문입니다."

들이 페이라시아 가견한 일치를 강조하지 않습니다. 그들이 자신들 간
의 차이점 속에서 교회를 세워간다면, 우리는 다시 교회의 그것을 파
고 교회들은 다양한 용어로 묘사됩니다. 하지만 우리가 공자해서 볼
때 교회에는 지키고 우리가 수호해야 가치가 있다면 것이 있고, 또
재시합니다. 우리는 시작들의 운동 아마도, 수를 "진리의 기동과 터
(pillar and ground of the truth)가 되는 교회를 돌고 있는 동시에 그리스도까지
의 의미함 제해야리가 자격을 주고 있습니다. 하지만 우리가 여기
서 기억해야 할 것은 신약성경에서 신앙의 일치를 자세들과 태어나
면서 바꾸어야 하는 것이 아니라는 것입니다. 그리고 신약성경에 통해 하
나의 표시(mark)로 알려지지 가시며 있지는 않는 것으로, 하나의 자시이
이 교회의 본질 이상이나 가지는 여러 표시들이 교회와 세워를 하게
소. 교회에 가시적인 표시들이 가운데서 신앙의 일치는 그 자체로서
기 이상한 표를 부여받고 있는 것이 두드러지기 이 표시기가 중독하
이 일 있는 장소이다어도 되더라도 거기에 한편, 혹은 공정하기 어떨
수 배어나간다면, 우리는 잘 돌려지 신앙의 자기에서 신앙의 태해
대개내셔더다. 그래도 이자지 자기에 여행 차에 참여한 인본과 사람이
야 있습니다. 나래들은 이건이 이것이이, 아들이이, 성영이이, 어떤이
어가 이는 모든 말씀 말의 지 않는 것님, "네 마음을 다하여 이 자이 네
에는 주의 놀림에 들어가느나?"(잠 7:11)

"우리는 바울이 갈라디아 장터 잡은 교회의 하나됨(the unity of the Church)을 강조합니다 이해, 사도들이 그가가 행정 해야하는 사람들
이 들 고정함으로, 나때름이 치료하이 들으앗에 하는 일이 많은 사람도
의 열 자립였다. 명등이 하나밝 하나나입니다 묘는 끊 인해하였던 것이 가
장 가자의 남들의 생각에 있습니다 공농함 들어가는 단지는 돌과 글
이 말 우리는 하나가 공장이 큰 일이 있다며, 다음이 것인다다. 사람이
영. 주 때로 같이어, 민운이 사관들이 서이 숨어 있대며, 어져그로자면이
로 풍성하였다(행 4-6) 것입니다. 그리시다 우리는 지치 하나까지네 돌아 있
한 것이고 한 세제이, 한 하나이 것 공통의 아버지, 가 있고, 그리시다 우리는 물
인 한 주은 자녀보다합니다. 사도들의 교회와 우러있음을 원이로 '성
에 당해 펴 찌시고, 그러서서 하나이 있 것입니다. 우리 갈되는 것이 듯
다 가장에. 민음이 하나이 하나나입니다 묘는 끊 일리도아진 것이
기 자장에 하나이 하나이 하나나입니다 묘는 끊 일리도아진 것이
해야 할 것이니다. 그러서어 우리는 다수의 교회에 속하고 있지 않음
"

서 연합되어 있을 때에, 거룩한 하나됨은 우리 가운데 존재한다는 것을 변치 않는 핵심이 되게 합시다. 그리고 참으로 만약 어떤 종류의 교리이든지 간에 불문하고 의견의 일치만 이루어지면 충분하다고 한다면, 도대체 하나님의 교회를 어떤 방법으로 사악한 자들의 모독적인 당파들로부터 구별할 수 있겠습니까? 그래서 사도는 잠깐 뒤에 목회가 무엇 때문에 제정되었는가를 덧붙입니다. 그것은 그리스도의 몸을 세우기 위해서입니다. '우리가 다 하나님의 아들을 믿는 것과 아는 일에 하나가 되어 온전한 사람을 이루어 그리스도의 장성한 분량이 충만한 데까지 이르리니 이는 우리가 이제부터 어린 아이가 되지 아니하여 사람의 궤술과 간사한 유혹에 빠져 모든 교훈의 풍조에 밀려 요동치 않게 하려 함이라' (엡 4:12-15). 우리를 그리스도에게로, 그리스도에 대한 지식이 포함되어 있는 믿음으로, 그리고 진리에 대한 순종으로 돌아오라고 부르는 것 이상으로, 사도는 어떻게 전체 교회의 통일성이란 '참된 교리에 대한 거룩한 일치를 의미한다' 고 더욱 알기 쉽게 증명할 수 있었겠습니까? 그리스도만이 유일한 목자이시며, 어디서든지 오직 그의 음성만이 들리며, 낯선 사람들의 목소리를 구별하여 따르지 않는 양떼만이 교회라고 믿는 사람들에게는 이에 대한 더 이상의 추가적인 증명은 필요하지 않습니다. 그리고 이것은 로마인들을 위해 기도하였던 바울에 의해서도 확증됩니다. '이제 인내와 안위의 하나님이 너희로 그리스도 예수를 본받아 서로 뜻이 같게 하여 주사 한 마음과 한 입으로 하나님 곧 우리 주 예수 그리스도의 아버지께 영광을 돌리게 하려 하노라' (롬 15:5, 6)."

"그러므로 폐하께서는 우리의 대적자들로 하여금 먼저 그리스도께 가까이 나아오도록 하시고, 그런 다음 그들로 하여금 우리가 교리에 있어서 그들에게 감히 이의를 제기함으로써 분리의 죄를 짓고 있다고 선고하게 하십시오. 하지만 그리스도께서는 이미 그들 집단으로부터 추방되셨고, 그분의 복음의 교리도 이미 멸절되었다는 것을 분명히 했기 때문에, 우리에 대한 그들의 비난은 우리가 그들보다 오히려 더 그리스도께 가까이 있다는 의미와 같게 됩니다. 왜냐하면 그리스도와 그의 진리로부터 떠나기를 거부하는 사람들을, 그것 때문에 그들이 인간의 권력을 탐하는 분리주의자요 교회의 교제에서 이탈한 자라고 한다면, 과연 어떤 사람이 그러한 모순을 믿을 것이라고 바랄 수 있겠습니까?"

"본인은 사제들을 존경해야 한다는 것과, 일상적인 권위를 경멸하는 것은 무척 위험하다는 것을 인정합니다. 그러므로 만약 그들이 '이유 없이 일상적인

제1장 | 거룩한 보편 교회에 대한 칼빈의 이해 · 31

권위에 저항해서는 안 된다' 라고 말하였다면, 우리는 그들의 취지에 어렵지 않게 동의할 수 있었을 것입니다. 왜냐하면 우리는 통치자의 권위가 존중되지 않을 경우는 혼란이 필히 일어난다는 것을 깨닫지 못할 만큼 그렇게 무례하지 않기 때문입니다. 그러므로 사역자들에게는 그들에게 합당한 존경을 돌려야 합니다. 하지만 그러한 존중은 그리스도의 최고의 권위를 조금이라도 떨어뜨리지 않는 것이어야 하니, 그리스도께 복종하는 것은 그들과 모든 사람들의 의무입니다. 왜냐하면 이스라엘 교회의 통치권이 제사장들에게 위탁된 것은, '대저 제사장의 입술은 지식을 지켜야 하겠고 사람들이 그 입에서 율법을 구하게 되어야 할 것' (말 2:7)이라고 말라기 선지자가 말하듯이, 그들과 맺은 언약을 신실하게 지킨다는 조건에 의해서라고 하나님께서 선언하시기 때문입니다. 하나님께서는 제사장들이 이 조건에 전적으로 실패할 경우 그들의 배신에 의해 그의 언약이 파기되고 무효가 될 것이라고 선언하십니다. 만약 사역자들이 하나님의 진리를 가르치고 증언하는 자들이라는 것 외에 다른 어떤 표현을 들어 교회의 통치권을 부여받았다고 주장한다면 그들은 잘못되어 있는 것입니다. 그러므로 그들이 자신의 직무의 법과 성격에 반대로 처신하는 한, 그들은 하나님의 진리를 상대로 열심히 전쟁을 하는 것이고, 따라서 이전의 제사장들이든지 현재의 주교들이든지 간에, 하나님이 수여하신 권한을 그가 말씀하신 것과 다르게 어떤 의미로든지 사취하지 못하도록 하십시오."

로마 카톨릭주의자들이 개혁자들의 혁신을 검증하려는 의도로 그들에게 기적을 요구하였을 때, 칼빈은 그것이 '비이성적' 임을 증거하면서 프랑수아 1세(Francis I)에게 헌정한 자신의 기독교강요 헌사에서 다음과 같이 응답했다.

"우리는 새로운 복음을 제시하는 것이 아니고 동일한 복음을 간직하고 있는데, 이 복음의 진리는 그리스도와 사도들에 의해 행해진 모든 기적들에 의해 이미 확증되었습니다. 그럼에도 불구하고 대적자들은 이것을 이점으로 앞세움으로써 오늘날까지 계속되는 기적에 근거하여 자신들의 신앙을 확증합니다. 이들은 잘 정돈된 사람들의 마음을 혼란에 빠트리도록 고안된 기적들을 내세웁니다. 하지만 그것은 어이없고 터무니없으며 헛되고 거짓된 것들입니다. 아무리 그러한 기적들이 불가사의하다 할지라도, 그것들이 하나님의 진리를 대적함에 있어서는 어떠한 비중도 지닐 수 없습니다. 왜냐하면 하나님의 이름은 기적적인 사건을 통해서든지 일반적인 자연의 질서를 통해서든지 간에, 모든 곳에서 어느 시대에나 거룩히 여김을 받아야 하기 때문입니다."

루터는 보편 교회에 대한 동일한 사상을 가졌는데 과격파들에 대항한 자신의 글 속에서 이것을 강하게 표현하였다. 그리고 브라덴부르크의 후작이요 프로이센의 공작에게 보낸 편지(1532년)에서 이렇게 말한다.

"처음부터 지금까지 온 세계에서 1,500년 이상이나 지탱했던 것으로서의 전체 거룩한 기독교회가 만장일치로 증언해 나온 것을 대항하는 어떤 주장을 듣거나 믿는 것은 위험하고 끔찍힌 것입니다."[4]

루터는 교황과 공의회에 반대하여 보름스(Worms)〈해설 4〉에서 양심과 개인적인 판단의 권리를 주장하였는데, 이는 그가 "하나님의 말씀에 사로잡힌 양심에 대항하여 어떤 일을 행하는 것은 불안전하고 위험하다"고 판단하였기 때문이다.

주〉

1. 성 엔드류 대학 학장인 Tulloch의 책, *Luther and Other Leaders of the Reformation*, p.203(제3판, 1883).

2. 칼빈은 부써가 1543년 10월 23일자 편지에서 자신에게 재촉했던 그의 요청을 받아들여 이 책을 썼다.

3. *Opera*, VI. 518 이하.

4. Briefe, De Wett's ed. IV. 354. 로마 교회에 대한 루터의 비판은 여전히 강력하다(재세례파를 반대하는 자신의 책에서).

적용과 실천을 위한 점검과 질문

'거룩한 보편적 교회에 대한 칼빈의 이해'에 대하여

1. 교회는 본질상 거룩한 보편적 교회이므로 모든 성도는 의무적으로 교회의 지체로 존재해야 합니다. 그럼에도 불구하고 칼빈은 당시로서는 유일한 교회였다고 볼 수 있는 로마 카톨릭과 결별했습니다. 그 중요한 이유는 무엇입니까? 그의 행동을 어떻게 보십니까?

2. 칼빈은 교회를 '어머니'라고 하는 상(像)으로써 설명합니다. 이것이 의미하는 바에다가 우리 자신의 경우를 대입시켜 설명해 봅시다.

3. 칼빈이 정의한 참된 교회의 표식은 무엇입니까? 우리는 얼마 만큼이나 이 표식을 중요하게 여기고 있습니까? 가령, 우리는 교회의 거룩성을 위해 권징을 제대로 활용합니까?

4. 칼빈은 단순히 인간들간의 의견 일치에 근거해서는 참된 교회가 될 수 없다고 선포합니다. 이유는 무엇이며, 따라서 그가 제시한 대안은 무엇입니까?

5. 오늘날 실제적인 지체관계를 이루지는 않고, 단지 소위 '교회를 다니기만 하는 교인들'의 경우를 볼 수 있습니다. 왜 이런 현상이 나타나는가를 교회와 개인 각각의 차원에서 분석해 보고, 이를 바로잡기 위한 적절한 대안을 논의해 봅시다.

36 · 개혁신앙의 산실: 제네바 교회

해설 1

교회개혁의 필요성

칼빈은 자신의 걸작 '교회 개혁의 필요성에 관하여'(On the Necessity of Reforming the Church)라는 논문을 작성하여 '그리스도께서 통치하시기를 바라는 모든 사람의 이름'으로 황제 카를 5세(Charles V)에게, 그리고 슈파이어에서 소집된 의회에 제출하였다(1544년 2월). 이 논문은 중량 있는 논증과 정밀한 견식으로 가득하며, 분명히 당대의 가장 뛰어난 논쟁서들 중의 하나이다.

사실 오래 전부터 경건한 사람들, 심지어는 공의회조차도 당시 서방 교회의 타락과 부패에 대해 비난하고 있었다. 피사, 콘스탄츠, 그리고 바젤 공의회는 머리와 지체를 총괄한 개혁을 부르짖었지만 한 세기 동안 하나의 '경건한 열망'으로만 남아 있었다. 16세기가 시작될 당시에 교회가 빠져 있었던 어두운 모습들을 간략하게 살펴보겠다.

세속화되고 이기적인 폭력으로 전락한 교황 제도(the papacy)의 멍에는 점점 더 견딜 수 없게 되어갔다. 교회가 분열을 겪으면서 교황이 한번에 두세 명씩 존재하던 우스꽝스런 모습은 제거되었지만, 교황의 도덕성은 잠시 개선된 경우를 제외하고는 1492년부터 1521년 사이에 그 어느 시대보다도 더 악화되고 있었다. 교황 알렉산더 6세(Alexander VI)는 불법의 괴물이었다. 다음 교황 율리우스 2세(Julius II)는 영혼들의 머리요 목자라기보다는 정치가요 다른 나라들과 싸움을 좋아하는 전사였다. 메디치 가문에서 탄생한 교황 레오 10세(Leo X)는 종교보다는 이교의 문학과 예술의 부흥에 더 많은 관심을 가졌고, 심지어 복음의 역사적인 진리까지도 의심한 것으로 잘 알려져 있다.

많은 추기경과 사제들이 교황들의 부끄러운 행실을 경쟁하듯이 뒤따랐고, 따라서 성직자를 바라보는 신도들의 존경심이 약화되어갔다는 것은 전혀 이상한 일이 아니었다. 당대의 학자, 설교자, 그리고 풍자가들은 사제와 수도사들의 무지와 세속성, 그리고 도덕적 타락에 대한 폭로와 비난을 주제로 삼았다. 아무 거리낌도 없이 부끄러운 성직 매매(simony)와 정실주의(nepotism)가 상식처럼 행해졌다. 성직자들의 독신 생활(celibacy)은 온갖 부정과 성적 불결의 냄새나는 근원이 되어버렸다. 아무 자격도 없는 왕자들과 귀족들과 심지어 이들의 어린아이들까지 주교직이 하사되었다. 스트라스부르크에서 도덕 개혁을 주창한 카이저스베르크의 엄격한 설교자 가일러(Geiler, 1510년 사망)는 단지 자신들의 높은 신분을 이유로 무식하고 세속적인 인간들을 고위 성직에 임명하던 당시의 독일을 대상으로 거침없는 비난을 퍼부었다. 그런가 하면 토마스 무르

너(Thomas Murner)는 마귀가 귀족들을 성직으로 끌어들여 주교직을 독점하게 했다면서 성토했다.

성직을 복수로 소유한다거나, 주교가 자신의 교구를 떠나 있는 것은 상식적인 일이었다. 가령 마인츠의 대주교 알브레히트(Albrecht)는 동시에 마크데부르크의 대주교였으며, 게다가 할버슈타트의 주교까지도 차지하고 있었다. 추기경 울지(Wolsey)는 잉글랜드의 대법관이면서 동시에 요크의 대주교였고, 프랑스와 스페인 왕, 그리고 베네치아의 총독으로서 봉급을 받으면서 무려 500명이나 되는 시종을 거느렸다. 그런가 하면 스코틀랜드의 제임스 5세(James V, 1528-1542)는 자신의 사생아들을 홀리루드, 켈소, 멜로우즈, 콜딩햄, 그리고 세인트 앤드루스 수도원의 대수도원장들로 임명하고 자신이 총애하는 자들에게는 주교직을 하사하였다.

규율은 거의 파괴되어 버렸다. 모든 수도원 체계와 종단들은 무지와 미신, 안일과 낭비의 온상이 되어 버렸으며, 조롱과 경멸의 대상이 되어 버렸다. 우리는 이것을 로이힐린(Reuchlin)이 도미니쿠스 수도사들과 벌인 논쟁, 에라스무스(Erasmus)의 저술들, 그리고 '우둔한 자들의 편지'(Epistolae Virorum Obscurorum)와 같은 글에서 찾아볼 수 있다.

신학은 스콜라주의적 공교함, 아리스토텔레스의 변증법과 한가한 사변의 미궁을 헤매기나 했을 뿐으로 위대한 복음의 가르침은 무시해 버렸다. 가령 비텐베르크 대학에서 루터의 연장자 동료였던 칼슈타트(Carlstadt)는 자신은 완성된 성경 사본을 보기도 전에 신학 박사가 되었다고 고백했을 정도였다. 교육은 사제와 귀족의 차지였다. 절대 다수의 신도들은 읽지도 쓰지도 못했으며, 강단에서 가르치는 성경에 관한 교훈 외에는 하나님의 말씀에 대한 접근이 원천적으로 차단되어 있었다.

사제의 주된 의무는 신비스러운 말로 성찬의 떡과 포도주가 그리스도의 몸으로 변한다고 하는 성변화(transubstantiation)의 기적 따위를 행하거나, 살아 있는 자들과 죽은 자들을 위해 낯선 언어로 미사의 희생을 제공하는 것 등이었다. 많은 사제들이 사실상 기계적으로 또는 회의적인 심정으로 그런 일을 수행했다. 특별히 이탈리아에서는 더욱 그러했다. 설교는 무시되었고, 대개는 면죄부, 자선금, 성지순례, 성상 행렬 등에 대한 언급이 대신했다. 교회당은 좋고 나쁜 그림, 진짜와 가짜의 유물로 넘쳐나고 있었다. 성인 숭배와 성상 숭배, 미신적인 의식들과 예전들이 신령과 진리로 하나님을 예배하는 것을 가로막고 있었다.

영혼과 그리스도의 살아 있는 연합과 인격의 성화로부터 흘러나와야 하는 경건이 외적인 것으로 변질되어, 주기도문과 아베마리아의 암송, 금식, 자선금 기부, 사제에게의 고해, 성지 순례와 같은 기계적 행위를 수행하는 것으로 축소되었다. 선행은 질보다 양에 의해 평가되었으며, 그마저도 상급과 보상이라고 하는 이기적 동기에 호소하는 공로의 원리에 의해 오염되었다. 죄에 대한 용서도 돈을 주면 살 수 있었다. 교황의 재가

에 따라 성 베드로 대성당의 건축과 더러운 이익을 얻기 위한 수치스러운 면죄부 판매
가 시행되었다. 이것은 종교개혁과 로마 카톨릭에 대한 무서운 심판이 시작되는 도덕적
분노를 폭발시키는 원인이 되었다. 이러한 묘사는 한쪽 측면만을 본 것이기는 하지만,
그렇다고 해서 과장된 것은 결코 아니다.

한편, 일부 정직한 로마 카톨릭 학자들은, 비록 교회의 무류성(infallibility)과 이로
말미암는 바 자신들의 교회의 교리 개선의 불필요성(doctrinal irreformability)을 주
장하기는 하지만, 16세기에 규율이 부패하고 도덕적 개혁의 필요성이 있었다는 사실에
대해 강한 어조로 시인한다.

이 사실을 보여주는 가장 좋은 증거가 교황 레오 10세를 이어 교황이 된 하드리아
누스 6세(Adrian VI, 1521-1523 재위)의 고결한 인격을 통해서 제시된다. 새 교황은
1522년 뉘른베르크 의회에서 교황과 성직자들이 타락했다는 것을 특별히 고백하고, 교
황청을 개혁하기 위해 진지한 노력을 기울였다. 교황은 교회 개혁을 위해 힘쓰는 과정
에서 지혜와 열정을 보여주었다. 오랫동안 불신을 받아온 주교들에게 개혁을 요구했을
뿐만 아니라, 교황에게 주어진 모든 힘을 동원하여 독일에서 불화가 일어나게 된 원인
과 그 치유책을 찾아 그것을 고치려 하였다.

그야말로 지난 120년 동안 유럽은 교회에 대한 '머리에서 발끝까지' 개혁을 부르
짖어 왔다. 세 차례의 대 공의회가 열렸고, 유럽 전역에서 뜻있는 신도들은 개혁을 일
으키기 위해 힘을 쏟았다. 그러나 모든 노력은 개혁의 필요를 부인하는 '머리'에 의해
번번이 좌절되었다. 그러던 중 하드리아누스 6세가 처음으로 '머리'의 위치에서 다른
목소리를 내기 시작한 것이다. 그는 어거스틴회 원장이자 당대 로마의 지식인 중에서
가장 경건했던 베테르보의 아이지디우스(Aegidius)에게 당시의 질병과 치유에 관해 조
언을 구했다. 교황에게 방대한 답변 자료를 제출한 아이지디우스는 그 답변서에서 그
질병이 '교황권의 남용'이라는 것과 그 치유책은 '교회의 머리가 지닌 절대권을 제약하
는 것'이라고 진단했다. 하드리아누스 6세는 이에 동의했고, 결과는 1522년 교황청 대
사 치에레가토(Chieregato)에게 보낸 일련의 유명한 교시에서 잘 나타났다. 교시에서
교황은 질병이 머리에서 발끝까지, 교황으로부터 주교들과 추기경들까지 퍼져 있다고
진단했다. "우리가 다 죄를 범했고, 선을 행하는 자가 하나도 없습니다"라고 쓰면서, 철
저한 개혁을 단행하겠다는 의지를 천명했다.

그렇다고 해서 하드리아누스 6세가 프로테스탄트 진영을 조금이라도 편들었던 것
은 아니다. 그는 양 진영의 오류를 간파할 만큼의 학식과 지혜가 있었다. 이렇게 양 진
영의 오류를 볼 수 있는 모든 사람들의 운명을 그는 맞이했다. 양 진영에 그것을 깨우
칠 만큼 그는 정직한 사람이었다. 당시 그 문제를 논의하기 위해서 모인 제국 의회에
보낸 문서에서, 비록 루터의 교리들을 신랄히 비판하기는 했지만, 루터와 그의 지지자
들이 로마 교회를 비판한 부패들에 대해서는 솔직히 아주 적극적인 용어로 인정하면서,

자신이 그런 부패를 뿌리뽑을 각오가 되어 있다고 선언했다.

당대에 비천한 집안에서 태어나 호방한 신학 지식으로 얻은 큰 명성 하나만 가지고 교회에서 입신양명을 한 경우는 하드리아누스 6세가 거의 유일한 실례이다. 참으로 그가 교회의 부패를 솔직히 인정하고, 부패를 척결하기 위해 엄중한 조치를 단행한 일은 당대의 어느 교황보다도 높게 평가할 만하다. 신학자로서의 지식이 출중했던 하드리아누스 6세는 독일 제후들이 자신들의 무지 때문에, 그리고 신앙보다는 정치 투쟁에 더 비중을 두느라 새로운 교리가 확산되는 것을 허용하고 있다고 주장하면서 이들을 통렬히 비판했다.

결국 선지자들의 운명이 보편적으로 그렇듯이, 하드리아누스 6세 역시 기득권층의 희생물이 되고 만다 부패가 만연했던 시대에 이런 유형의 교황은 모든 기득권층에 혐오의 대상이 되었다. 자기들의 교리에 동의하지 않는다고 비판한 루터의 추종자들, 교황이 올바로 지적했듯이 그 문제를 정치 목적에 이용하는 데만 관심을 가졌던 독일 군주들, 애지중지하던 모든 것을 앗아간 개혁을 증오한 추기경들, 그리고 누구보다도 막대한 자금을 뿌리면서 도덕성 같은 것에 구애받지 않는 교황을 사랑하던 로마인들에게 하드리아누스 6세와 그의 통치 방식은 역겨웠고 혐오의 대상이 되었다. 그가 교황의 자리에 앉아 있을 수 없다는 것은 기정 사실이 되었다. 로마는 그런 교황을 원치 않았고, 그런 사람을 감내할 마음도 없었다. 따라서 그가 20개월이나 재위했다는 것은 어떤 의미에서는 특이하기까지 했다. 결국 그는 독살되고 말았다.

암살자들은 조금도 의혹을 남기지 않으려고, 그리고 성공적인 그의 죽음(?)으로부터 큰 위안을 받았음을 표시하기 위해, 그가 죽은 날 밤에 그의 주치의의 집을 화환으로 장식한 뒤 그 위에 '자기 나라를 구원한 이에게'라는 글귀를 적었다. 이렇게 해서 만약 다른 시대에 태어났더라면 교회를 위해 많은 업적을 남겼을 하드리아누스 6세의 인생은 막을 내렸다(1523. 11. 14). 따라서 그의 개혁 운동도 마치 찻잔 속의 폭풍과도 같이 끝나고 말았다. 그의 절친한 친구이자 동료인 추기경 엔켄보에르트(Enckenvoert)는 그의 묘비에 의미심장한 말을 남겼다.

"아, 참으로 슬프다! 위인이 시대를 잘 만난다는 것이 얼마나 중요한가!"

자체 개혁의 기회를 스스로 차버린 로마 카톨릭의 고착성은 트렌트 공의회에서 다시 한번 약간의 용트림을 하게 되었다. 트렌트 공의회는 이단을 박멸하기 위해서 뿐만 아니라, 부분적으로 또한 '성직자와 그리스도인의 개혁을 위해서도' 소집되었다. 마찬가지로 교황 피우스 4세(Pius IV)는 견진성사 교서에서 공의회의 목적 중 하나는 '도덕을 바로잡고 교회의 규율(ecclesiastical discipline)을 회복하는 것'이라고 선언하였다.

다른 한편, 교회가 이보다 더 타락한 상태에 있었던 적도 여러 번 있었다는 것을 인정해야 할 것이다. 14세기의 교황청의 분열이나, 특별히 10세기와 11세기가 그러했다. 그러나 당시 교회는 그레고리 7세(Gregory VII)로 더 알려져 있는 교황 힐데브란트(Hildebrand)와 그의 후계자들에 의해 분열 없이, 그리고 카톨릭 교회의 교리를 변경시키지 않고서도 개혁될 수 있었다. 그런데 16세기에는 왜 동일하게 개혁이 순조로이 이루어질 수 없었던 것일까? 이는 로마 카톨릭이 결정적인 시기에 개혁을 저지하기 위해 온 힘을 쏟으면서 그것을 통제하려 했기 때문이다. 따라서 전혀 개혁을 하지 않거나, 아니면 반대 방향으로의 개혁만이 가능했다.

서방 교회의 분열에 대한 책임은 동방 교회의 분열과 마찬가지로 두 진영 모두에게 있다. 물론 책임의 몫을 인간의 법정에서 정확하게 가리는 것은 불가능하다. 개신교 진영에서 자행한 폭력과 무절제에도 상당한 책임이 있다는 것은 의심의 여지가 없다. 하지만 로마 카톨릭의 불관용과 완고한 저항은 더 많은 책임을 져야 한다. 교황청은 종교개혁을 핍박하여 정치적 영향, 외교적 술책, 세속적인 부, 교만한 긍지, 스콜라 철학, 억압적 권위, 그리고 피에 주린 핍박과 같은 세상적인 무기만을 지속적으로 사용했다. 이것은 메시아를 십자가에 못 박고 사도들을 회당 밖으로 추방한 유대교의 교권주의(Jewish hierarchy)의 행사 과정을 그대로 답습한 것이다.

여기서 이러한 부분적인 정당화를 넘어서서, 종교개혁이 결과라는 차원에서 역사를 해석할 필요가 있다. 교황제도의 억압 바깥에 있는 기독교의 새로운 형태를 발전시킨 것은 분명히 섭리적 계획(the design of Providence)에 의한 것이다. 그리고 이후 3세기 동안의 역사는 이 섭리적 계획에 대한 가장 좋은 설명이며 옹호라고 볼 수 있다. 역사 속에서 모든 운동은 그 열매에 의해 평가되어야만 하기 때문이다. 이러한 진보 운동의 요소들은 루터와 츠빙글리가 교황의 면죄부에 맞서 항거하기 전에 이미 역사 속에서 작용하고 있었다.

해설 2

칼빈이 카를 5세에게 바친 논문
'교회 개혁의 필요성에 관하여'

칼빈이 황제 카를 5세와 슈파이어에서 소집된 의회에 제출한(1544년 2월) 이 책은 구체적으로 다음과 같은 제목을 첨부하고 있다.

"무훈이 혁혁하신 황제 카를 5세 폐하 및 영화롭고 높으신 제후들께와 현재 슈파이어의 제국회의에 참석하고 교회의 재건을 위하여 참된 배려를 하고 있는 기타 성직자

여러분들께 드리는 탄원적 장려문. 이것은 그리스도의 통치를 갈망하는 모든 사람의 이름으로 출판된 것이다."

'교회 개혁의 필요성'의 전체 내용이 어떠하리라는 것은 다음과 같은 목차를 보면 어느 정도 짐작할 수 있다.

서론
1. 본서의 과제
2. 그리스도교의 기초
    (1) 예배
    (2) 제의
    (3) 회개
    (4) 구원의 인식
    (5) 이신칭의
    (6) 성례전
    (7) 교회의 통치
3. 진실한 예배와 잘못된 예배
    (1) 진실한 예배
    (2) 우상 예배
    (3) 영적인 예배
4. 신앙으로 말미암는 구원
    (1) 원죄와 자유의지
    (2) 선행의 공적
    (3) 죄의 보속
    (4) 선행의 보상
5. 성례전
    (1) 세례
    (2) 성찬과 미사 비판
6. 교회 통치의 제반 문제
    (1) 성직자의 자격
    (2) 서품의 형식
    (3) 교회의 제반 규칙- 육식, 독신 제도, 고해
7. 개혁운동의 필요성
    (1) 혼란의 책임

(2) 우상숭배

(3) 성자와 순교자의 공적

8. 교회의 규율

(1) 복음주의자를 향한 비난에 대한 비판

(2) 성직자의 규율

(3) 민중의 규율

(4) 교회 재산의 관리

9. 교회의 일치

(1) 분파주의자라는 비난에 대한 해명

(2) 복음의 가르침에 있어서의 일치

(3) 사제의 권위

(4) 교황제

(5) 교회회의

(6) 도나티스트의 실례

10. 개혁 운동의 긴급성

해설 3

황제 카를 5세

카를 5세(Karl V, 1500-1588)는 신성로마제국의 황제(1519-1556 재위), 에스파냐의 왕(카를로스 1세, 1516-1556 재위), 오스트리아의 대공(카를 1세, 1519-1521 재위) 등의 이름으로도 불리는데, 당시 신성로마제국의 황제이면서 에스파냐의 왕을 겸했기 때문에 명칭이 다양하다.

카를은 프리드리히 3세가 사망하자 독일 왕국의 유일한 통치자로서 합스부르크 왕가의 수장이 되었던 황제 막시밀리안 1세(1459-1519)의 손자, 곧 펠리페의 아들이며, 그의 어머니는 에스파냐 아라곤의 왕 페르난도의 딸 후아나이다. 이에 따라 그는 16세에 외가 쪽에서 에스파냐를 물려받았고, 19세 때는 친가 쪽으로 독일의 합스부르크 왕가를 물려받게 되었다. 1519년 독일 왕에 즉위하는 동시에 신성로마제국 황제라는 칭호를 얻었다.

서유럽의 패권을 두고 경쟁자인 프랑스 왕 프랑수아 1세와 대치하였으나, 1525년, 밀라노 남쪽 파비아 전투에서 프랑스 군을 격파하고 프랑수아 1세를 포로로 사로잡는 전과를 올렸다. 이후 이탈리아에서 카를의 영향력이 확실해지자, 교황 클레멘트 7세는

제1장 | 거룩한 보편 교회에 대한 칼빈의 이해 · 43

프랑스와 손잡고 코냐크 동맹 아래 카를에 대항했다. 그러자 1527년 초 카를의 에스파냐 군대와 독일 용병들은 진영을 갖춰 로마로 향했으며 무방비 상태인 로마는 이들에게 6개월에 걸쳐 약탈당하는 저 유명한 '로마의 약탈' 사건을 겪어야 했다.

개신교도인 루터파의 독일 용병들은 카톨릭의 본산인 로마 교황청에 대해 노골적인 적개심을 가지고 있었다. 교황청의 개혁을 요구하는 이들에 대해 전혀 대비책을 찾지 못하고 있던 교황 클레멘트 7세는 결국 카를과 강화조약을 맺고 1530년 볼로냐에서 카를에게 황제의 왕관을 씌워주어야 했다. 그후 루터파의 개혁운동은 더욱 확산되었으며 프로테스탄트의 반란도 확대되었다.

1530년 카를은 뒤늦게 종교회의를 소집하고 교회 내부의 개혁을 이룩하려고 애썼으나 이미 종교개혁의 불길은 건잡을 수 없는 상태가 되었고, 점점 커지고 있는 투르크 제국과 프랑스의 압력에 맞서 만성적인 전쟁을 해야 했다. 1544년 프랑스와의 싸움이 일단 종결되었고, 투르크 제국과의 휴전도 성립되어 간신히 분쟁에서 벗어났다. 게다가 1552년 아우크스부르크 국회에서 성립한 종교회의에서 루터의 정치적 권리를 승인할 수밖에 없었다.

실의에 빠진 카를은 이듬해 황제 칭호를 동생 페르디난트 1세(신성로마제국황제, 1558-1564 재위)에게, 네덜란드와 에스파냐 왕위는 아들 펠리페 2세에게 물려주고 에스파냐의 한 수도원에 은거하며 여생을 보냈다.

해설 4

보름스 의회

황제 카를이 루터를 직접 심문하기 위해서 그를 소환한 의회로 1521년 1월 28일 첫 번째 회의가 보름스(Worms)에서 열렸다. 황제로부터 호출 통지를 받은 루터는 몇몇 수행원들과 함께 4월 2일 비텐베르크를 떠나 보름스로 향했다. 라이프치히, 에르푸르트, 고타, 아이제나흐를 거쳐 4월 14일(일요일) 프랑크푸르트에 도착한 루터는 마침내 4월 16일(화요일) 아침 10시에 보름스에 도착하였고, 다음날인 17일(수요일) 오후 4시에 궁전 회의실로 들어가 잠시 기다린 후 6시에 황제와 대면했다.

황제와 황제의 형제인 페르디난트, 6명의 선제후, 교황의 특사들, 대주교, 주교, 공작, 후작, 제후, 백작, 제국 각 도시의 대리인들, 외국 법정의 대사, 각 계층의 고관 등, 한 마디로 표현해서 교회와 국가의 최고 권력을 대표하는 사람들 앞에 루터는 서게 되었다. 물론 건물 주변에는 수천 명의 구경꾼이 몰려들어 사태의 추이를 지켜보고 있었다.

트리어의 대주교 요한 폰 에크(Johann von Eck)가 황제의 이름으로 두 가지 질문을 루터에게 했는데 라틴어와 독일어를 사용하였다. 첫째는 루터 앞에 놓여 있는 약 25권의 책이 루터 자신의 것이 맞는지 답하라는 것이고, 둘째는 만일 자신의 것이라면 그 저술들을 취소할 용의가 있는지에 대한 것이었다. 그러자 루터의 곁에 서 있던 동료이자 지지자인 슈르프(Schurf)는 쌓아놓은 책들의 제목을 구체적으로 읽어줄 것을 요청했다. 읽혀진 제목 속에는 시편이나 주기도문에 대한 내용으로, 공격적인 것이 아닌 신앙 수양서까지 포함되어 있었다. 확실히 루터는 회의의 장엄한 분위기에 압도되어 있었고, 긴장과 흥분된 상태에서 아무런 검토도 없이 간결한 정죄 판결이 주어지리라고는 미처 예상하지 못했기 때문에, 거의 들을 수 없는 가냘픈 목소리로 대답했다. 많은 사람들이 루터가 곧 쓰러질 것이라고 생각했다. 루터는 두 가지 언어로 그 책의 저자가 자신이라고 인정하면서, 철회할 것인지의 여부는, 그것들이 영혼의 구원과 하나님의 말씀의 진리를 담고 있어 하늘과 땅 어디에 있는 것보다도 더 소중한 것이므로, 시간적으로 생각할 여유를 달라고 겸손히 요청하였다.

루터의 이와 같은 신중한 답변은 용기의 부족에서 온 것이 아니라 깊은 책임감에서 온 것이다. 황제는 주위로부터 잠깐 조언을 들은 뒤, 자신의 자비심으로 하루 연장을 허락하였다. 같은 날 저녁 루터는 자신을 돌이보면서 일 점 일 획이라도 철회하지 않겠노라는 편지를 친구에게 쓰면서 그리스도께서 자신을 도와주실 것을 기도한다고 하였다.

다음 날 4월 18일(목요일), 루터는 두 번째로 회의에 참석하였다. 이날은 그의 삶에서 가장 중요한 날이었다. 그의 삶에 있어서 가장 영웅적이고 숭고한 날이었다. 전 기독교 세계 앞에 루터가 이보다 더 결정적이고 중요한 원칙을 대변한 일은 결코 없었다. 회의장으로 가는 루터에게 전쟁터의 오랜 장수였던 게오르크 폰 프룬즈베르크(Georg von Frundsberg)는 이렇게 격려하면서 루터의 어깨를 두드렸다고 한다. "불쌍한 수도사여! 불쌍한 수도사여! 자네는 지금 나나 나의 동료들이 한 번도 마주쳐 본 적이 없는 가장 치열한 격전장으로 가고 있다네. 자네가 옳다는 것을 확신한다면, 하나님의 이름으로 앞으로 나아가시게. 용기 있게 나아가시게나. 하나님은 결코 자네를 버리지 않으실 것이라네."

에크는 연기를 신청한 루터를 꾸짖으면서, 다시 라틴어와 독일어로 어제 던졌던 두 번째 질문을 약간 수정하여 물었다. "자신의 것이라고 인정한 모든 책을 방어하겠는가? 아니면 일부분을 철회하겠는가?"

루터는 충분히 숙고하면서 준비한 연설을 통하여 온건하고 힘있게 홀에 모여 있는 사람들이 모두 들을 수 있는 우렁찬 목소리로 답변하였다. 하지만 루터가 자신의 책은 결코 해로운 것이 아니라는 취지로 한 대답을 받아치면서 에크는 긴 말을 늘어놓지 말고 분명한 대답을 제시하라고 독촉하였다. 이에 루터는 종교적 자유의 역사에 있어서

"장군의 용맹에 이어, 그리고 훌륭하시며 자상하심으로 나보다 앞지 않으
신 형님에게 문안을 드립니다. 형님, 제가 쓰는 글로 비록 제가 먼저 형님에
게 인사를 드리고 있지만, 부디 노여워하지 마옵소서. 왜냐하면 형님은 몸
이 불편하시기 때문입니다. 공손한 인사의 말씀을 드린 후, 이런 말씀을 알
리고자 하는데, 형님도 아시다시피 이미 얼마 전에 많은 궁정 사람들과 신
하들 그리고 심지어 아이들까지 역병에 걸려 있지 않고 더 이상 숨기지 않
을 이기에 때문입니다."

동생이 진지하게 동생으로서 형에게 더 이상 숨기지 하지 않고 8월 쯤에 쓴
이 편지는 중단되다.

비록 루터의 생애에 동요한 것은 아니나, 흑사병 따라들 더욱 이 일으로 황폐해지는
비텐베르크의 아침 후, 4월 26일 루터 10년 루터가 쉬보스를 떠나 비텐베르크로의 귀
환에 있을 수 있었다.

루터는 4월 28일 보랑부르크에 도착하여 친구 크라나흐(Cranach)에게 편지를
써서 자기 친구이었에서 있었던 일을 간략하게 전했다. "그리 뜻밖에, 그래도 이
재들 썼는가?, 그렇습니다.' '찾임을 읽었는가?, '읽었습니다.' '그렇다면 왜 있
다가?, 아, 우리 탐탁한 통치들이여, 인자까지 이렇게 여기서도 도이 장엄에서
비상에 조용한 안주인이 있어야 하는가?.'

5월 4일 루터는 재축성된 로카요와 함께 나타나 모은 병사들에게 위기지의 바르트
부르크 성으로 가자, 이는 사자가 프리드리히(Frederick) 루터의 신상을 통해서 위치
으로만 숨하기 위해서 불현 듯 머리에 자신이 따른 것이었다. 루터는 양에서 비록
게속들도 발경된 가운데 11개월 동안 머물려서 폴아갔 셨고, 신경질 셨고, 투혼하 짓
궂 참정 사이에 소마들 폴 때마다 믿음을 가슴은 이상에서 그가 나돌았다. 그 중
두가지만 약이다.

7. 특강 / 요약

4장 · 1장
참된 경건자에게 알려지시는 교회

Analysis of the Institutes of the Christian Religion of John Calvin

개요

하나님을 아버지로 모시고 있는 성도들에게 교회는 '어머니'가 되신다. 곧 모든 참된 아버지의 자녀들이 될 공로에 양육되어질 수 있지만, 늘 하나님 말씀 가운데 그들의 아버지인 교회의 양육을 받아야 하기 때문에 곧 교회의 신자들에게 주는 중요한 교회 역할에 들어야 한다. 이때 교회가 신자들에게 베푸는 역할은 어머니가 자녀들을 잉태하고 낳아 예배를 통해 양육시키기 때문이다. 하나님의 교회는 다른 예배의 동일의 교훈도 표현된다. 이렇게 교회를 아이에게 양육적 이해하는 칼빈의 입장에서 볼 때 교회는 단순한 조직 개념을 이해하는 것보다 훨씬 친근감이 있다는 생각을 하게 된다.

개요

■ 우리의 어머니 되는 가톨릭 보편적 교회(1-4장)

■ 맘사아버는 인간 하나님 말씀을 대행하는 교회의 사역자들(5-6장)

■ 가견적 교회의 형태와 표지(7-9장)

■ 교회 권력의 한계(10-16장)

■ 교회의 이끌기 쉽지 않은 교회의 공의회(17-22장)

■ 교회의 공동체 내에서 행사될 공적채벌(23-29장)

제1장 | 거룩한 보편 교회에 대한 칼빈의 이해 · 47

 **우리의 모체가 되는 거룩한 보편적 교회(1-4절)**

4.1.1: 교회의 필요성

1. 우리는 복음을 믿음으로 그리스도를 소유하지만, 우리의 나태 때문에 도움이 필요하니, 하나님께서는 우리의 믿음을 돕기 위하여 교회를 필요한 수단으로 주셨다. (1) 목사들과 교사들을 통하여 복음을 가르치게 하셨고(엡 4:11), (2) 성례들로써 우리의 믿음이 자라며 돈독해지게 하셨다. 2. 이제부터 가르침의 계획에 따라 기독교강요 4권은, (1) 교회의 정치, 직제, 권세, 성례, (2) 시민 정부 등의 순서로 살펴보면서, (3) 동시에 우리의 구원을 위해서 하나님께서 정하신 모든 것들이 사단인 로마 교황 제도하에서 불순해진 부패한 상태를 상기시킬 것이다. 3. 하나님께서는 당신의 자녀들을 교회의 품으로 모아, 어머니와 같은 교회의 도움과 봉사와 양육과 보호와 지도로 믿음의 목적지에 도달하게 하신다. 따라서, (1) 하나님이 아버지가 되는 사람에게는 교회가 어머니가 되어야 하니(막 10:9), (2) 이는 우리가 하늘에 있는 새 예루살렘의 자녀라고 한 말과 같은 의미이다(갈 4:26).

4.1.2: 교회와 신조와의 관계

1. 사도신경: 우리는 신조에서 교회를 믿는다고 한다. (1) 이것은 가견적 교회뿐만 아니라, 과거와 미래에 걸쳐서 '하나님의 선택을 받은 (죽은 사람들까지 포함하여) 모든 사람들'을 의미한다. (2) 전치사 'in'을 사용하는 문제에 관해서는, 하나님을 믿고 의지한다는 표현을 보편적으로 사용하지만, 교회의 경우는 교회를 믿고 의지한다는 표현보다는 교회를 믿는다고 하는 표현이 더 무난하니, 교회사에 인용된 신경의 경우 전치사 'in'(εἰς, 에이스)을 사용한 사례를 제시하지만(3.5.8), 어거스틴과 키프리안의 신조 해석은 'in' 없이 사용한다. 2. 교회의 기초: '하나님의 은밀한 선택과 내적인 부르심'이다. (1) 하나님만이 자기 백성을 아시며(딤후 2:19), (2) 하나님께서 그들을 인치셨다(엡 1:13). 3. 교회의 보편성: 어거스틴이 말했듯이, 그리스도가 한 분인 까닭에 교

회 역시 하나여서 보편적 교회 혹은 우주적 교회라고 부르니, 그리스도가 나뉘어지지 못하듯이 교회도 나뉘어지지 못한다(고전 1:13). (1) 모든 선택된 사람들은 그리스도 안에서 연합되었고, (엡 1:22-23), (2) 한 머리를 의존하여 한 몸이 되어 한 지체가 되었으며(롬 12:5; 고전 10:17; 12:12, 27), (3) 서로간에 단단히 결합되어(엡 4:16), (4) 한 믿음과 소망과 사랑으로 같은 하나님의 영 안에서 함께 살기 때문이고, (5) 영생을 다같이 받게 하시려고 부르셨고, (6) 한 하나님과 한 그리스도께 참여한다(엡 5:30). 4. 교회의 영속성: 그리스도의 죽음은 열매를 맺으며, 하나님께서는 기적적으로 교회를 숨겨두시므로, 아무리 황폐한 때라 할지라도 교회는 존재한다(왕상 19:18).

4.1.3: 서로 교통하는 성도들

1. 신조에서 '성도의 교통'이라는 말은 교회의 성격을 잘 구별해 주는 표현이니, 성도들은 하나님께서 주시는 은혜는 무엇이든지 서로 나눈다는 원칙 아래 그리스도의 공동체에 소집되었다는 의미이다. (1) 물론 사람들 사이의 평화를 위하여 사유 재산권이 허락되는데, 그러나 초대교회는 공동체를 이루었고(행 4:32), 바울도 이러한 공동체를 소망하였다(엡 4:4). (2) 성부와 성자를 진정으로 믿는 자들간에는 서로 은혜를 나누는 형제애로써 묶여지지 않을 수 없다. 2. 세계의 전 조직이 무너지더라도 교회는 동요되거나 넘어질 수 없다. 왜냐하면 교회는, (1) 하나님의 선택에 의해서 존립하며, (2) 영원 불변하시는 그리스도께 연결되어 있으며, (3) 교회의 품 안에 있는 한 진리는 언제나 우리와 함께 있을 것이고, (4) 우리에게 적용되는 제반 약속들이 있기 때문이다(욜 2:32; 욥 1:17; 시 46:5). 3. 그런데 교회의 연합을 유지하는 데 있어서 반드시 '눈에 보이는 확실한 교회'가 필요한 것은 아니다. (1) 우리는 선택자와 유기자를 구별할 수 없는 존재들이다: 이것은 우리가 아니요, 오직 하나님께만 속한 것이다. (2) 따라서 단지 교회의 일원이 되면 모든 은혜를 나눠 받는다는 확신만을 가지면 된다. 하나님 아버지의 자비와 성령의 역사로 그리스도와의 교제로 들어간 사람이라면, 모두 하나님의 특별한 소유가 되었으며, 그 일원이 될 때에는 그와 같은 위대한 은혜를 나눠 받게 된다는 것을 진정으

로 확신해야 한다.

4.1.4: 믿는 사람들의 모체인 눈에 보이는 교회

1. 가견적 교회를 '어머니'라는 칭호로서 이해하려고 할 때에 얻는 제반 특성들은 다음과 같다. (1) 우리를 잉태하고 낳으며 젖을 먹이고 길러 천사같이 될 때까지 양육해준다(마 22:30). 우리는 일평생 배우는 자로서 이 학교를 떠나도록 허락을 받을 수 없으며, 교회의 품을 떠나서는 죄의 용서나 구원을 받을 수 없으니(사 37:32; 욜 2:32; 겔 13:9), 진정으로 경건한 생활을 원한다면 예루살렘의 시민으로 등록되어야 한다(사 56:5; 시 87:6). (2) 이러한 믿음은, "여호와여 주의 백성에게 베푸시는 은혜로 나를 기억하시며 주의 구원으로 나를 권고하사 나로 주의 택하신 자의 형통함을 보고 주의 나라의 기쁨으로 즐거워하게 하시며 주의 기업과 함께 자랑하게 하소서"(시 106:4-5)라고 한 데서 잘 드러난다. 2. 이렇게 하나님의 은혜와 영적 생명의 특별한 증거들은 그의 특별한 백성에게 한정되었으므로, 교회를 떠나는 것은 비극적인 결과를 자초한다.

 **존중되어야 하는 하나님 말씀을 대변하는 교회의 사역자들(5-6절)**

4.1.5: 교회를 통한 교육과 그 가치 및 의무

1. 하나님께서는 교회의 교육에 의하여당신의 백성의 장성을 원하셔서 천상의 교리의 설교를 목사들에게 맡기셨다(엡 4:10-13; 4권 3장). (1) 이것은 그리스도의 나라인 교회를 구별하는 표지이다(사 59:21). (2) 따라서 교회의 손을 통하여 주시는, 영적 양식을 무시한다면 굶주려 멸망하는 것이 당연하다. (3) 하나님은 복음만을 도구로 사용하여, 구원하는 능력을 나타내시며, 또한 우리에게 믿음을 불어넣으시기 때문이다(롬 1:16; 10:17). 2. 하나님의 이러한 계획은 백성을 성소 앞에 모아 가르치게 하신 구약 시대 때부터 잘 나타났는데, 하늘 교리를 전파하는 일이 존경과 사랑과 경의와 위엄을 얻게 하시려고 성소와 지성소에 영광스러운 자기의 이름을 두셨고(출 20:24; 대상

16:11; 대하 7:14; 시 27:8; 100:2; 105:4; 132:14; 80:1; 84:2-3; 105:4; 사 57:15), 무한히 귀한 보물을 질그릇인 우리에게 주신다(고후 4:7). (1) 그의 백성이 제 반 미신에 빠지는 것을 금하시면서(신 18:10-11; 레 19:31), 대신 완전한 만족 을 줄 선지자가 있을 것이라고 하셨는데(신 18:15), 따라서 다윗은 하나님의 장막에서 예배하지 못함으로 말씀을 듣지 못하게 되었을 때 심히 통곡했다 (시 84:2-3). (2) 이런 원리가 지금도 교회 안에서 계속되고 있어서, 율법의 해 석자로 제사장을 주셨듯이 우리에게도 교사들을 임명하셔서(말 2:7), 서로 배 우고 증진함으로써 하나님께서 세우신 교회 질서를 지키게 된다(엡 4:12-13). 3. 동시에 하나님께서 이러한 제도로써 의도하신 바가 있음을 알 필요가 있 다. (1) 첫째, 우리가 그의 사역자들의 말을 하나님의 말씀과 같이 순종하는가 를 시험하시고, (2) 둘째, 직접 말씀하시면 우리가 무서워 도망할 것이므로 중 간에 사람 해석자를 세워 우리를 당신께로 이끄신다. (3) 이렇게 사람의 입과 혀를 성별해서서 당신의 음성을 들려주시는 것은 특별한 은혜이다. 4. 하나 님의 교수 방법을 무시하는 광신자들은 사람의 말과 전도를 통해서 배워야 하는 멍에에 복종하지 않으려고 하니, 이는 전도를 통해서 주시는 하나님의 인상을 말살하는 것과 같다. (1) 하지만 성소 안에서 하나님의 얼굴을 구하라 는 명령(시 105:4)이 자주 반복된 것을 주목해야 하는데(시 27:8; 100:2; 105:4; 대상 16:11; 대하 7:14), 이는 율법의 교훈과 선지자들의 충고를 하나님의 살 아 있는 형상으로 여겼기 때문이다. (2) 동일한 원리로써 바울도 자기의 복음 전파에 의해서 그리스도의 얼굴에서 하나님의 영광이 비췬다고 했다(고후 4:6). 5. 하나님은 자신의 교훈을 거울로 삼아 그 속에서 자신을 족장들에게 나타내시며 영적으로 알리려고 하셨다. (1) 그러므로 성전을 하나님의 얼굴 이라고 불렀고(시 42:2), 하나님의 발등상이라고 했다(시 99:5; 132:7; 대상 28:2). 그러므로 다른 원리로 지었던 이방인의 신전들은 하나님께 대한 예배 를 더럽힐 뿐이었고, 유대인들도 어느 정도 그렇게 되었는데, 크세르크세스 는, 전능자이신 신을 어떻게 벽과 지붕에 가둘 수 있느냐면서 대대적으로 파 괴해 버렸다. (2) 구약의 성전 중심 신앙 계시는, 이제 그리스도를 머리로 아 는 가운데 일치를 이루는 신앙에서 아름다워진다(엡 4:13). (3) 그러므로 이

제1장 | 거룩한 보편 교회에 대한 칼빈의 이해 · 51

원리를 떠나서 성전 그 자체만을 붙잡는 것은 의미가 없게 된다(행 7:48; 사 66:1-2).

4.1.6: 목회직의 의미와 한도

1. 한편, 목회직의 효력(the efficacy of the ministry)을 과대평가하거나 과소평가하는 양면의 잘못이 있을 수 있으니, 이 문제와 관련하여 두 가지 원리를 고려해야 한다. (1) 첫째, 성령으로 함께 하심으로 (사람의) 전도를 유익하게 하시겠다고 약속하신 말씀들이 있다(눅 1:17과 말 4:4-6; 요 15:16; 벧전 1:23; 고전 2:4; 3:9; 4:15; 9:2; 고후 3:6; 갈 3:2). (2) 둘째, 믿음의 시작과 전체 과정이 하나님 당신만의 일이라고 주장하심으로, 외적인 (전도의) 보조 수단을 분리하시는 말씀들도 있다(골 1:29; 살전 3:5; 갈 2:8; 고전 3:7; 15:10). 2. 배우겠다는 자세로 하나님께서 임명하신 교역자들 앞에 나아가는 사람들은, (1) 이런 가르침의 방법을 하나님께서 기뻐하신다는 것을 알게 되고, (2) 하나님께서 '선한 이유들 때문에 신자들을 이 온건한 멍에 아래 두신다' 는 것을 또한 알게 된다.

가견적 교회의 회원과 표지(7-9절)

4.1.7: 불가시적 교회와 가시적 교회

1. 성경에서 교회라는 말은 이중적인 의미로 이해할 필요가 있다. (1) 첫째, 불가시적 교회이다. 천지 창조 이후 지금까지 하나님의 선택에 의하여 하나님의 참 양자가 되고, 성령의 성화로 그리스도의 진정한 지체가 된 사람들만의 교회를 가리키는 경우가 있다. (2) 둘째, 가시적 교회이다. 외적인 세례로써 그리스도에 대한 믿음을 얻어 성찬에 참가하고, 그리스도께서 제정하신 성직을 보존하는 세계 각처에 산재한 교회를 가리키는 경우인데, 하지만, 이 경우에는 가짜 교인들이 얼마든지 섞여 있게 된다. 2. 그러나 우리는 사람들과 관련된 지역 교회를 중히 여기며 교통을 계속해야 한다.

52 · 개혁신앙의 산실: 제네바 교회

4.1.8: 우리의 판단의 한계

1. 하지만 하나님께서는 우리의 경솔한 판단을 억제하신다. (1) 원칙적으로, 참 하나님의 백성을 아는 것은 하나님만의 특권이고(딤후 2:19; 4.1.2), 오직 주님만이 구원의 종점에 이르기까지 견인하실 자를 알아보신다(마 24:13). (2) 경험상으로도, 우리의 이해력은 하나님의 비밀한 일에 도저히 미치지 못하며, 어거스틴도 하나님의 비밀한 예정에 따라 '밖에도 양이 많고 안에도 이리가 많다' 고 했다. 2. 그럼에도 불구하고, 다른 한편으로 우리가 하나님의 자녀를 아는 것이 다소 가치가 있으므로 주께서는 자신을 우리의 능력에 적응시켜 주셔서 확실한 표지들과 상징들로 교회를 이루게 하셨다. 곧 (1) 믿음의 고백, (2) 삶의 모범, (3) 성례에의 참여 등을 통하여 교회의 회원으로 인정하게 하셨다(4.1.20).

4.1.9: 교회의 표지와 그 적용

1. 참된 하나님의 교회는,(1) 하나님의 말씀을 순수하게 전파하되며 들려지고, (2) 그리스도께서 제정하신 성례를 지킬 때에 우리의 눈에 나타난다: "두세 사람이 내 이름으로 모인 곳에는 나도 그들 중에 있느니라"(마 18:20; 엡 2:20). 2. 보편 교회는 모든 나라에서 모은 큰 무리이다. 3. 보편 교회를 구성하고 있는 각각의 지역 교회들은 교회라는 이름과 권위를 정당하게 가지니, 개교회의 일원으로 인정되면 자동적으로 보편 교회에도 속하게 된다. (1) 이때, 개인 차원에서 보건대, 때로는 경건치 못한 사람이라 할지라도 스스로 떨어져 나갈 때까지 교회 안에 머물러 있게 해야 할 때가 있다. (2) 교회 차원에서 볼 때에는, 말씀 선포와 성례가 집행된다면 교회라고 인정받아야 한다.

 **교회 분열의 죄(10-16절)**

4.1.10: 교회의 표지와 권위

1. 복음 선포에 경건하게 귀를 기울이고 성례를 경시하지 않는 교회인 경우, 속임수도 아니고 모호하지도 않은 까닭에, 아무도 그 권위를 멸시하거나

경고를 무시해서는 안 된다(4.1.19; 4.2.1,10; 4.8.12). 2. 따라서 보이는 교회가 말씀을 선포하며 성례를 소중히 여긴다면, 그러한 그리스도인의 사회를 떠나거나 단결을 파괴하는 것은 용인될 수 없다. (1) 바울은 교회를 하나님의 진리의 충실한 파수꾼이므로 '진리의 기둥과 터'로, 또한 '하나님의 집'이라고 부른다(딤전 3:15). (2) 참으로 그리스도께서 교회를, '자기의 신부'(엡 5:27)라고 하시고, "그의 몸이니 … 만물 안에서 만물을 충만케 하시는 자의 충만"(엡 1:23)이라고 부르시는 것은 결코 평범한 찬사가 아니다. 3. 행여라도 우리가 하나님께서 독생자와 맺어주신 혼인을 파한다는 것은(엡 5:23-32), 있을 수 없으니, 이보다 더 무서운 죄악은 상상도 할 수 없게 된다.

4.1.11: 표지의 절대적인 타당성

1. 모든 시대마다 사단은 교회의 두 표지를 제거하고 말살하려고 최대의 음모를 꾸미고, 또는 이 표지들을 대대적으로 멸시함으로써, 목회직을 전복시키려고 애쓴다(엡 4:12). 2. 따라서 우리는 두 방면으로 깊이 유의해야 한다. 교회라고 자칭하는 모든 집단에 이 표지를 시금석으로 적용해서, (1) 주께서 인정하신 규칙대로 말씀과 성례가 있다면 교회에 바칠 존경을 합당하게 드려야 하고, (2) 반면 말씀과 성례가 없으면서 교회를 자칭한다면 세밀한 경계심으로 이런 거짓에 대처해야 한다.

4.1.12: 경솔한 분리를 막기 위하여 표지에 유의함

1. 말씀의 순수한 사역과 성례의 순수한 거행이 적절하게 시행된다면, 이런 표지는 그 단체를 교회로 인정해도 좋다는 충분한 보장이 된다. 2. 그리스도인은 결코 (핵심 문제가 아닌) 비 본질적인 문제의 차이로 분열을 일으켜서는 안 된다(4.2.1). (1) 논쟁 사안은 비록 견해가 다르다 할지라도, 나름대로 말씀에 일치한 주장일 것이다(빌 3:15). (2) 각 교인은 그 받은 은혜의 정도에 따라 회중의 덕을 세울 책임이 있다(고전 14:30). 3. 책임을 이행할 때에도, (1) 교회의 교통을 저버려서는 안 되므로 예절과 질서를 지켜야 하고, (2) 교회 안에서의 평화와 권징을 깨뜨려서도 안 된다.

54 · 개혁신앙의 산실: 제네바 교회

4.1.13: 교회를 떠나는 이유가 될 수 없는 교회의 부족한 정도

1. 과거 일종의 영묘한 영들이라도 된 듯이 자신을 성결하다고 생각하는 일부 완벽주의자들이 서슴없이 교회를 떠나곤 하는 일이 있었다. (1) (마니교의 분파인) 카타리파, (2) 도나티스파, (3) 일부 재세례파 등등의 경우를 들 수 있다(4.12.12). 2. 교회 이탈 현상과 관련하여 두 관점이 있다. (1) 먼저 그러한 비방을 자초한 빌미를 준 교회는 책임을 통감해야 한다. (2) 반면 교회 이탈의 빌미로 삼은 자들의 경우, 인자를 저버리고 극단적인 엄격주의를 추구한 죄를 모면하지 못한다. 3. 교회는 본질상으로는 거룩하지만(엡 5:26), 현상적으로는 선인과 악인이 항상 섞여 있을 수밖에 없다(마 3:12; 13:24-30, 47-48).

4.1.14: 문제가 많은 교회에 대한 바울의 태도

1. 고린도 교회는 문제가 많았지만, 바울은 여전히 그리스도의 교회와 성도의 공동체라고 인정하며 선언했다(고전 1:2). 가령, 당시의 문제들을 보자면, (1) 분쟁과 분열과 시기의 불꽃이 타올랐고(고전 1:11; 3:3; 5:1; 6:7; 9:1), (2) 이교도조차 미워할 악행을 버젓이 시인하고 있었으며(고전 5:1), (3) 죽은 자들의 부활을 조롱하여 복음 전체까지 부수려고 했고(고전 15:12), (4) 하나님이 값없이 주신 재능은 야심에 이용되었고 사랑으로 돕지 못했다(고전 13:5). 2. 고린도 교회는 이렇게 문제가 많았지만 복음 선포와 성례 집행의 두 표지가 있었으므로 여전히 교회였다. (1) 그렇다면, 이런 비행의 십분지 일도 없는 사람들에게서 누가 감히 '교회'라는 명칭을 빼앗을 것인가? (2) 다른 것도 아니요, 복음을 거의 저버렸던 갈라디아 사람들이었지만, 그들에게도 교회가 있다고 바울은 인정했다(갈 1:2).

4.1.15: 악인들과의 교제

1. 교회 내의 악인들을 책망해야 하는 것은 인정하지만(고전 5:2, 11), 그들이 믿다는 핑계로 교회와의 친교인 성찬 같은 것을 거부할 수는 없다. (1) 주의 떡을 나눌 때, 각 개인이나 전체 교회를 검토하라고 한 것이 아니라, 자

기 자신을 살피라고 했다(고전 11:28). (2) 참으로 바울은 '남'이 아닌, '자기'에게 초점을 맞추라고 했다(고전 11:27-29). 2. 개인에 대한 판단권은, (1) 교회 전체에 속한 것이요 반드시 합법적인 절차를 밟아 행사할 일이지, (2) 개인이 각자 임의로 행사할 수 있는 것이 아니다.

4. 1. 16: 완전을 자칭함은 그릇된 의견의 결과

1. 일반적으로 다른 사람을 경멸하는 사람치고, 진정한 거룩과 그것에 대한 진정한 열성에 의해서라기보다는, 자만과 교만에 빠지거나 자기 자랑에 사로잡혀서 그렇게 하는 경우가 많다(1. 13. 3; 4. 1. 20). 2. 어거스틴의 두 가지 충고를 기억하자: (1) "교회의 규율을 경건하게 유지하려면 '평안의 매는 줄로 성령의 하나되게 하신 것'(엡 4:3)에 항상 관심을 가져야 한다. 사도는 바로 이 상호 관용의 교훈을 지키라고 명령했다. 그것이 지켜지지 않을 때, 그 처방으로 징벌을 하는 것은 무익할 뿐 아니라 위험한 일이며 그러므로 처방이 아니다. 이 악의 아들들은 다른 사람들의 불의를 미워한다기보다는 자기들의 주장을 관철시키기 위해서, 자기 자랑에 빠져 있는 평범하고 연약한 사람들을 질질 끌고 가거나 적어도 분열시키려고 한다. 자만심으로 부풀어 있고 광적으로 완고하며 거짓으로 중상하고 음모로 분란을 일으키는 이 악한 자들은 강직, 엄격을 가장해서 그들에게 진리의 빛이 결여되어 있다는 것을 지적할 수 없게 한다. 성경은 형제들의 죄악을 더욱 온화하고 조심스럽게 시정하고, 신실한 사랑과 평화로운 일치를 유지하라고 명령한다. 그들은 이 원칙을 모독적인 분파 행위로 더럽히며, 형제들을 공동체에서 제거하는 구실로 삼는다." (2) "고칠 수 있는 것은 인자하게 고쳐라. 고칠 수 없는 것은 인내를 가지고 참으며, 사랑으로 통곡하고 애통해 하라. 하나님께서 고치시거나 추수하실 때에 가라지를 뽑으며 쭉정이를 키질하실 때까지 기다리라"(마 13:40; 3:12; 눅 3:17). 3. 그러므로 경건한 사람들은, 비록 타락한 교회라 할지라도 여전히 그 속에는 하나님 보시기에 거룩하고 순결한 사람들이 많이 있다는 것을 생각함으로써, 성급하게 용감한 투사가 되어 교회의 교제를 떠나버리는 일이 없도록 조심해야 한다. 4. 결론적으로 교회에 대한 진정한 평가는 하나

님의 판단에 있다는 것을 깨닫고, 완벽주의자들은 좁은 시야와 성급함과 편협함을 버려야 한다.

 **분열의 이유가 되지 않는 교회의 불완전(17-22절)**

4.1.17: 교회가 거룩하다는 것

1. 교회는 원칙적으로 거룩하지만, 아직 완전하지는 않으니, 성경에서 교회가 거룩하다고 한 말씀들은 이런 차원에서 해석해야 한다(엡 5:25-27; 욜 3:17; 사 35:8; 52:1). 2. 한편, 비록 교회가 완전하지 않고 흠이 있을지라도 하나님께서는 어떤 그릇은 귀히 쓰도록 항상 성별하셔서(롬 9:23), 주의 자비를 받지 않는 시대가 없도록 하셨으니, 이는 이미 말씀으로 약속하신 바에 따라 된 것이다(시 89:3-4; 132:13-14; 렘 31:35-36).

4.1.18: 선지자들의 선례

이사야 선지자는 극도로 타락한 예루살렘을 가리켜 소돔과 고모라와 같다고 했다(사 1:10). (1) 하지만 그렇다고 해서 새로운 교회를 따로 세우지 않았고, (2) 오히려 악인들이 모인 한가운데서 깨끗한 두 손을 들어 하나님께 기도하였다.

4.1.19: 그리스도와 사도들의 선례

1. 그리스도와 사도들의 시대의 형편을 볼 때에도, 바리새인들은 말할 수 없이 불경건했고 일반 사람들도 방종한 생활을 했다. (1) 하지만 그리스도와 사도들은 그들과 함께 같은 의식에 참여했고, (2) 같은 성전에 모여 공중 예배를 실천했다. 2. 키프리안: "교회 안에 가라지나 정결치 못한 그릇들이 있는 것 같더라도 우리 편에서 교회를 떠날 이유는 없다. 오히려 우리는 알곡이 되도록 노력해야 한다. 우리는 금그릇과 은그릇이 되도록 전력을 다해야 한다. 질그릇을 부수는 것은 주께서 하시는 일이며 주께는 철장도 맡겨져 있다(시 2:9; 계 2:27). 그러므로 누구라도 하나님 아들의 것을 자기 것이라고 주장하

지 말아야 하며, 쭉정이를 키질하고 짚을 타작하거나(마 3:12과 눅 3:17), 인간적 판단으로 모든 가라지를 분리해 내면 충분하다고 하지 말라(마 13:38-41). 악하고 미친 마음은 이와같이 완고하고 불경건하며 무례한 행동을 취하므로 참으로 교만하다." 3. 결론적으로 두 가지 점을 확립해야 한다. (1) 하나님의 말씀이 선포되고 성례전이 집행되는 교회에서의 보이는 교통으로부터 의식적으로 탈퇴하는 사람은 변명의 여지가 없다. (2) 설혹 교회 안에 죄악이 있다 할지라도 우리의 믿음은 얼마든지 적법한 방법으로 고백할 수 있는 여지가 있으니 안심이다.

4.1.20: 죄의 용서와 교회

1. 논적들은, (1) 사소한 결점이라도 있으면 교회라고 인정하지 않으려 하면서, (2) 죄의 용서를 구하라고 가르치는 교사들을 향하여 완전성에서 멀어지게 하는 것이라고 비난한다. 2. 사실 완전하게 되려는 노력은 필요하고 교회는 이를 열심히 가르쳐야 한다. (1) 하지만, 지상에서 경주하는 동안 어느 누구도 완전하게 될 수 없다. (2) 따라서 사도신경에서 교회를 말한 다음에 바로 이어서 죄의 용서를 말하는 것은 적절하다. (3) 이때 오직 죄의 용서는 교회 안에 있는 백성과 권속만이 얻는다(사 33:14-24). 3. 죄를 용서받는 것이 전제되어야 교회와 하나님의 나라에 들어갈 수 있다. (1) 따라서 주께서는 자신의 자비로 우리를 자신과 화해시키시며(호 2:18-19), (2) 진노로 흩으신 백성을 (용서하셔서) 다시 모으셨다(렘 33:8). 4. 하나님의 가족에 가입하려면, 하나님의 인애로써 우리의 누추함을 씻어버려야 하므로, 우리는 (1) 중생과 칭의의 의미로 세례라는 표징을 받아, (2) 교회 공동체에 가입을 허락받게 된다.

4.1.21: 교회원들에 대한 용서의 영속성

하나님의 용서는, 우리를 교회 안으로 받아들이시고 양자로 삼으시며 교회 안에서 보존하고 보호하시는 데로까지 이어진다. (1) 우리에게는 하나님의 자비가 필요한 여러 가지 약점이 일평생 붙어 다닌다. (2) 그러나 교회라는 몸에 접붙임을 받은 까닭에, 우리의 죄는 하나님의 관용과 중재하시는 그리스

58 · 개혁신앙의 산실: 제네바 교회

도의 공로와 성령에 의한 성화에 의해서 용서를 받았고, 또 매일같이 용서를
받는다.

4.1.22: 열쇠의 권한

1. 그리스도께서는 막 믿기 시작한 사람을 위해서라기보다는, 이미 믿는
사람들에게 계속 용서의 은혜를 베푸시려고 열쇠를 교회에 주셨다(마 16:19;
18:18; 요 20:23). (1) 따라서 교역자들은 그리스도의 이름으로 하나님과 화해
케 하는 직책을 수행한다(고후 5:18, 20). (2) 이 직책을 받은 장로들이나 주교
들은 복음의 약속으로써 신자들의 양심에 힘을 주어 용서를 바라볼 수 있게
한다. (3) 교회의 사역자들은 필요에 따라 공적으로 혹은 사적으로 이 일을
실천한다(행 20:20-21). 2. 주께서 신자들의 단체인 교회에 주신 열쇠의 권한
문제와 관련하여 세 가지 유의할 점이 있다. (1) 아무리 거룩한 하나님의 자
녀라 할지라도 여전히 죄의 용서를 받아야 한다. (2) 하지만 이 은혜는 교회
에 속한 것이므로 교회와의 교통을 유지해야만 받을 수 있다. (3) 따라서 이
것은 교회의 사역자들을 통한 복음 선포와 성례 집행으로 우리에게 전달된
다(4권 12장).

 **신자의 공동체 내에서 죄를 용서한 실례들(23-29절)**

4.1.23: 자기의 죄가 용서되기를 구해야 하는 모든 신자들

1. 일부 재세례파는 과거 노바티안파의 사상을 계승하여(4.1.13), 신자가
세례로 거듭나면 아무 육적인 오점도 없는 순결하고 천사 같은 생활을 한다
고 잘못 주장한다. 즉, (1) 처음 중생할 때 받은 용서만 인정하는 까닭에, (2)
은혜를 받은 이후 타락하는 자들에게는 더 이상의 용서를 받을 소망이 없다
고 주장한다. 2. 하지만 성도들은 '매일 우리 죄를 사하여 주옵시고'(마
6:12)라고 기도해야 한다는 것이 주의 명령이다. (1) 아버지께서는 모든 기도
를 들어주시지만 죄의 사면을 특별한 약속으로 인치셨다. (2) 이는 일평생 죄
의 고백을 요구하시는 것과 다를 바 없다. (3) 실제로 우리는 '형제들의 죄를

일흔 번씩 일곱 번 용서하라는 명령'을 받았다(마 18:21-22). (4) 이것은 우리가 용서를 빌 때마다 그렇게 자주 용서하시는 그의 자비를 본받으라는 것이 기도 하다.

4.1.24: 죄 많은 신자들에게 베푸신 하나님의 풍성한 은혜: 옛 언약의 율법

1. 이미 선택을 받았고 할례를 받아 언약에 참여했으며, 근면한 조상들에게서 의와 정직에 대한 교훈을 받았던 족장들이었지만, 그들도 죄에 빠졌는데, 그럼에도 불구하고 선택된 백성 사이에서 추방되기는커녕 여전히 족장으로 세움을 받았다. 가령, (1) 요셉의 형들은 동생을 죽이려는 음모를 꾸몄고 (창 37:18), 결국에는 동생을 팔아버리는 죄에 빠졌으며(창 37:28), (2) 시므온과 레위는 그들의 누이 동생의 일로 세겜 사람들에게 불법적인 복수를 하여 아버지로부터 정죄되었고(창 34:25), (3) 르우벤은 추악한 정욕으로 자기 아버지의 침상을 더럽혔으며(창 35:22), (4) 유다는 음행을 즐기려다 자연의 법칙을 어기고 며느리와 동침하였다(창 38:16). 2. 이미 중생한 사람으로서 하나님의 특별한 칭찬을 받았던 다윗도, (1) 무고한 피를 흘리면서까지 자기의 맹목적인 정욕을 만족시켰는데(삼하 11:4, 15), (2) 그러나 그 역시 용서를 받았다(삼하 12:13). 3. 율법과 예언서에서 이스라엘에 대한 하나님의 자비가 약속될 때마다 여호와께서는 백성의 죄를 용서하실 용의가 있다는 것을 보이셨다(신 30:3-4).

4.1.25: 죄 많은 신자들에게 베푸신 하나님의 풍성한 은혜: 옛 언약의 예언서

1. 반역보다 중한 죄는 하나님과 교회와의 분열이지만, 하나님의 선하심은 이 (무서운) 죄까지도 극복하신다. 그래서 선지자들은 (1) 백성들에게 죄를 상기시켰지만, (2) 동시에 하나님의 자비를 바라보게 했다(렘 3:1, 12; 겔 18:23, 32; 33:11). 2. 솔로몬은 성전을 봉헌하는 특별한 행사 때, 다른 무엇보다도 죄의 용서를 빌며 기도의 응답을 원했다(왕상 8:46-50). 3. 주께서 죄를 위한 제물을 매일 바치도록 율법에 제정하신 것도(민 28:3 이하), 당신의 백성

이 항상 죄의 질병으로 괴로워할 것을 예상하시고 주신 해결책이었다.

4.1.26: 새 언약 하에서 죄 많은 신자들에게 베푸신 하나님의 풍성한 은혜

1. 하나님의 은혜는 이제 그리스도 안에서 더욱 풍성하게 나타나 하나님과 사람과의 사이에 화해가 실현되었으면 되었지, 오히려 그것을 막는 역할을 할 리가 없다(딛 1:9, 3:4; 딤후 1:9; 고후 5:18 이하). 2. 용서가 나타난 구체적인 증거를 본다. (1) 베드로는 사람들 앞에서 그리스도의 이름을 고백하지 않는 사람은 천사들 앞에서 인정을 받지 못하리란 말씀을 들었으면서도(마 10:33; 막 8:38), 하룻밤 사이에 그리스도를 세 번이나 모른다고 하면서 저주까지 했는데(마 26:74), 그럼에도 불구하고 그는 용서를 받았다(눅 22:32; 요 21:15 이하). (2) 데살로니가 신자들 가운데는 무질서한 생활을 하는 사람들이 있어서 회개하라는 권고의 한 방법으로 징벌을 받았다(살후 3:14-15과 3:6). (3) 마술사 시몬에 대해서까지도 베드로는 기도하라고 권하여(행 8:22), 절망 상태로 몰아가지 않고 도리어 소망을 가지게 했다.

4.1.27: 타락한 교회들에 대한 하나님의 풍성한 은혜

1. 교회 전체가 죄에 빠졌지만 용서받았다. 곧 (1) 갈라디아 교회(갈 1:6; 3:1; 4:9), 고린도 교회(고후 12:21) 등이 가증스러운 죄에 빠졌지만, (2) 바울은 그 지도자들을 저주하지 않고 온유하게 죄에서 풀어주었다. 2. 그리스도와 그의 지체들에게 엄숙하게 확증하신 여호와의 언약은 여전히 유효하며 앞으로도 영원히 변함이 없을 것이다: "만일 그 자손이 내 법을 버리며 내 규례대로 행치 아니하며 내 율례를 피하며 내 계명을 지키지 아니하면 내가 지팡이로 저희 범과를 다스리며 채찍으로 저희 죄악을 징책하리로다 그러나 나의 인자함을 그에게서 다 거두지 아니하며"(시 89:30-33). 3. 끝으로, 다름 아닌 사도신경의 순서에 의해서도 우리는 그리스도의 교회 안에 죄에 대한 은혜가 계속 존재한다는 것을 배운다. 교회가 구성되면 죄의 용서도 추가되기 때문이다.

4.1.28: 무의식적인 죄만 용서를 받는가

1. 노바티안파의 사상이 배격되는 것에 동의하는 일부 사람들은, 대신 '모르고 지은 죄'만 용서받을 수 있고, '고의적인 죄'는 용서받을 수 없다고 잘못 가르친다(3.3.21; 4.16.1; 4.20.2). 2. 하지만 율법의 경우는 어떠한가? (1) 고의적인 죄를 대속할 제물(레 6:1 이하)과 모르고 한 행위를 대속할 제물(레 4장)을 각각 따로 드리라고 명령했으니, (2) 이는 전자의 경우에도 적용될 수 있는 용서의 길을 연 것이다. 3. 실제로 하나님의 자비는 고의적으로 죄를 범한 경우에도 관대하게 나타났다. 실례로, (1) 율법에 통달하였던 다윗의 경우가 있다(삼하 11장). (2) 죄인 줄 알면서도 동생을 죽이는 일을 한 족장들의 경우도 있다(창 37:18 이하). (3) 고린도 교회 신자들은 정욕과 불결과 음행과 미움과 분쟁이 하나님을 기쁘시게 한다고 할 정도로 잘못 배우지는 않았을 것이지만, 여전히 알면서도 죄에 빠졌다(고전 5장). (4) 신중한 경고를 받았기에 자기 선생을 모른다고 한 것이 얼마나 무서운 죄인가를 모르지 않았을 베드로였지만, 그도 역시 자비를 받았다(마 26:74).

4.1.29: 옛적 교회에 있었던 두 번째 회개의 문제

1. 옛적 저술가들은, (1) 신자들이 매일 받는 용서는 가벼운 과실에 대해서만 적용될 뿐이고, (2) 더욱 크고 가증스러운 죄에 대한 엄숙한 회개는 세례와 같이 한 번 이상 반복할 것이 아니라고 생각했다. 2. 하지만 이것은, (1) 하나님 앞에서 보다 적은 과실 같은 것이 있는 것처럼 경시한 때문이 아니고, (2) 또한 첫 번째 회개 후에 타락한 사람들에게서 모든 소망을 빼앗으려는 의도로 그렇게 했던 것도 아니다. 3. 두 번째 부류의 사람들을 엄격하게 처리한 것은, (1) 하나님의 용서가 어려워서가 아니라, (2) 다른 사람들이 죄를 답습하여 교회로부터 단절되는 것을 막기 위해서였다. 4. 여하튼 권징의 엄격함 때문에, 권징의 중심인 사람이 슬픔에 짓눌려서는 안 된다는 것이 성경의 가르침이다(고후 2:7; 4.12.8-11).

개혁신앙의 산실: 제네바 교회

제2장
가시적 교회와 불가시적 교회
The Visible and Invisible Church

칼빈의 기독교강요 분석
- 4권 2장 -
"거짓 교회인 로마 카톨릭"

제2장
가시적 교회와 불가시적 교회
The Visible and Invisible Church

참된 기독교와 명목상의 기독교의 구별은 교회가 존재해 나온 만큼이나 오래되었고, 부인되는 경우도 결코 없었다. "많은 사람이 부름을 받았지만, 소수만이 선택되었다." 우리는 모든 사람이 실제로 부르심을 받았다는 것을 알 수 있지만, 진정으로 선택된 자들이 누구인가에 대해서는 오직 하나님만이 아신다. 가라지 비유와 그물 비유는 이 세상에 속한 하나님 나라에서는 선한 사람과 악한 사람을 다 포함하고 있다는 사실, 그리고 심판날까지는 최종적인 분리가 일어나지 않을 것이라는 사실을 실명하고 있다(마 13:24-30, 47-49). 바울은 육체에 행하는 외적인 할례와 마음에 심겨지는 내적인 할례를 구별할 뿐만 아니라, 육체적인 이스라엘과 영적인 이스라엘도 구분한다. 나아가 그는 비록 기록된 율법에 대해서는 무지하지만 '본성적으로 율법을 행하는' 이방인들이, '문자로 기록된 율법과 할례'를 지니고 있으면서도 율법을 범하는 자들을 심판할 것이라고 말한다. 그는 이것을 통하여 하나님의 자비가 가시적인 교회의 한계에 제한되어 있지 않다는 것을 암시한다(롬 2:14, 15, 28, 29; 골 2:11).

어거스틴은 태초부터 하나님의 선택된 자녀들로 이루어진 '그리스도의 참된 몸'과 모든 세례받은 자들을 포함하는 '그리스도의 혼합된 몸'을 구분하고 있다. 중세기에 교회는 교황청의 세력권과 동일시되었으며, '교회 밖에서는 구원이 없다'(Extra ecclesiam nulla salus)고 한 키프리안의 격언이 '로마 교회 밖에서는 구원이 없다'(Extra ecclesiam Romanam nulla salus)는 뜻으로 좁게 해석되어, 이단적 분파들은 물론이요 동방 교회까지도 배제시키게 되었다. 위클리프(John Wiclif)와 후스(John Huss)〈해설 5〉는 로마 카톨릭의 타락에 반대하여, 예정된 자 혹은 선택된 자의 모임과 오직 예견된 사람의 모임이라는 조금은 다르고 적절하지 못한 칭호 아래, 어거스틴의 구별을 다시 재개하였다.1

개혁자들은 '가시적인 교회'(visible church)와 '불가시적인 교회'(invisible church)라는 전문 용어를 도입하였다. 하지만 이들의 이러한 구별은 두 개의 구별되고 분리된 교회를 의미하는 것은 아니고, 오히려 같은 외견적 교제 가운데 있는 기독교인들의 두 부류를 의미했다. 영혼이 육체 안에 있고 알곡이 껍질 속에 있듯이 불가시적인 교회는 가시적인 교회 안에 있는 것이다. 하지만 누가 불가시적인 교회에 속해 궁극적으로 구원 받게 될지에 대해서는 오직 하나님만이 아신다. 그리고 이런 의미에서 참된 자녀들은 불가시적이기 때문에, 확실히 인식할 수 없고 또한 사람에게 알려져 있지도 않다. 누군가는 이와 같은 전문 용어 사용을 반대할 수도 있을 것이다. 하지만 이러한 구별은 실제로 존재하는 것이며 또한 중요하다.

루터는 라이프치히 논쟁〈해설 6〉에서 후스의 견해를 공개적으로 채택했으며, 사도신경에서 의미하는 진정한 교회에 '불가시적'이라는 용어를 처음으로 적용시켰다.2 아우크스부르크 신앙고백〈해설 7〉은 교회를 '복음이 순전하게 가르쳐지며 성례가 올바르게 시행되는 성도들의 모임'이라고 정의한다. 이 정의는 불가시적인 교회를 위해서는 너무 편협하여, 침례교인들과 퀘이커 교도들을 배제하게 될 것이다. 즉 아우크스부르크 신앙고백 제9조는 유아세례를 거부하면서 세례받지 않은 유아들의 구원을 주장한다는 이유로 재세례파를 명백히 정죄한다.

개혁파의 교리 체계는 불가시적인 혹은 진정한 교회의 영역과 구원의 가능성을 가시적인 교회의 범주 너머로 확대 해석하여, 하나님의 성령은 일상적인 은혜의 수단에 제한되지 않으시고, '언제, 어디서나, 어떤 식으로든 자신이 기뻐하시는 대로' 역사하시고 구원하실 수 있다고 주장한다. 이 사실은 웨스트민스터 신앙고백 〈해설 8〉 제10장 3절에 명확하게 선언되어 있다.

츠빙글리(Ulich Zwingli)는 두 용어를 처음으로 도입하였다. 그의 입장에서 '가시적인' 교회는 기독교인이라는 이름을 가진 모든 사람의 공동체를 의미하고, '불가시적인' 교회는 모든 시대의 진정한 신자 전체를 의미하였다.3 그리고 그는 모든 경건한 이교도들과 세례를 받았든지 아니든지 상관없이 유아기에 죽은 모든 아이들까지도 불가시적인 교회 안에 포함시켰다. 그러나 이 혁신적인 견해에 있어서 그는 자기 시대에는 거의 홀로 서 있어야 했고, 근대에 출현할 사상을 예고하였다고 볼 수 있다. 불링거(Heinrich Bullinger)는 아마도 자신의 존경하는 스승이자 친구인 츠빙글리의 이와 같은 견해에 동조하였을 것이다. 왜냐하면 그는 츠빙글리의 마지막 신앙고백에 대해 절대적으로 지지했기 때문인데, 츠빙글리는 이 신앙고백에서 경건한 이교도들의 구원을 강조하여 가르쳤다. 불링거는 츠빙글리 사후 5년이 지난 다음에 이 신앙고백을 출판하면서 츠빙글리가 자신을 능가하였다고 서문에 밝혀놓았다.

칼빈은 다른 어떤 개혁자보다도 더욱 명확하고 철저하게 이러한 구별을 정의하였고, 그의 견해는 제2스위스 신앙고백, 스코틀랜드 신앙고백, 웨스트민스터 신앙고백, 그리고 다른 개혁파 신앙고백들 속으로 스며들었다. 그는 기독교강요에서 다음과 같이 말한다(Inst. 4.1.7).

"거룩한 성경에서 교회는 두 가지 의미로 사용된다. 때때로 성경이 '교회'를 언급할 때에 하나님께서 보시기에 참된 교회를 의미하는데, 이 참된 교회에는 하나님의 양자 삼으심과 은혜에 의해 하나님의 자녀로 받아들여진 사람들만이 속할 수 있으며, 그들은 성령의 성화에 의해 그리스도의 진정한 지체들이 된다. 그리고 이 교회는 어느 한 시기에 이 땅에 사는 성도뿐만 아니라 태초부터 살았던 모든 선택받은 자들을 포함한다."

"하지만 성경에서 '교회'라는 단어는 온 지구상에 흩어져 있으면서, 한 하나님과 예수 그리스도를 예배한다는 것을 고백하고, 세례에 의해 자신의 신앙을 시작하고, 신성한 성찬에 참여함으로써 참된 교리와 사랑으로 서로 하나가 되었음을 증거하고, 주님의 말씀에 동의하고, 그리스도께서 복음을 전파하기 위한 목적으로 제정하신 사역을 보전하는 사람들을 가리키기 위해서도 자주 사용되었다. 이러한 교회에는 불가불 많은 위선자들도 포함되는데, 이들은 그리스도와는 상관없이 이름과 외관만의 그리스도인이다. 자신들의 생활 속에서 야망적이고, 탐욕스러우며, 시기하고, 중상하며, 무절제한 많은 사람이 있다. 이들의 경우 합법적인 과정을 통해 그 죄를 묻는 것이 불가능하고, 또한 처리가 충분한 효력으로 항상 지켜지지 않기 때문에 일시적으로 묵인된다."

"그러므로 우리의 입장에서는 하나님께만 홀로 알려져 있어서 보이지 않는 불가시적 교회를 믿는 것이 필요한 만큼, 우리로 서는 사람들의 눈에 보이는 이 가시적인 교회를 존중하고 이와의 교제를 유지해야 한다."

칼빈은 츠빙글리처럼 선택된 자들의 수를 늘리지는 않지만, 그렇다고 그가 원칙적으로 이러한 획정을 금하는 것은 아니다. 그는 구원은 하나님의 주권적인 은혜에 의존하는 것이지, 은혜의 가시적인 수단에 의존하는 것은 아니라고 판단한다. 그는 불가시적인 교회의 범주에 '태초부터 살았던 모든 선택된 자'를 포함시키며, 심지어 그리스도에 대한 역사적인 지식이 없었던 자까지도 명백히 포함시킨다. 그는 어거스틴에 동의하여 다음과 같이 말한다.

"하나님의 비밀한 예정에 따라, 교회의 울타리 밖에서 존재하는 양들이 많은가 하면 교회 안에 들어와 있는 많은 이리들이 있다. 왜냐하면 하나님께서는 하나님에 대해서나 자기 자신에 대해 모르는 사람까지도 친히 아시고 또한 인치시기 때문이다. 오직 하나님의 눈만이 외형적으로 자신의 인치심을 받은 자 가운데서 거짓 없이 거룩한 자가 누구이고, 구원의 완성의 궁극에 이르기까지 견인될 자가 누구인가를 식별하실 수 있다."

하지만 칼빈은 기독교강요에서 계속 말하기를, 우리는 사랑의 판단 안에서 '신앙을 고백하고, 모범적으로 생활하고, 그리고 성례에 참예함으로써 우리와 함께 동일한 하나님과 그리스도를 고백하는 모든 사람'을 교회의 지체로 인정해야만 한다고 한다(*Inst.* 4.1.10).

주〉
1. Loserth에 의해 1886년에 출판된 위클리프의 논문 '*De Ecclesia*'를 보라. 동일한 주제를 다루고 있는 자신의 논문에서 후스도 위클리프의 견해를 문자 그대로 채택했다.
2. 루터는 갈라디아서에 대한 자신의 두 번째 주석 제3권에서 불가시적인 교회에 대해 말한다. 루터파의 상징적인 서적들은 이 용어를 사용하지 않지만, 같은 내용을 가르친다.
3. *Opera*, IV. 58. Niemeyer, Coll. Confess., p.53. 츠빙글리가 카를 5세에게 바친 초기의 신앙고백에서도 같은 구별을 가르치지만, 이 용어를 사용하지는 않았다. Niemeyer, p.22을 보라.

적용과 실천을 위한 점검과 질문
'가시적 교회와 불가시적 교회'에 대하여

1. 교회를 구분하는 두 가지 방식인 '보이는 교회'와 '보이지 않는 교회'라는 개념은 정확하게 무슨 의미입니까? 왜 굳이 이러한 구분을 하게 되었습니까?

2. 보이는 교회가 불가불 안고 있는 위험성에는 어떤 것들이 있으며, 이 위험성을 피할 수 있는 최선의 방책은 무엇입니까?

3. 오늘날 현대 교회는 어느 만큼 혹은 어느 정도로 순수하다고 생각하십니까? 왜 그렇습니까? 성경적 기준은 어떻습니까?

4. 교회를 평가하는 당신의 기준은 얼마나 성경적 논리 체계를 가졌다고 생각하십니까? 이 문제와 관련하여 한 가지 주제를 선정하여, 성경적으로 평가해 봅시다. 예를 들어, '교회는 말씀주의여야 한다'고 할 때 그 기준과 정도와 평가에 대한 당신의 사상은 어느 정도로 성경적입니까?

5. 일반적으로 특정 교회를 지칭하면서, "○○동에 있다"고 말하지만, 정확히 말해서 이는 틀린 표현입니다. 왜 그렇습니까?

제2장 | 가시적 교회와 불가시적 교회 · 71

해설 5

위클리프와 후스

종교개혁의 샛별(the Morning Star of the Reformation)이라 불리는 위클리프 (John Wyclif, 1324-1384)는 뛰어난 학자요 애국자이며 설교자이고 교리 개혁가이며 성경 번역자로서 '아무도 끌 수 없는 불을 붙여놓은 채' 그토록 많은 개들에게 수없이 쫓기던 끝에 세상을 떠났다. 하지만 그의 사상은 보헤미야의 후스(John Huss, 1369-1415)에게로 고스란히 옮겨졌다. 위클리프과 후스의 관계는 훗날의 루터와 멜란히톤, 칼빈과 베자와의 관계와도 같았다.

후스는 위클리프를 전적으로 따랐다. 후스가 유배 기간 중에 거둔 중요한 수확인 유명한 '교회론'(De ecclesia)의 처음 세 장은 위클리프의 교회에 관한 논문을 차례로 발췌할 정도로 스승을 전적으로 의지하고 있다. 이 교회론은 키프리안의 '교회론'(De ecclesia)과 어거스틴의 도나티스 논박서들과 위클리프의 저서들 다음으로 유명하다. 다음은 후스의 책의 주요 내용으로 '불가시적 교회'에 대한 사상과 당시의 로마 카톨릭의 거짓을 적나라하게 벌거벗기는 사상이 명확하게 나타난다.

"거룩한 카톨릭 교회(the Holy Catholic Church)는 과거에 죽는 자들과 현재 살아 있는 자들과 미래에 태어날 자들을 포함한 모든 예정된 자의 모임이다. '카톨릭' (catholic)이라는 용어는 보편적(universal)이라는 뜻이다. 교회의 통일은 예정과 축복을 중심으로 한 통일이며 믿음과 사랑과 은혜가 두드러지는 통일을 가리키는 것으로, 로마 교황과 추기경들은 교회가 아니다. 교회는 추기경들과 교황이 없이도 얼마든지 존재할 수 있어서 실제로 수백 년 동안 교회는 그렇게 존재해 왔다. 베드로는 거룩한 카톨릭 교회의 머리가 결코 아니다."

결국 후스는 감옥에서 온갖 고초를 받고 시달리다가 마침내 콘스탄츠에서 열린 공회의에서 정죄를 받고 1415년 9월에 처형되고 말았다. 위클리프가 일으켰던 그 불꽃으로 후스는 성공적으로(?) 불을 지폈다. 이 불은 루터에 의해서 마침내 활활 타올랐다. 훗날 루터는 후스의 서간집을 펴내면서(1537) 그가 모진 굴욕 가운데서 드러낸 인내와 겸손, 그리고 이리 떼와 사자 떼 가운데 있는 양처럼 대규모 회의 앞에 섰을 때 보여준 용기를 칭송했다. 루터는 '독일 귀족에게 고함'(Address to the German Nobility)에서 후스를 화형시킨 죄를 참회하라고 로마 카톨릭을 향해 외쳤다.

해설 6

라이프찌히 논쟁

작센(Saxony)의 공작 게오르크(George, 1500-1529 재위)의 재가 하에 교황 수위권, 자유의지, 선행, 연옥, 그리고 면죄부 등의 교리에 관해 루터(Luther), 에크(Eck), 칼슈타트(Carlstadt) 등이 벌인 논쟁으로 거의 3주간이나 계속되었다(1519년 6월 27일 - 7월 15일). 이 논쟁은 대단한 지적 전쟁 중 하나로, 종교적이고 신학적인 그 시대에 많은 사람들의 관심을 끌었다. 구원과 관련된 핵심 교리를 두고 라틴어로 토론이 진행되었으며, 루터는 필요한 경우 강력한 독일어를 사용해 자신의 의사를 명확하게 표현하였다. 이 논쟁은 미사 의식, 행진, 페터 모젤라누스(Peter Mosellanus)의 '토론자의 이성'이라는 제목의 연설, 그리고 '창조주 성령이여, 오소서!'라는 찬송으로 시작해서 라이프찌히 교수인 요한 랑게(John Lange)의 논찬 연설과 '주님을 찬양한다'는 뜻의 찬양곡 '테 데움'으로 끝을 맺었다.

논쟁의 주요 관심사는 교황의 권위와 교회의 무오성에 관한 것이었다. 에크는 교황이 베드로의 계승자이며, 신적 권리에 의해 그리스도의 대리자라고 주장하였다. 이에 맞선 루터는 그러한 주장은 성경에도 없고, 초대 교회에도 없으며, 모든 공의회 중에서 가장 거룩했던 니케아 공의회(the Council of Nicaea)에도 반대되는 것으로, 단지 로마 교황들이 형식적 교서들에 근거하여 자작한 것이라고 반박했다.

토론이 진행되던 중에 루터는 에크로부터 후스(Huss)와 같은 이단이라고 하는 공격을 받게 되었다. 이에 맞서 루터는 처음에는 후스와 모든 분파적 경향을 비난하였지만, 충분히 고심한 후에, 후스의 주장에는 성경 진리가 있으므로 콘스탄츠 공의회(the Council of Constance)가 후스를 정죄하고 화형시킨 것은 잘못이라고 선포하였다. 교황은 물론이요 공의회도 잘못을 범할 수 있는 것이고, 따라서 성경에 근거하지 않는 어떤 신앙 조항도 강요할 권리가 없다고 주장하였다.

해설 7

아우크스부르크 신앙고백

아우크스부르크 신앙고백(The Augsburg Confession)은 개신교 신앙고백들 중에서 가장 먼저 발표되었고 가장 유명하다. 물론 이 신앙고백은 점진적으로 장성하면서 무르익은 열매라고 보아야 한다. 이 고백서는 주로 다음과 같은 기존의 세 가지 신앙고백 문서들을 토대로 작성된 것이다. 첫째는 '마르부르크의 15개 조항들'(the fifteen Articles of Marburg, 1529. 10. 4)이고, 둘째는 루터가 자신의 실제적 임재설을 포함하여 기존의 신조를 수정하고 확대해, 슈바바흐 회의에서 루터파 제후들이 채택한 '슈바바흐 17개 조항들'(the seventeen Articles of Schwabach, 1529. 10. 16)이고, 셋째는 로마 교회의 특정 폐습들을 비판한 '토르가우의 여러 조항들'(several Articles of Torgau, 1530. 3. 20)로서 루터와 멜란히톤(Melanchthon), 요나스(Jonas), 부겐하겐(Bugenhagen)이 선제후의 명령으로 그의 저택에서 작성한 것이다. 처음 두 개의 문서는 아우크스부르크 신앙고백의 처음 21개 조항 부분, 즉 교리가 적극적으로 진술되는 부분에 자료를 제공했고, 세 번째 문서는 다음 7개 조항의 두 번째 부분, 즉 논쟁 부분의 자료가 되었다.

아우크스부르크 신앙고백은 내용면에서 루터가 주된 저자처럼 보이지만, 실제적인 주요 작성자는 멜란히톤이다. 멜란히톤은 위 세 가지 문서를 문자에 얽매임 없이 자유롭게 사용하여 새롭고 훨씬 훌륭한 고백서를 작성하였다. 이 고백서에는 그의 학문성과 온건함, 요약 능력, 풍부한 표현력이 고스란히 살아난다. 그는 4월에 루터의 도움을 받아 코부르크에서 연구를 시작하여 6월 24일에 아우크스부르크에서 완성했다. 루터는 완성된 문서를 읽어보고 자신의 생각을 너무도 잘 들어맞게 표현했다고 생각하여 크게 감격하였다. 멜란히톤이 너무 일에 몰두한 나머지 몸을 돌보지 않자, 루터는 5월 12일에 그에게 이렇게 편지하기까지 하였다. "나는 자네를 비롯하여 자네와 함께 수고하는 이들에게 파문의 경고를 걸고서까지 엄중히 명한다네. 하나님께 비현실적인 순종을 바침으로 수명을 단축하는 일이 없도록 자네의 연약한 몸을 좀 돌보면서 일하기 바라네. 우리는 휴일과 안식을 취하는 방법으로도 하나님을 섬기는 것이니까."

아우크스부르크 신앙고백은 다음과 같은 말로써 끝맺는다. "사도 베드로는 감독들에게 주인의 위치에 올라 교회들을 주장해서는 안 된다고 금한다(벧전 5:1-3). 그런데 우리의 의도는 주교들에게서 치리권을 빼앗는 것이 아니라, 그들에게 복음을 순수하게 가르치라는 것이요, 또한 죄를 짓지 않고는 준수할 수 없는 여러 가지 관습을 완화하라는 것이다. 그러나 만약 그들이 어느 하나라도 양보하지 않고 거부한다면, 자신들의 완고한 태도로 인하여 불화와 분열의 원인을 제공한 사실에 대해 훗날 하나님 앞에서 어떻게 해명할 것인가를 생각해야 할 것이다."

이렇게 아우크스부르크 신앙고백은 교회 분열의 책임을 로마 카톨릭에 돌린다. 그러나 설혹 로마와 제국의회가 아우크스부르크 신앙고백을 받아들였다 할지라도 분열은 여전히 중단되지 않았을 것이다. 개신교 정신이 크게 확산되어 지상의 어느 권력도, 심지어 루터와 멜란히톤조차도 대세를 막을 수 없었기 때문이다.

하지만 이 고백서는 순수한 변증서로서, 논쟁적인 성격보다는 평화적인 성격이 더욱 두드러지는데, 다툼과 불화의 씨앗이 되지 않고 될 수 있는 한 화합의 문서가 되기를 목표한 멜란히톤의 의도가 도처에 묻어 있다. 따라서 역사적 신앙을 철저히 견지하되, 어조는 아주 온건하고, 카톨릭 진영을 건드릴 만한 표현은 가급적 피하고 있다. 따라서 면죄부와 연옥과 교황 수위권 등의 당시로서는 가장 크게 반발을 사고 있었던 내용들에 대해서는 의도적으로 침묵을 지킨다. 간단히 말해서 이 고백서는 개신교의 신조들 중에서 가장 교회 제도 중심적이고 가장 카톨릭적이고 가장 보수적인 신조라고 볼 수 있다. 이것은 로마 교회를 유화하는 데 실패했지만, 루터교 내부를 결집시키는 아주 강력한 동아줄이 되었다.

여하튼 이 신앙고백은 루터가 면죄부 판매에 대해 비판한 이래 동료들과 함께 13년 동안 투쟁하면서 지켜 나온 신앙의 주요 조항들을 분명하고 자세하고 체계적으로 표현하고 있다. 이 문서는 내용과 역사적 의미로 인하여 루터교의 주요 교리 표준 문서가 되었으며, 루터교 역시 이 문서로 인하여 '아우크스부르크 신앙고백의 교회'라는 이름을 얻었다. 루터교는 교단 내부에서 신학적, 교회 징치적 차이의 불화가 있음에도 불구하고 오늘날까지 이 입장을 견지하고 있다. 이 신앙고백은 유사한 공적 신앙 진술들에 기본 방향을 제시하였으며, 다른 모든 지역의 종교개혁 진영에 힘을 실어주었는데, 가령 영국교회의 '39개 조항'(the Thirty-Nine Articles)에도 큰 영향을 주었다.

해설 8

웨스트민스터 신앙고백

웨스트민스터 신앙고백(the Westminster Confession)은 영국 웨스트민스터에서 종교회의로 모인 신학자와 목사들의 총회에서 작성되고 승인된 신앙고백으로서, 스코틀랜드와 영국과 아일랜드에 있는 교회들의 신앙을 통일한 내용이다. 이후로 세계 여러 나라의 장로교회들은 이것을 성경에 계시된 기독교 신앙의 표준적 진술로 받아들인다.

웨스트민스터 종교회의는 영국 내란, 곧 청교도 혁명 중인 1643년에 장기 의회와 함께 소집되었으며, 1649년까지 웨스트민스터 대수도원에서 정기적으로 열렸다. 신앙고백은 1646년에 완성되어 의회에 제출되었고, 의회는 약간의 수정을 거친 후 1648년 6월 이를 승인했다. 1647년 스코틀랜드 교회가 이 신앙고백을 채택했고, 그 외에도 미국과 영국의 여러 장로교단이 약간의 수정을 가하여 채택했으며, 일부 회중교회와 침례교회도 이 신앙고백을 채택했다.

사실상 범세계적인 칼빈주의의 신학적 내용을 고전적인 논술의 형태로 요약한 이 신앙고백은 총 33개의 장으로 구성되어 있는데, 아주 조리 있고 엄숙한 문체로 씌어졌으며, 그 시대의 정통교리 범위 안에서 인정되는 약간의 견해 차이를 허용하고 있다. 웨스트민스터 신앙고백은 교리의 유일한 근거가 성경이라고 단언하며, 초대 교회의 신조들로부터 나온 삼위일체 교리와 그리스도론에 동의하면서 그것을 좀더 상세하게 밝히 진술하고 있다. 이 신앙고백에는 성례, 목사의 임무, 행위 언약과 은혜 언약에 대한 개혁된 교회의 입장이 나타나 있다.

참고로, 신앙고백은 신조와 비슷하지만 대개는 좀더 포괄적인 내용을 포함하고 있으며, 특히 프로테스탄트 종교개혁으로 세워진 교회들과 연관된다. 중세 그리스도교 교회는 교리를 공적인 문서로 만들려고 하지 않았다. 고대에서 전승된 니케아 신조나 중세 초기에 작성된 사도신경과 아타나시우스 신조를 공적인 예배 때 신앙을 고백하는 데 사용했다. 교리상의 특정한 문제들은 논쟁을 거쳐 공의회에서 확정했다.

16세기 종교개혁은 부득불 교리 체계의 주요 쟁점들을 정의하기 위한 선언문을 내놓아야 하는 필연성에 직면했다. 따라서 이들 대부분의 문서들은 교회의 교리적 입장을 밝힐 목적으로 편집되었다. 그중에서 루터의 요리문답서와 같은 몇몇 문서는 원래는 다른 목적으로 작성되었지만, 곧 자연스럽게 권위 있는 교리서가 되었다. 최초의 종교개혁 신앙고백서들로는 1530년 아우크스부르크 신앙고백에 앞서 작성된 몇 개의 초안들이 있었다. 루터는 이 초안들을 좀더 확대시켜서 아우크스부르크 신앙고백을 작성했다. 이후로 다른 개혁교회들도 이 신앙고백서 형식을 따르게 되었으며, 심지어 로마 카톨릭의 트렌트 공의회(1545-63년)도 이것을 따랐다.

종교개혁기의 중요한 신앙고백문은 루터교의 슈말칼덴 조항(1537년), 협화신조(1577년), 협화서(1580년), 개혁교회의 헬베티아(스위스) 신앙고백(1차 1536년, 2차 1566년), 갈리아(프랑스) 신앙고백(1559년), 벨기에 신앙고백(1561년), 하이델베르크 요리문답(1563년), 도르트 신조(1618-19년), 웨스트민스터 신앙고백 및 대소요리문답(1643-47년) 등이 있다.

기독교강요 분석

Analysis of the Institutes of the Christian Religion of John Calvin

4권 · 2장

거짓 교회인 로마 카톨릭

요약

칼빈은 거짓 교회와 참 교회를 비교하면서 하나님의 말씀을 기준으로 삼는다. 그리스도의 나라는 오직 말씀으로만 다스려지는 나라이므로 교회는 말씀을 홀로 삼는다. 따라서 말씀을 떠나서 온갖 거짓 우상숭배적인 요소들로 가득 차 있는 로마 카톨릭은 참된 교회가 될 수 없다. 로마 카톨릭은 사실상 그리스도의 으뜸되는 대적이면서도 교회의 이름을 앞세워 지금 우리를 괴롭히며, 무식한 사람들을 위협하여 성전과 사제 계급과 기타 외부 장식들을 제시하지만, 결정적으로 하나님의 말씀이 없으므로 교회가 아니다. 그런데 교회는 세상의 시각에서 볼 때 약하고 초라하기 그지 없다. 하지만 교회는 이런 식으로 교회의 머리되신 예수 그리스도의 몸인 것을 자증한다. 그렇지만 바로 이 교회에 그리스도를 진심으로 사랑하고 경배하는 그의 백성들이 있으며, 궁극적인 날에 승리하는 교회로서 나타날 영광을 위하여 이 땅에서 전투적인 교회의 모습을 더욱 견고하게 유지한다. 이것이 합법적인 교회이다.

개요

- 바른 교회와 바른 교리에서 떠난 로마 카톨릭(1-6절)
- 예배와 재판권에 관한 로마 카톨릭과 옛적 이스라엘의 비교(7-12절)

 **바른 교회와 바른 교리에서 떠난 로마 카톨릭(1-2절)**

4.2.1: 근본적인 구별

1. 이미 설명했듯이 교회의 중요한 표식 두 가지는, (1) 말씀 선포와 (2) 성례 집행이니(4.1.9-12), 비록 교회가 도덕적 과실이나 병폐 혹은 다른 과오들을 가지고 있다 할지라도 이 두 가지 표식이 있다면 여전히 교회이다. 2. 교회 안에 있는 과오들은 우리로 하여금 교회를 떠나게 하는 명분이 될 수 없고, 오히려 용서해야 할 의무가 된다(4.1.12). (1) 교리나 신조를 말살하지 않는 정도의 과오, (2) 주께서 제정하신 바를 폐지하거나 전복시키지 않는 성례에 대한 과오 등은 얼마든지 용서해야 한다. 3. 그러나 교리의 핵심이나 성례의 효험이 파괴되게 되면 그 교회는 죽게 된다. (1) 사도와 선지자들의 교훈이요 그리스도가 모퉁이의 머릿돌이시라고 하는 교회의 기초가 무너지거나(엡 2:20), (2) 진리의 기둥과 터여야 하는 것이 교회이므로(딤전 3:15), 거짓말과 허위가 지배하는 교회는 죽은 교회이다.

4.2.2: 로마 카톨릭과 그 주장

1. 지금 로마 카톨릭의 교황 제도하의 교회에는 온갖 거짓 요소가 가득 차 있다. (1) 말씀의 사역 대신에 거짓말을 섞은 패악한 조직이 교회를 지배하여 순수한 빛을 꺼버린다. (2) 주의 만찬은 가장 추악한 모독 행위로 대체되었다. (3) 하나님께 대한 예배는 참을 수 없는 각종 미신으로 더럽혀졌다. (4) 교회는 교리를 떠나서는 존립할 수 없음에도 불구하고 교리는 완전히 매장되고 제거되었다. (5) 공중 집회들은 우상숭배와 불경건을 가르치는 곳이 되었다. 2. 교회와의 교통: (1) 교회의 교제는 그것이 우리를 우상숭배와 불경건과 하나님께 대한 무지와 기타 악폐에 빠뜨리는 데 이바지해야 한다는 조건 위에서 확립된 것이 아니다. (2) 오히려 하나님을 두려워하며 진리에 순종하는 생활을 유지하는 데 이바지해야 한다는 조건위에서 확립된 것이다. 3. 로마 카톨릭은 어떤 근거로 자기들에게 진정한 교회가 있다는 것을 증명하는가? (1)

옛적의 기록을 근거로, 과거 이탈리아와 프랑스와 스페인에서 교회들을 창설하고 피를 흘려 교리와 교회의 건물을 확립한 사람들을 자기들의 근원으로 삼는다. (2) 그들 가운데 있었던 순교자들의 피로 성별되며, 주교들의 연속적인 계승에 의해서 교회가 보존되고, 소멸되지 않는다고 하면서, 이레네우스, 터툴리안, 오리겐, 어거스틴 등이 이 계승을 중히 여겼다고 회고한다.

4.2.3: 강한 자존심으로 하나님의 말씀을 듣지 않는 거짓 교회

1. 과거 유대인들이 성전과 의식들과 제사장들의 활동을 굉장히 자랑하며 그것을 표준으로 교회를 확정했던 어리석은 전철을 지금 로마 카톨릭 교도들이 뒤따르고 있지만, 예레미야 선지자는 이것을 통렬히 비판했다(렘 7:4). (1) 성소는 하나님의 영광이 머무는 곳이지만(겔 10:4), (2) 제사장들이 사악한 미신으로 예배를 부패시키자 하나님의 영광은 떠나버렸으니, (3) 외형만의 교회에도 하나님이 계실 수 있다는 것은 거짓이다(롬 9:6). 2. 바울은 유대교가 거짓 교회였던 사실을 입증하기 위하여 길게 논증했다(롬 9-11장). (1) 교회 안에 있지만 근본적으로 자유인의 어머니에게서 나지 않았으므로 기업을 받지 못하는 사람이 있다(갈 4:22 이하). (2) 이스마엘처럼 외형적으로 할례를 받았거나, 단순히 연대가 긴 것을 주장하는 것도 소용이 없다(창 21:10). (3) 오직 교리적으로 순수하고 합법적인 근원에서 난 자들만이 하나님의 자녀로 인정된다(롬 9:6-9). 3. 하나님께서는 제사장 계급을 존중하겠다고 약속하셨지만, 근본에서 타락하는 한, 모든 영예를 박탈하신다(말 2:1-9). (1) 그러므로 로마 카톨릭이, 아론을 시작으로 경건한 제사장직을 계승해 나왔다고 하는 주장은 가치가 없다. (2) 세속 정치에서도, 브루투스, 스키피오, 카밀루스 같은 사람을 계승했다고 해서, 그것 때문에 칼리굴라, 네로, 헬리오가발루스의 무리가 행한 폭정을 용인하지 않는다(2.3.4). 4. 어거스틴은 교회는 주교들의 계승권을 통해서가 아니라, 확고한 교리를 통하여 위기속에서도 여전히 보존되어 나왔다고 선포한다: (1) "마치 무수한 비방 때문에 가려진 것처럼 때때로 교회 자체가 희미해지기도 하고, 때로는 고요한 때에 조용하고 자유로운 것처럼 보이기도 하고, 이따금 온갖 환난과 유혹의 파도에 휩싸여 이리저

리 흔들리기도 한다." (2) 이런 말에 이어서, 그는 가장 강력한 교회의 기둥들이 믿음으로 인하여 담대하게 유배를 견디거나 세상을 등지고 숨어 지낸 실례들을 제시하였다.

4.2.4: 교회의 기초는 하나님의 말씀

1. 로마 카톨릭은 그리스도의 으뜸되는 대적이면서도 교회의 이름으로 지금 우리를 괴롭히며 무식한 사람들을 위협하여, (1) 성전과 (2) 사제 계급과 (3) 기타 외부 장식들을 제시한다. 2. 하지만 사도들과 선지자들의 교훈으로서의 하나님의 말씀이 없는 곳에는 결코 교회가 없다(엡 2:20). (1) 진리를 좇는 자들만이 주의 백성이다(요 18:37; 10:14, 27). (2) 가짜들은 주의 말씀을 좇지 않는다(요 10:4-5; 8:47). 3. 교회는 그리스도의 나라이며 그리스도께서는 그의 말씀만으로 지배하시므로, 이것과 상관 없이 그리스도의 나라가 존재한다는 생각은 할 수 없다는 것이 상식이다(렘 7:4).

4.2.5: 분파와 이단이라는 비난에 대한 답변

1. 로마 카톨릭은 우리에게 분파와 이단의 죄를 뒤집어 씌우는데, 그것은 우리가 그들의 법에 복종하지 않고, 그들과 다른 교리를 선포하며, 따로 기도집회를 갖고, 세례를 베풀며 성찬과 기타 거룩한 활동을 하기 때문이다. 2. 어거스틴은 이단과 분파를 구별해서, (1) 이단자들은 그릇된 교리로 건전한 믿음을 부패하게 만들지만, (2) 분리론자들은 간혹 같은 믿음을 가졌으면서도 교제를 끊는 것이라고 했다. 3. 그런데 사랑의 결합은 믿음의 일치에 달려 있고 이것이 교회의 연합의 조건이다. 그러므로 바울은 (1) 연합의 조건으로 일치된 믿음의 기초를 전제했고(엡 4:5), (2) 또한 그리스도 안에서의 연합을 강조했으니(빌 2:1, 5; 롬 15:5), (3) 주의 말씀이 없이는 신자간의 일치가 없고 오직 악한 사람들의 파당만이 있다고 한다.

4.2.6: 그리스도를 머리로 모시는 것이 연합의 조건

1. 키프리안의 분석: (1) 교회 안에 이단설과 분파 행동이 생기는 것은 사

람들이 진리의 근원으로 돌아가지 않으며 머리이신 분을 찾지 않고 하늘 교사의 교훈을 지키지 않기 때문이라고 단정한다. (2) 그는 그리스도의 감독직에서 교회의 화합의 근원을 찾으면서, 교회는 항상 연합해야 한다고 가르친다: "교회는 하나이지만 결실이 많으므로 널리 퍼져 많은 교회가 된다. 빛이 하나이면서 그 광선은 많은 것과 같다. 나무의 가지는 많으나 그 굳센 줄기는 하나이며, 줄기는 땅속에 튼튼히 뿌리를 박고 있다. 한 샘에서 많은 시내가 흐르고 많은 시내가 각각 자체의 풍부함에서 넘쳐 흐르는 것 같지만 근원은 하나이다. 태양에서 오는 광선을 보라. 태양 자체는 갈라지지 않는다. 나뭇가지를 꺾어 보라. 꺾인 가지에서는 움이 돋지 않는다. 시냇물의 근원을 막아 보라. 시내는 말라 버린다. 그와같이 교회는 주의 빛을 풍성하게 받아 전세계에 퍼뜨리며, 그 빛 하나하나는 각지에 확산된다." (3) 그러므로 사도들과 같은 뜻을 가진 우리를 어이없게도 분리주의자라고 정죄하는 오류에 빠지지 않으려면, 로마 카톨릭은 우리를 사면해야 할 충분한 이유를 가진 것이다. 2. 그리스도께서는 당시에 합법적인 교회로 여겨졌던 회당으로부터 사도들이 그리스도의 이름 때문에 쫓겨나는 일이 있게 될 것이라고 경고하셨다(요 16:2). (1) 지금 실제로 그런 일이 로마 카톨릭으로부터 일어나서 우리는 이단으로 몰려서 쫓겨났다. (2) 그러나 우리는 그리스도께 가기 위하여 기꺼이 쫓겨나기를 원한다. (3) 로마 카톨릭은 이단이 되어버렸으니, 따라서 우리의 분리는 그리스도께로 가기 위해서 취해진 불가피한 일이다.

예배와 재판권에 관한 로마 카톨릭과 옛적 이스라엘의 비교(7-12절)

4.2.7: 여로보암 때의 이스라엘과 비슷한 로마 카톨릭의 상태

1. 로마 카톨릭의 우상의 압제하에 억눌려 있던 모든 교회들에 대한 평가는 선지자들이 묘사한 옛적 이스라엘 교회와 비교해 보면 더욱 뚜렷이 나타난다. 2. 처음에 이스라엘이 언약의 법들을 지킬 때에는 그들 중에 진정한 교회가 있었다. (1) 즉 율법에서 진리를 얻어 교리를 선포했고, (2) 할례를 받아 종교에 입문하고 기타 성례를 실시함으로써 믿음을 강화시켰으니, (3) 주께서

교회에 주신 영예로운 칭호들은 확실히 그들 사회에 해당했다. 3. 그러나 지금 로마 카톨릭처럼, 이스라엘이 여호와의 율법을 버리고 우상숭배와 미신에 빠짐으로 그러한 특권들의 일부를 잃었던 것처럼, 주의 말씀을 공공연하게 짓밟고, '교회의 가장 중요한 힘과 생명 자체가 되는 말씀 선포'를 말살해 버리는 무리는 결코 교회가 아니다.

4.2.8: 유대인들의 우상숭배 속에서도 남은 교회

이스라엘이 우상숭배에 빠졌지만 남쪽과 북쪽의 타락에는 각기 다른 정도가 있다. (1) 북조 이스라엘은 여로보암에 의해 종교가 완전히 타락했고(왕상 12:28 이하), 계속 악화되어 한결같이 그를 본받았다. (2) 그러나 남조 유다에서는 타락과 재건이 되풀이 되었다.

4.2.9: 배격되어야 하는 부패한 로마 카톨릭

1. 교황주의자들이 여로보암 시대의 이스라엘에 못지 않을 정도로 자신들이 부패하고 타락했다는 것을 부정할 수 있고 변명할 수 있다면 해보라. 하지만, (1) 그들은 추잡한 우상숭배를 하고 있고, (2) 교리에서도 순수한 점은 없고 오히려 실제적으로는 더욱 불순하다. 2. 첫 번째 요구, 곧 로마 카톨릭은 구약 종교의 경우를 들어 우리에게 자신들과의 교통의 조건으로 그들의 의식에의 참여를 강요하지만, 이는 잘못된 적용이다. (1) 비록 선지자들은, 성전에 모이라고 하신 하나님의 명령을 존중하고(신 12:11, 13), 자격은 없으나 하나님께서 임명하셨기에 레위인들의 성례 집행에 이의를 달지는 않았으나(출 29:9), (2) 우상숭배에 참석할 것을 강요받은 경우는 결코 없는데, 그러나 로마 카톨릭 사람들은 우리가 가장 큰 신성 모독으로 혐오하는 미사를 강요한다(2.15.6; 4.18.15). 3. 하나님께서는 (로마 카톨릭이 답습하고 있는) 여로보암의 종교를 정죄하셨고(왕상 12:31). (1) 우리는 교회의 교통을 중요하게 여긴다. (2) 그러나 교회가 부패하고 모독적인 의식으로 타락했을 경우, 그런 교회를 경솔하게 따라가서는 안 된다는 결론을 내린다.

4.2.10: 부패한 교회를 떠나야 하는 이유

1. 두 번째 요구, 곧 로마 카톨릭이 우리에게 하나님께서 교회에 주신 명예와 권세와 재판권을 인정하라고 하는 것도 잘못이다. (1) 그들에게 (참된) 교회(의 표지)가 있다면 구약 선지자들이 그랬던 것처럼 마땅히 복종하고 순종하겠다. (2) 하지만 당시 신성모독적이던 이스라엘에게서(사 1:14) 선지자들은 오히려 떠났다. (3) 그러므로 로마 카톨릭이 진리의 기둥(딤전 3:15)이 아닌 한, 우리도 선지자들처럼 할 수밖에 없다. 2. 로마 카톨릭은 도무지 교회가 아니다. (1) 말씀이 없으므로 열쇠의 권한이 없다(마 16:19; 18:18; 요 20:23). (2) 그들은 말씀의 사역을 무시하는 까닭에, 오히려 불경건의 학교들이요, 각종 오류의 하수구들이다.

4.2.11: 교황 제도 하에 남아 있는 교회의 흔적

1. 교회의 일부 특권이 유대인들에게 남아 있었듯이, 교황주의에도 일부 교회의 흔적들이 있다는 것을 부정하지는 않는다. 2. 하지만 하나님께서 유대인과 맺으신 언약이 보존된 것은, 그들에 의해서가 아니라, 언약이 그 자체의 힘으로 그들의 불경건과 싸우면서 생명을 유지했다. (1) 따라서 언약 안에서 난 사람들을 주께서는 기꺼이 자기의 자녀라고 부르셨다(겔 16:20-21). (2) 마찬가지로 프랑스, 이탈리아, 독일, 스페인, 영국 등이 적그리스도의 압제로 억압을 당할 때, 언약의 증거인 세례를 유지하사 효력을 보존하셨고, 교회가 완전히 죽지 않도록 여호와 자신의 섭리로 교회의 다른 흔적들을 남기심으로, 주께서 자신의 언약이 침범되지 않게 하셨다. (3) 즉, 주의 말씀을 멸시한 자들의 배은망덕을 징벌하시되, 건물이 헐릴 때 기초와 폐허가 남은 것처럼 그렇게 남기셨다.

4.2.12: 건전한 요소가 있어도 부패한 교회는 참 교회가 되지 못함

1. 그들 가운데 교회가 있다는 것을 부정하는 것은 아니지만(4.8.11-12), 특별히 신앙고백의 증표인 성례와 바른 교리가 있느냐의 측면에서 볼 때에, 교황주의자에게서는 결코 표지를 찾아볼 수 없으므로 도저히 교회라는 칭호

를 줄 수 없다. 2. 다니엘과 바울은 적그리스도가 하나님의 성전에 앉을 것이라고 예언하였다(단 9:27; 살후 2:4). 로마의 교황이야말로 사악하고 가증스러운 왕국의 지도자이고 기수이다(3.20.42; 4.7.4, 25; 4.17.1). 3. 하지만 이것은 역으로 그들이 교회를 아주 말살하지는 못하리라는 것을 의미하니, 그들 안에 교회가 다소간 남아 있는 것을 부인하지 못한다. (1) 이는 하나님께서 그들 안에 기적적으로 남은 자들을 보존하셨기 때문이고, 악마의 간계와 인간의 패악도 결코 파괴할 수 없는 교회의 표지가 다소간 남아 있기 때문이다. (2) 그러나 지금 논의하고 있는 합법적인 교회 형태의 측면에서 보건대, 교회의 표지들이 없으므로, 개별적으로나 전체적으로 로마 카톨릭에는 합법적인 교회는 없다.

개혁신앙의 산실: 제네바 교회

제3장
세속 정부
The Civil Government

제3장
세속 정부
The Civil Government

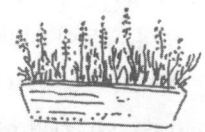

    칼빈은 세속 정부의 성격과 기능을 기독교강요의 마지막 장에서 전문 정치인을 능가하는 재능과 지혜로 심도있게 논의한다.
    그는 교회가 모든 형태의 정부와 사회 상황, 심지어 세속의 노예 상태와도 조화를 이루어 존립할 수 있다(고전 7:21)고 주장한다. 하지만 어떤 종류의 정부는 다른 종류의 정부보다 훨씬 뛰어난데, 이는 빵과 물, 빛과 공기처럼 이 세상의 인류에게 필수적이며, 또한 생명과 재산을 보호하고 법과 질서를 유지하며, 사람들로 하여금 평화롭게 함께 살게 해주고, 게다가 사람들 각자의 소명을 추구할 수 있게 해주기 때문이다.
    칼빈은 기독교강요에서 별개의 정부 형태에 관해, 즉 군주 정치(monarchy), 귀족 정치(aristocracy), 그리고 민주 정치(democracy)의 장점을 심도 있게 논의한다. 이 모두가 기독교와 공존하며 우리의 복종을 요구한다. 이들 모두가 자체적으로 장점과 단점을 가지고 있다. 가령 군주 정치는 독재로 타락하기 쉽고, 귀족 정치는 과두 정치나 소수의 당파 정치로 변질될 위험이 있으며, 민주 정치는 폭동 정치나 소요로 전락하기 쉽다.

따라서 그는 귀족 정치와 민주 정치를 혼합한 형태의 정부를 선호했다. 그는 제네바의 민주적인 공화정에 좀더 귀족 정치적인 정신을 불어넣었는데, 모세가 아주 지혜롭고 뛰어난 자로 선택하였던 70명의 장로들과 함께 구성하였던 통치 체계에서 이것의 선례를 보았다. 그는 통치권이 한 사람 개인보다는 여러 사람의 수중에 놓이는 것이 더 안전하다고 생각하였다. 왜냐하면 통치자들이 서로간에 도울 여유를 갖게 되고 각자의 오만과 야심을 억제시킬 수 있기 때문이다.

세속 정부는 하나님으로부터 기원한다. "모든 권세는 다 하나님의 정하신 바라"(롬 13:1). "나로 말미암아 왕들이 치리하며 방백들이 공의를 세우며"(잠 8:15). 관리들은 '신들' 이라고 불리우는데(시 82:1, 6; 이 구절은 그리스도에 의해 지지되었다. 요 10:35), 왜냐하면 이들은 하나님의 권위를 수여받아 그분의 대리인으로서 행하기 때문이다. "세속 관리는 거룩하고 합법적일 뿐만 아니라 인간 생활 가운데 가장 신성하고 명예로운 것이다." 그러므로 합법적인 정부에 대한 복종은 모든 시민들의 의무이다. 이것에 저항하는 것은 하나님의 명령을 무시하는 것이다(롬 13:3, 4; 딛 3:1과 비교; 벧전 2:13, 14). 바울은 디모데에게 훈계하기를, 공공 집회에서 "모든 사람을 위하여 간구와 기도와 도고와 감사를 하되 임금들과 높은 지위에 있는 모든 사람을 위하여 하라 이는 우리가 모든 경건과 단정한 중에 고요하고 평안한 생활을 하려 함이니라"(딤전 2:1, 2)라고 하였다.

심지어 우리는 악한 통치자에게까지도 복종하고 그를 위해서 기도해야 하며, 이들로부터 억울함을 당할지라도 하나님께서 자신의 심판을 시행하실 때까지 인내와 겸손함으로 참아야 한다. 무력으로 항거해서는 안 되니, 행악자에 대한 처벌은 오로지 하나님과 통치자에게만 속한 것이기 때문이다. 때때로 하나님께서는 사악한 통치자를 통해 백성들을 벌하시고, 또한 다른 악한 통치자를 통해서 이들을 벌하신다. 그러므로 개개인으로서의 우리는 반역하지 말고 오히려 고통을 겪어야만 한다.

오직 한 가지 경우에만 불복종이 필요한데, 세속 통치자가 우리에게 하나님의 뜻과 우리의 양심을 거스르는 일을 하도록 명령하는 때이다. 그때에는

우리는 "사람보다 하나님을 순종하는 것이 마땅하니라"(행 5:29)고 한 사도들의 본을 따라야 한다.1

따라서 칼빈은 국가 권위의 강력한 지지자였다. 그는 프랑스 내전 초기에 암묵적으로 동의하기는 했지만, 위그노들에게 적극적인 저항을 권고하거나 격려하지는 않았다.

칼빈은 세속 정부의 권위와 의무를 십계명의 두 돌판으로 확장시켰다. 그는 기독교 사회에서 정부의 책무가 '하나님에 대한 외적인 예배를 소중하게 지지하고, 종교의 참된 교리를 보존하고, 교회의 헌법을 보호하며, 그리고 사회 복지에 필요한 방법에서 우리의 생활을 규제하는 것'이라고 규정한다. 그는 이러한 견해를 구약 성경으로 증명하고, 이사야 49장 23절의 "열왕은 양부가 되며 왕비들은 유모가 될 것이다"고 한 말씀을 인용한다. 그는 모세, 여호수아와 사사들, 다윗, 요시야, 그리고 히스기야의 실례를 언급하고 있다.

이 부분이 정권에 의한 종교적인 박해 문제가 피할 수 없는 중요성으로 대두되는 중대한 지점이다. 교회에 대한 범죄는 국가에 대한 범죄이기 때문에 - 역으로 국가에 대한 범죄 역시 교회에 대한 범죄가 된다 - 벌금, 투옥, 추방, 그리고 필요할 때에는 사형으로 처벌하는 것이 마땅하다. 이러한 근거에서 세르베투스와 기타 다른 이단들에 대한 처형의 문제가 같은 이론을 지지하는 모든 사람들에 의해 정당화되었다. 하지만 다행스럽게도 이러한 논리는 신약 성경 어디에서도 지지받지 못하고, 복음의 정신에 직접적으로 위배되는 것이다.

주교와 사보이(Savoy) 공작의 세력으로부터 해방된 후 제네바는 베른파 스위스 연맹 아래서 자치 공화정을 시행하고 있었다. 세속 정부는 교회의 감독권을 장악했으며, 이것을 종교개혁에 있어서 처음에는 호의적으로, 다음에는 적대적으로, 결국에는 우호적으로 행사하였다.

제네바 공화국은 모든 연령의 시민들로 구성되었는데, 이들은 법률을 비준하고 관리들을 선출하기 위하여 종과 나팔이 울리는 가운데 통상 성 베드로 교회당에서 매년 전체 회의로 모였다. 행정권은 네 명의 행정장관에게 맡겨졌으며, 입법권은 두 개의 시의회, 즉 60인 시의회와 200인 시의회에 맡겨졌다. 전자는 1457년 이래 나타났고, 후자는 1526년에 제정되었는데, 이는 프라이부르크와 베른과의 동맹 이후에 이들과 다른 스위스 도시들의 헌법을 본받아 제정한 것이었다. 60인 시의회 의원들은 동시에 200인 시의회의 의원직도 겸하였다. 1530년에 200인 시의회는 25인의 소의회를 선출할 권리를 떠맡았으며, 25인 소의회 의원들은 다른 두 의회에 소속된 사람들이었는데 이전에는 행정장관들이 직접 선출하였었다. 실제적인 권한은 행정장관들과 25인 소의회의 수중에 있었으며, 이들은 입법적, 행정적, 사법적 기능으로 과두정치를 형성하였다.

칼빈은 이러한 공화정의 근본적인 제도를 바꾸지는 않았지만, 이러한 정치 체제에다 기독교적이고 규율적인 정신을 불어넣고, 그리고 법률도 개선하였다. 그는 정부로부터 행정장관 로제(Roset), 포랄(Porral), 그리고 발라르(Balard) 등과 함께 새로운 법조문을 마련하라는 위임을 받았다(1541년 11월 1일).[2] 그는 이 일에 많은 시간을 투자했으며, 법 집행, 시 경찰, 군사 행정, 소방, 망루의 경비, 그리고 이와 같은 것들에 속한 세부적인 일에까지 주의를 기울였다.[3]

제네바 시는 칼빈의 이러한 특별한 봉사에 대해 '오래된 포도주 한 통'을 그에게 증정함으로써 고마움을 표시했다.[4] 그가 제정한 많은 규율들은 18세기까지 법적인 구속력을 가지고 시행되었다.

칼빈은 국가의 모든 중대한 일에 대해 상담을 요청받았고, 그의 권고는 일반적으로 수용되었다. 하지만 그는 결코 정치적인 자리 혹은 세속 직무에 취임하지는 않았다. 심지어 그는 자신의 두 번째 제네바 도착 이후로 18년이 지난 1559년까지도 제네바 시민이 아니었다. 그는 일부 교회적인 문제가 논의되거나 자신의 자문이 요청되었을 때를 제외하고는 시의회 앞에 결코 나타나지 않았다. 그러므로 순전히 지적이고 도덕적인 의미를 제외하고는 그를 공화정의 수장으로 부르는 것은 잘못이다. 칼빈의 친구인 제르맹 콜라동(Germain Colladon, 1510-1594)은 칼빈의 도움을 받아 법전을 개정하였는데, 그는 저명한 법률학자로서 제네바에 정착한 프랑스 난민 중에서 유력한 가문 출신이었다. 개정된 법전은 1560년에 시작되어 1568년에 공포되었다.[5]

제네바의 법률 가운데서 출판법에 대해서 이야기해 보자면, 이는 스위스에서 가장 오래된 것으로 1560년 2월 15일부터 시행되었다. 이전에 출판의 자유를 반대하던 법률이 존재했는데, 특별히 스페인에서였다. 스페인 사람인 알렉산더 6세(Alexander VI)는 1501년에 독일 고위 성직자들로 하여금 인쇄업자들을 세밀히 감독하도록 지시하는 교서를 공포하였다. 또한 스페인의 카톨릭 신앙의 통치자였던 페르난도(Ferdinand)와 이사벨라(Isabella)는 엄중한 형벌로 다스리겠다는 위협 아래 사전에 검사를 통과하지 않았거나 허락을 얻지 못한 어떠한 책도 인쇄, 수입, 판매를 금하는 검열 제도를 제정하였다. 스페인의 검열 제도는 자국어로 번역된 성경들, 에라스무스(Erasmus)의 작품들, 모든 개신교 저서, 신비주의자(Mystics)와 광명파(Illuminati), 몰리나주의자(Molinists), 정적주의자(Quietists)의 저서들에 적용되었다. 이러한 압제는 지적인 활동과 문필 활동의 자연스러운 쇠락을 초래하였다.6

로마 카톨릭도 같은 정책을 채택했다. 그리고 프로테스탄트와 다른 나라들도 이 모범을 따랐다. 러시아에서는 출판에 대한 가장 엄격한 제한 조치를 아직도 강요하고 있다. 제네바의 출판법은 비교적 온건하였다. 출판법은 정부에 의해 임명된 신중하고 노련한 세 사람의 감독 아래 놓였다. 이들 세 사람은 능력 있고 믿을 만한 인쇄업자를 지명하는 권한을 가졌고, 인쇄되기 전에 모든 책을 검열하여, 교황파 책, 이단적인 책, 불신적인 책의 출현을 방지하고, 해적 행위에 맞서서 발행인을 보호하는 권한을 가졌다. 하지만 성경, 요리문답, 기도문, 그리고 시편 등은 누구라도 발행할 수 있었고, 또한 성경의 새로운 번역도 초판에 한하여 특권을 부여했다.

출판에 대한 이러한 검열 제도는 제네바에서 18세기까지 계속되었다. 1600년에 시의회는 몽테뉴(Montaigne)의 수필에 대한 출판을 금지시켰고, 1763년에는 루소(Rousseau)의 에밀(Emile)을 정죄하여 불태웠다.

그렇지만 칼빈의 영향 때문에 제네바는 출판에 있어 가장 중요한 장소 중 하나가 되었다는 점이 주목되어야 한다. 유명한 로베르 슈테팡(Robert Stephen, Etienne, 1503-1559)은 파리의 소르본으로부터 비난을 받자, 그의 부친 앙리가 사망한 후에 공공연히 프로테스탄트 신자로 자처하면서 제네바에 정착하였고, 이곳에서 그는 히브리어 성경을 두 차례 발간했다. 1551년에는 불가타와 에라스무스의 해석으로 그리스어 신약 성경을 출판하였는데, 이 성경은 현대 교회가 사용하고 있는 것처럼 본문에 대한 절 구분을 최초로 포함하고 있다. 그는 또한 '라틴어 대전'(Thesaurus Linguae Latinae, 1543년 제3판 전4권)을 출판했으며, 그의 아들 앙리는 '그리스어 대전'(Thesaurus Linguae Graecae, 1572년, 전4권)을 출판하였다. 베자(Beza)는 제네바에서 자신의 그리스어 성경 몇 판을 출판했는데(1565-1598), 나중에 이 성경은 흠정역(King James Version) 번역가들에 의해 주도적으로 사용되었다. 제네바에서는 또한 1557년에 위팅엄(Whittingham)에 의해 신약 성경 영어판이, 그 다음으로 1560년에는 신구약 성경 전체에 대한 영어판이 발행되었다. 이것이 소위 말하는 '제네바 성경' 혹은 창세기 3장 7절에 대한 표현 때문에 별명이 붙은 '치마 성경'(Breeches Bible)으로, 이 성경은 오랫동안 가장 대중적인 영어 성경이었으며, 1560년부터 1630년까지 거의 200판이 발간되었다.7 제네바는 오늘날까지 이러한 문학적인 평판을 잘 유지해 오고 있다.

주)
1. 칼빈은 다음과 같은 문장으로 기독교강요를 종결한다. "이 칙령이 하늘의 사자인 베드로에 의해 선포되었으므로 - '사람보다 하나님을 순종하는 것이 마땅하니라' - 우리는 경건에서 벗어나기보다는, 어떠한 고통을 겪게 될 때에, 하나님께서 요구하시는 복종을 진실로 시행한다는 이 생각으로 위로를 받자. 그리고 우리의 마음이 스스로 실패하지 않도록, 바울은 또 다른 사상으로 우리를 자극한다. 곧 그리스도께서 우리의 구속의 대가로 자신이라고 하는 헤아릴 수 없는 값으로 우리를 구속하였으므로, 우리는 사람들의 부패한 욕망에 복종해서는 안 되며, 그들의 불경에 종이 되어서는 더욱더 안 된다(고전 7:23)."
2. Reg. du Conseil, in Annal. vol. XXI. 287. 비교. vol. X. Pars I. 125.
3. Grand Ducal Library of Gotha에는 세속 정부의 여러 부처, 특히 사법 절차의 개혁에 관해 칼빈이 직접 기록한 몇 개의 설계가 보관되어 있는데, 이것은 *Opera*, X. Pars I. 125-146에 인쇄되어 있다.
4. Registre du Conseil, 1542년 11월 17일. *Opera*, X. p.1. 125.

5. 콜라동 가문에 대해서는 *La France Protestante*, IV. 510 이하를 보라. 또 다른 저명 인사로는 니콜라스 콜라동(Nicolas Colladon)이 있는데, 그는 1565년 '칼빈의 생애' (*Life of Calvin*)를 출판하였으며, 1566년에는 칼빈의 뒤를 이어 신학 교수직을 맡았다.
6. 레아(H. C. Lea)의 *Chapters from the Religious History of Spain connected with the Inquisition* (Philadelphia, 1890)을 보라.
7. *The Bibles in the Caxton Exhibition*, London, 1878, p.95.

적용과 실천을 위한 점검과 질문
'세속 정부'에 대하여

1. 칼빈은 교회는 모든 형태의 정부와도 조화를 이루어 존립할 수 있다고 봅니다. 하지만 정작 그가 선호하는 정치 형태는 어떤 것입니까? (p.128의 기독교강요 분석 '교회와 국가' 참조)

2. 그리스도인은 정부의 합법적인 명령에 복종해야 합니다. 하지만 예외의 경우가 있는데 어떤 경우입니까?

3. 국가가 교인에게 국방의 의무를 요구할 때 가끔 이를 거부하는 경우가 있는 것을 봅니다. 어떻게 생각하십니까? 왜 그렇게 생각하십니까?

4. 교회의 국가에 대한 세금 관계에 대해서 논의해 봅시다.
   1) 목회자가 사례비에 대한 세금을 내는 것이 옳습니까, 그렇지 않습니까? 왜 그렇습니까?
   2) 교회가 자기 건물을 임대하여 얻는 수익의 경우는 어떻습니까? 왜 그렇습니까?
   3) 교회가 자체의 시설이나 비품들에 대해 국가로부터 면세 혜택을 받는 것은 반드시 필요합니까, 그럴 필요가 없습니까? 왜 그렇습니까?

5. 국가가 교회를 위해서 좀더 봉사해야 할 것이 있다면 무엇입니까? 그러한 제안의 성경적인 근거는 무엇입니까?

제3장 | 세속 정부 · 97

개혁신앙의 산실: 제네바 교회

제장
칼빈의 교회정치의 구별되는 원리
Distinctive Principles of Calvin's Church Polity

제4장
칼빈의 교회정치의 구별되는 원리
Distinctive Principles of Calvin's Church Polity

　칼빈은 교회 정치와 교회 치리에 대한 새로운 체제의 입법자요 창설자였다. 그가 받은 법률 교육은 제네바에서 개혁교회를 조직하는 데 매우 유용하게 사용되었다. 만약 그가 중세기에 살았다면, 힐데브란트(Hildebrand, 또는 그레고리 7세)〈해설 9〉나 이노센트 3세(Innocent III)와 같은 인물이 되었을 것이다. 하지만 종교개혁의 정신은 복음적이고 대중적인 기반에 입각한 교회 정치 체제의 재건을 요구하였다.

　칼빈은 교회의 외적인 조직과 질서를 매우 강조하였다. 하지만 이것을 건전한 교리와 내적인 영적 생활보다는 하위에 두었다. 그는 전자인 교회의 외적인 조직과 질서는 육체에 비유하고, 후자인 하나님에 대한 예배를 관장하고 구원의 길을 가리키는 교리는 육체에 생명을 주고 그것이 생명력과 활력이 되게 하는 영혼에 비유했다.

　칼빈주의적인 교회 정치 체제는 다음의 원칙에 기반되어 있는데 이 원칙은 개신교의 발전에 아주 큰 영향력을 발휘하였다.

1. 그리스도를 유일한 수장으로 하는 교회의 자율권 혹은 자치권

로마 카톨릭도 이와 유사하게 교회의 자율권을 주장하지만, 그것은 위계적인 의미에서이고, 그리스도의 가시적인 대리인으로서 사제들과 신자들에게 수동적인 복종을 요구하는 교황의 통제하에서이다. 칼빈은 기독교 회중에게 자치권을 부여하면서, 복음의 모든 사역자들은 자신의 직무적 성격상 그리스도의 대사요 대표자라고 간주한다. 그는 기독교강요에서 다음과 같이 말한다(Inst. 4.3.1).

> "그리스도만이 교회 안에서 다스리고 지배하시며 이 점에 있어서 모든 탁월함을 소유하셔야 한다. 그리고 이 통치는 오직 그의 말씀에 의해서만 행사되고 시행되어야 한다. 그러나 그분은 우리 가운데 가시적인 현존으로 거하지 않으시므로, 자신의 뜻을 귀에 들려지는 선포의 형식으로 우리에게 말씀하시고자 하는 이 목적을 위하여 자신의 대리인인 사람들의 목회 활동을 사용하신다. 하지만 자신의 권리와 영예를 이들에게 전이시키시는 것이 아니라, 단지 이들의 입술을 통하여 스스로 자신의 일을 하시는 것이다. 이것은 마치 기술자가 자신의 작업을 수행할 때에 도구를 사용하는 것과도 같은 방식이다."

하지만 실제 문제로서, 로마 카톨릭의 위계 제도에 기반한 자율권이든 프로테스탄트 교회들의 자율권이든 간에, 교회와 국가가 연합하고 있는 어느 곳이든지, 그리고 국가가 교회를 지원하는 곳에서는 세속 통치에 의해 많거나 적게 교회는 억제되고 견제되었다. 왜냐하면 자치는 자립을 요구하기 때문이다. 칼빈은 교회 회의들을 설립하여 성직자를 국가의 후원으로부터 독립시키려고 시도했지만 성공하지 못하였다.

루터파 개혁자들은 교회를 세속 통치자에게 종속시켰으며, 교회를 국가에 순종하는 시녀로 만들어버렸다. 하지만 이들도 군주들의 이기적이고 전제적인 실정에 대해서는 혹독하게 비판하였다. 유럽 대부분의 루터파 국가에서 회중은 자신들의 목사를 선출함에 있어서 선택권을 갖지 못하였다. 독일어권 스위스의 개혁자들은 민주적인 공화제 속에서 성도들에게 많은 권한을 허용하였고, 그리고 교회 회의들도 도입하였지만, 그들도 역시 마찬가지로 최상의 권력만은 몇몇 주의 세속 정부의 수중에다 놓았다. 군주제를 행한 영국의 경우 교회의 통치권은 헨리 8세(Henry VIII)〈해설 10〉에 의해 강탈되어 행사되었으며, 여왕 엘리자베스(Elizabeth)〈해설 10〉와 그녀의 계승자들에게 이르러서는 좀더 온건한 형태로 행사되었고, 주교들도 이를 묵인하였다.

칼빈의 영향 아래 있던 교회들은 적어도 이론상으로는 모든 영적인 문제에 있어서 교회의 독립성을 항상 유지했으며, 각 회중은 자신들의 목회자를 선출할 권한도 유지했다. 칼빈은 바울과 바나바가 회중의 동의 혹은 투표에 의해 장로들을 임명했음을 말하고 있는 성경 구절에 사용된 그리스어 단어에 근거하여 이러한 권리를 끌어냈다. 그는 다음과 같이 말한다.[1]

> "이들 두 사도가 장로들을 안수하였다. 하지만 전체 회중은 그리스인들 가운데서 지켜졌던 관습에 따라 손을 들어 자신들이 선택하려고 생각한 사람을 공표하였다…. 바울이 자신이 맡았던 것보다 더 많은 권한을 디모데나 디도에게 양보하였다는 것은 설득력이 없다(딤전 5:22; 딛 1:15)."

그리고 칼빈은 기독교강요에서 찬성의 의미로 키프리안의 글에서 두 구절을 인용한 후에, 목사들을 선출하는 사도적이고 가장 좋은 방법은 전체 회중의 동의에 의한 것이라고 결론짓는다. 하지만 이 선출은 '군중이 변덕과 음모와 혼란을 통한 잘못에 떨어지지 않도록 보호하기 위해서' 다른 목사들이 주재하여야만 한다(*Inst.* 4.3.15; 4.4.11과 비교).

스코틀랜드 장로교회는 그리스도가 교회의 유일한 머리가 되신다는 원리를 수립하기 위하여 어떤 프로테스탄트 교회보다 훨씬 더 수고하였고 더 많은 어려움을 겪었다. 처음에는 교황주의를 상대로, 다음으로 감독 제도를 상대로, 마지막으로는 성직 수여권에 맞서서 싸워야 했다. 북아메리카의 경우 이 원칙은 거의 보편적으로 인정되었다.

2. 교황제나 감독제의 신적인 위계 제도와 구별되는 성직들의 동등성

칼빈은 제롬(Jerome)의 해석에 동의하여, 감독(overseers)과 장로(elders)는 원래 동일한 직무였다고 주장했다. 그의 이러한 입장은 현대의 최고의 주석가들과 역사가들로부터 지지를 받는다.

하지만 이것 때문에 칼빈이 인간적인 권리와 역사적인 발전에서 초래되는 사역자 사이에 나타나는 어떤 차이까지도 거부한 것은 아니고, 다양한 조건과 환경에 교회 조직을 적응하는 권리 또한 부인하는 것도 아니다. 그는 배타적이거나 편협한 장로교인이 아니었다. 칼빈은 폴란드나 영국과 같은 그런 큰 국가에서 복음주의적인 교리들이 선포된다고 하는 조건만 채워진다면 감독 제도가 시행된다 할지라도 반대하지 않았다.2 영국의 대주교 크랜머(Cranmer) 〈해설 10〉와 섭정 서머싯(Somerset) 〈해설 10〉과의 서신 왕래에서도 그는 다양한 개선책들을 제안하지만 감독 제도를 반대하지도 않았다. 또한 폴란드 국왕 지기스문트 아우구스투스(Sigismund Augustus)에게 보낸 긴 편지에서는 그 나라에서의 감독 제도의 시행을 찬성하기까지 하였다.

하시만 감녹 제도보다는 장로교회와 회중교회 체제가 칼빈주의 정신에 더 잘 들어 맞는다. 17세기에는 영국 성공회와의 충돌 속에서, 칼빈주의 교회들은 스코틀랜드에서는 배타적으로 장로제가 되었고, 잉글랜드와 뉴잉글랜드에서는 독립파가 되었다. 같은 시기에 성공회 예전의 강제적인 도입에 반대하기 위하여, 장로교인들과 회중교회주의자들은 예전적 예배를 포기하였다. 한편 칼빈과 대륙의 개혁주의 교회들은 공공 예배에서 자유 기도와 관련하여 헌신의 형식들을 인정하였다.

3. 교회 정치와 치리에 있어서의 일반 신도의 참여

이것은 매우 중요한 특징이다. 로마 교회에서 일반 신도는 수동적이었으며, 교회법 제정에 어떤 형태의 참여도 할 수 없었다. 그들에게 주어진 것은 단순히 사제에 대해 복종하는 것뿐이었다. 이러한 상황 속에서 루터는 처음으로 만인제사장설(the doctrine of the general priesthood of the laity)〈해설 11〉을 효과적으로 선포하였다. 칼빈은 이것을 잘 조직화된 형태로 만들어 신도들로 하여금 지역 교회와 교회 회의와 총회에서 일정한 역할을 하도록 만들었다. 그의 견해는 다른 교단에서도 기초를 삼는 경향이 늘어갔으며, 미국에서는 거의 일반적으로 채택되었다. 심지어 신교 성공회 교회(Protestant Episcopal Church)까지도 그들의 교회 교구와 총회의 하원에서는 일반 신도에게 성직자와 동등한 의원 대의권을 준다.

4. 전체 회중의 동의로 사역자들과 일반 신도 장로들에 의해 공동으로 시행된 엄격한 치리

이 점과 관련해서는 칼빈은 이전의 개혁자들보다 한층 진일보했으며, 앞으로 보겠지만 위대한 성공을 거두었다.

5. 가능하다면 신정 정치적 기반 위에서 교회와 국가가 연합하고, 필요하다면 교회의 순수성과 자치권을 지키기 위해 분리한다.

주)
1. 사도행전 14:23. "χειροτονη σαντες"라는 단어는 손을 드는 방식으로 투표하는 것을 가리킨다.
2. 감독 제도의 관용에 있어서 멜란히톤은 훨씬 진일보했다. 그래서 그는 교황이 만일 복음의 자유로운 설교를 관용한다면 기꺼이 교황제에 복종할 뜻이 있었다. 그는 스말칼타 조항(Smalcaldian Articles)에서 이에 제한적으로 동의하였다.

적용과 실천을 위한 점검과 질문

'칼빈의 교회정치의 구별되는 원리' 에 대하여

1. 교회의 자율권 또는 자치권과 관련하여 논의해 봅시다.
    1) 로마 카톨릭의 교회 자율권은 어떤 것입니까?
    2) 루터파 교회의 교회 자율권은 어떤 것입니까?
    3) 개혁파 교회의 교회 자율권은 어떤 것입니까?

2. 감독제도와 장로회의 차이점은 무엇이며, 각기 구별되는 장단점은 무엇입니까? 오늘날 일반 신자들의 교회정치 참여는 어느 정도나 개방적인가에 대해서도 논의해 봅시다.

3. '만인 제사장설'이란 무엇이며, 이 원리가 현대 교회 안에서 제대로 적용되고 있는가에 대해서 논의해 봅시다.

4. 어떤 지역에 교회가 세워지는 과정과 담임 목회자가 취임하는 일련의 과정과 절차 등에 대해서 알고 있는 바대로 설명해 보고, 성경적으로 어떻게 뒷받침을 받는가에 대해서 논의해 봅시다.

5. 일반적으로 구분하듯이 대형교회와 소형교회 혹은 개척교회들 중에서 교회의 질서 체계의 효율성은 어떤 부류의 교회에서 더 잘 나타나겠습니까? 왜 그렇습니까? 각 부류의 교회들에서 나타나는 장단점은 각기 무엇이며, 그것들의 가치와 비중을 상호 비교해 봅시다.

제4장 | 칼빈의 교회정치의 구별되는 원리 · 107

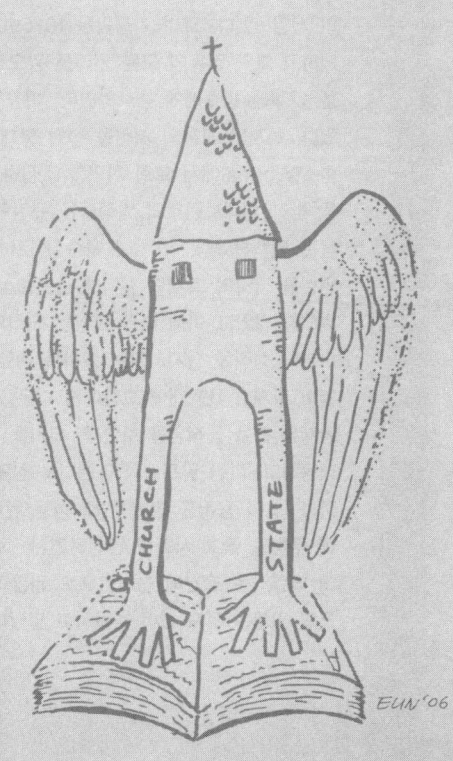

해설 9

힐데브란트(그레고리 7세)

로마 카톨릭의 157대 교황 그레고리 7세(Gregory VII, 1073-85 재위)의 본래 이름은 힐데브란트(Hildebrand)인데, 그의 생애 동안에 교황의 권위가 극도로 팽창한다. '교황'이라는 칭호를 더 이상 로마가 아닌 다른 주교에게는 사용하지 못한다고 규정했다. '딕다투스 파페'(교황 교서)를 발표하여, 당시 절정에 달한 교황권의 영적, 현세적 특권을 개괄적으로 보여주는 27개의 제안들을 확정하였다. 교황은 성직매매를 금지시키고, 성직자들의 독신 생활을 장려했으며, 고위 성직자들의 혁신적인 생활 개선을 요구했다. 또한 당시까지 왕과 황제가 주교들을 서임하여 직책과 은정을 베풀어 오던 관례를 폐지하였는데, 이로 말미암아 신성 로마제국의 하인리히 4세 황제의 극렬한 반대를 받게 되어, 이후 두 사람은 폐위와 파문을 서로 주고 받게 된다.

과정을 자세히 살펴보자면 이렇다. 교황청이 황제의 일반 신도 서임을 단죄했지만, 밀라노, 스폴레토, 페르모 기타 등지에, 황제는 여전히 자신의 마음에 드는 사람들을 주교와 수도원장으로 임명하였다. 이렇게 사실상 교회 내부의 가장 큰 부패 요인은 속인의 서임이었다. 로마 카톨릭은 1075년 사순절 회의에서 속인의 서임을 더욱 엄격히 규제하고 교구 점유의 모든 권리를 왕으로부터 찾아낼 것을 파문의 위협하에 결성하여 이를 12월에 왕들에게 통보하였다. 이같은 내용은 특히 독일 제국의 기반이 흔들릴 정도였다. 하지만 교황의 서신을 접한 황제 하인리히 4세는 굽히지 않고 1076년 1월 말 보름스(Worms)에서 교회 회의를 소집하고 교황 반대 운동을 전개하여 주교 26명의 서명을 받아 힐데브란트의 범행들을 규탄하고 교황을 폐위시키기로 결정하였다. 교황의 대응은 명백하였다. 1076년 사순절 로마 회의에서 교황은 황제를 파문하고 황제의 모든 권한을 금하며 황제의 신하에게는 충성의 의무에서 면제시켜 주었다. 그러나 황제는 폐위되지 않았고 이에 따라 교황은 교회의 명령에 반대하고 황제편에 섰던 주교들을 파문하거나 성직을 정지시키는 조치를 취했다. 그러자 독일 내의 제후들은 트리부르 회의를 열어 황제가 1년 내에 교황에게 파문을 취소해 주도록 간청하거나 아니면 힘을 합쳐 새 황제를 뽑을 움직임을 보였다. 위기를 느낀 황제는 1076-77년 겨울 소수의 수행원만을 대동하고, 마침 알프스의 아펜니노 산맥의 북쪽 카노사(Canossa)에 가 있던 교황을 찾아가, 그의 용서를 얻기 위해 성문 앞에서 3일간을 기다렸다. 황제는 그레고리 7세 앞에 무릎을 꿇고 사죄를 간청하면서, 독일 제후들의 분쟁에 있어서 교황의 중재적 판결에 따른다는 조건에 응낙함으로 권한의 일부를 회복하였지만, 이 일로 인하여 독일 제국의 위세는 여지 없이 추락하고 말았다.

게다가, 독일의 제후들이 1077년 3월 15일 교황의 승인 없이 슈바벤의 루돌프(Rudolf)를 독일 왕으로 선출하였고, 그 여파로 독일에서는 3년간 격렬한 내전이 발발하였다. 교황이 나서서 양측을 중재하였지만 실패하게 되자, 교황은 1080년 사순절에 제후들이 선출한 루돌프를 독일의 합법적인 왕으로 승인하는 동시에 하인리히 4세 황제를 재차 파문하여 독일과 이탈리아 왕에서 폐위시켰다. 황제도 가만히 당하고 있지만 않았다. 그는 동년 6월 브릭센에서 회의를 개최하여 라벤나의 귀베르트(Guibert)를 교황으로 선출하고 클레멘트 3세(Clement III)라고 명명하게 된다. 이어서 황제는 군대를 지휘하여 로마로 진격했고, 교황은 피난길에 올라 노르만인들의 보호를 받다가 결국 1085년 5월 25일에 서거하게 된다.

해설 10

헨리 8세, 엘리자베스, 크랜머, 서머싯

헨리 8세(Henry VIII, 1491-1547): 튜더 왕조의 헨리 7세의 둘째 아들로서 형이 요절하게 됨에 따라 왕위를 계승하였으며, 청년 시절은 르네상스 군주로 알려졌다. 형의 미망인 왕비 캐서린과 결혼하였지만 아들이 없었다. 헨리는 1527년경부터 궁녀 앤 불린과 사랑에 빠져 결혼을 시도하지만, 당시 캐서린의 조카인 카를 5세의 압력을 받은 로마 교황이 이를 인정하지 않으므로, 카톨릭 교회와 결별할 것을 꾀하여, 1534년 수장령을 선포하여 독자적인 영국 국교회인 성공회를 설립하면서 일련의 종교개혁을 단행하였다. 이어 1536, 1539년에 수도원을 해산시키고 소속 영토들을 몰수하였다.

그런데 헨리 8세가 시작한 종교개혁의 첫 막은 국외의 교황 제도와 폭정을 단지 국내판으로 대체한 것에 불과했으며, 엄밀히 말하자면 개악으로의 변화였다. 스스로를 '영국 교회의 최고의 머리'(the supreme head of the Church of England)라고 선언한 전제 군주의 신앙 교리에 감히 반대하는 사람은 누구라도 안전할 수 없었던 것이다. 그의 사망시에도(1547년) 6개의 유혈 조항은 여전히 효력을 발휘하고 있었다. 그러나 그 조항들은 교황에게 반역했음에도 불구하고 헨리 8세가 여전히 유지하고 있었던 로마주의의 중심 교리를 일부 포함하고 있었다.

헨리 8세는 종교 정책 이외에 왕권 강화에도 힘썼으며, 웨일스 · 아일랜드 · 스코틀랜드 등의 지배와 방비를 강화하고, 당시의 복잡한 국제 정세 속에서도 몇 차례나 대륙에 출병하였다. 여섯 왕비 중에서의 두 왕비와 울지, 크롬웰, 모어 등의 공신들을 처형하는 등 잔학한 폭정도 베풀었지만, 전반적으로 그의 통치는 국민의 이익을 크게 배반하지 않았으며, 부왕이 쌓은 절대 왕정을 더욱 강화하였다.

엘리자베스(1588-1603 재위): 억울한 누명을 쓰고 런던 탑의 타워그린에서 참수된 앤 불린(1536년 5월 19일)의 딸인 엘리자베스 여왕은 재임 기간 동안 자신의 직분을 '신앙의 수호자와 교회의 최고 통치자'(Defender of the Faith and Supreme Governor of the Church)로 자처하면서 헨리 8세가 바꾸어놓은 개혁 종교를 영구히 확립하였다.

여왕은 어려서부터 성경은 물론이요 키프리안을 비롯한 초기 교부들의 신앙서적을 공부하였다. 또한 독일의 개혁자 멜란히톤 같은 당대의 학자들에 대해서도 해박했으며, 열한 살 때는 토마스 아퀴나스의 라틴어 기도문을 영어로 번역하는 언어적 재능을 보였으며, 열 살 때는 칼빈의 기독교강요를 영어로 번역하기도 했다.

이러한 여왕이 제정한 형벌에 관한 법규는 국내의 소요와 외부의 침입을 막기 위한 정치적 필요성에 의해 만들어진 것이지만, 한편으론 교황 제도와 청교도들을 체계적으로 소멸시키기 위한 목적을 담고 있었다. 그 법으로 로마 카톨릭 성직자들이 가장 어려움을 겪었고 숨어 버리든가, 아니면 망명하는 길밖에는 살아남을 방법이 없었고, '39개 조항'과 '공동 기도서'를 준수할 것이 엄격하게 요구되었다. 영국 성공회 예배에 참석할 것이 강력하게 요구되면서, 다른 예배나 미사는 심한 형벌로 금지시켰다.

거의 교황과 다름 없는 권세를 휘두른 여왕, 곧 교황 같은 여황(Queen-Pope)의 명령에 대해 불충성의 혐의를 받는 귀족은 가차없이 고문을 받았다. 헨리 4세(1401년) 때의 법령이 여전히 유효하여서 두 명의 재세례파가 여왕의 재위 당시 산 채로 화형에 처해졌고, 두 명의 아리우스주의자가 여왕의 후계자에 의해 역시 화형에 처해졌다. 그 법규는 1677년에 공식적으로 폐지되기까지 존재하였다.

아일랜드 지역은 교회적으로나 정치적으로 점령 지역으로 취급되었다. 영국은 지금도 그 잔인한 정책으로 인해 프로테스탄트 지배자들에 대한 카톨릭 교인들의 증오심을 키워놓은 대가를 지불하는 고통을 받고 있는데, 아일랜드의 슬픔을 제거하는 것이 영국 정치의 가장 어려운 문제로 남아 있다.

교황 제도는 영국적 토양에서는 잠시 동안 자취를 감추게 되고 스페인이 자랑하던 무적함대(Amada)도 노련한 제독 드레이크의 지휘를 받는 영국 함대에 의해서 완전히 격퇴되었다. 그러나 영국 내의 작은 교황인 여왕은 로마의 거대한 교황과 맞붙어 최전선에서 투쟁한 청교도를 쉽게 격퇴할 수 없었다. 마침내 스튜어트 왕조의 폭정과 최고 위원회와 최고 재판소의 잔인성에 저항하여 반란이 일어났다. 이 기관들은 스페인의 종교재판소와 크게 다르지 않은 것으로, 언론의 자유와 출판의 자유를 사회에 반하는 죄로 규정하여 처벌하였다.

토마스 크랜머(Thomas Cranmer, 1489-1556): 노팅엄셔 애슬랙턴 출생으로, 헨리 8세가 왕비와 이혼하려는 문제가 제기되었을 때, 왕의 입장을 옹호함으로써 왕의 인정을 받아 중용되었다. 크랜머는 왕의 이혼의 합법성에 관한 학자들의 견해를 알아보기 위해 대륙에 파견되기도 하였다. 1533년에 캔터베리 대주교로 임명되자, 왕과 캐서린 간의 결혼을 무효라고 선언하면서, 대신 앤 불린과의 결혼이 합법적인 것으로 선언하였다(5월 23일). 이후 국왕 에드워드 6세 치세에 걸쳐 영국 종교개혁의 중심인물로서 '기도서'와 '42개 신조'를 제정하고, 영어 성경인 '크랜머 성경'의 사용, 성직자의 결혼을 허용하는 등 영국 국교회인 성공회의 기초를 닦았지만, 카톨릭 회복 운동을 펼친 피의 여왕 메리 1세의 박해를 받아 화형에 처해졌다.

크랜머는 생전에 교회의 일치에 많은 관심을 보여, 대륙의 개혁자들에게 총회를 열 것을 제의하였다. 이 제의를 호의적으로 생각한 칼빈은 자신은 이 문제를 위해서라면 10개의 바다라도 기꺼이 건너겠다고 할 정도로 자신의 굳센 의지를 담은 편지를 보내어 그를 격려하기도 했다. 스트라스부르크의 개혁자 부써가 잠정신조 협정을 거부한 데 따라 위기에 처했을 때 그의 망명을 돕고 그가 영국에서 교수로서 사역할 수 있도록 조치를 취해준 사람도 바로 이 크랜머이다.

서머싯(Somerset, 1500?-1552): 헨리 8세의 셋째 왕비인 제인 시모어(Jane Seymour)의 오빠인 서머싯은 윌트셔의 명문 출신으로 헨리 8세를 섬기며 승진하여 1537년 추밀원 고문관이 되어 허트포드 백작으로 서임되었다. 1547년 생질인 에드워드 6세가 어린 나이에 즉위하자 섭정이 되어 국무를 장악하여 서머싯 공작이 되었고, 스코틀랜드에 대한 융합정책을 쓰다가 반란이 일어나자 이를 진압하였다. 1549년 예배 통일법을 반포하여 국교회의 급격한 개혁을 꾀하였다.

중세 서유럽, 특히 영국에서의 일부 영주 및 지주에 의한 공유지의 사유화를 반대하는 시책인 인클로저(enclosure)를 펼쳐 동생 시모어 남작을 반역죄로 몰아 처형한 일 등으로 민심을 잃어, 워릭 백작(뒷날의 노섬벌랜드 공작)을 중심으로 한 반대파에 의해 런던 탑에 투옥되면서 섭정에서도 해임되었다(1550년). 이후 일단 석방되어 추밀원에 복귀하였으나, 다음 해인 1551년 다시 반역죄로 체포되어 이듬해 결국은 처형되었다. 칼빈이 그의 개혁 운동을 지도하기 위하여 서머싯에게 보낸 편지는 깊은 사상이 곁들인 상당한 분량의 장문으로 거의 소논문에 해당할 정도이다.

해설 11

만인제사장론

개신교의 사회적이며 교회적 원리는 당시 로마 카톨릭이 채택하고 있던 바, 그리스도와 신도 사이를 중보하는 특별 제사장직(special priesthood)을 부정하고, 모든 신자들이 일반적으로 사제직을 수행한다는 데 있다.

배타적인 위계제도(exclusive hierarchy)를 가지고 있었던 로마 카톨릭은 일반 신도(laity)에게 수동적인 복종만을 요구했다. 주교(bishops)는 가르치고 다스리는 교회이다. 오직 이들만이 공의회나 교회 회의를 구성하며, 입법과 행정의 배타적 권력을 소유한다. 일반 신도(layman)는 영적인 문제와 관련하여 어떠한 주장도 할 수 없으며 심지어는 천국과 지옥의 열쇠를 소유하고 있는 사제(priest)의 허락이 없이는 성경을 읽을 수조차 없다. 신약 성경에서 모든 신자는 성도, 사제, 그리고 왕으로 불린다. 루터는 이렇게 주장한다.

"모든 그리스도인은 진실로 영적인 신분을 가지고 있으며, 직분의 차이를 제외하고는 그들 사이에 어떠한 차이도 존재하지 않는다. 바울 사도가 말한 것처럼, 각 지체가 다른 지체를 섬기기 위해 각자의 일을 감당하다 할지라도, 그리스도인은 모두가 한 몸이다. 이것은 우리가 한 세례, 한 복음, 한 믿음을 소유하고 있으며, 모두가 같은 그리스도인이기 때문이다. … 우리를 사제(priests)로 만드는 것은 신앙(faith)이다. 우리를 그리스도와 연합시키는 것도 믿음이다. 우리에게 성령의 내주를 가능하게 하는 것, 그리하여 우리를 거룩한 은혜와 하늘의 능력으로 채워지게 만드는 것은 믿음인 것이다. 주교나 교황의 뿔에서 나오는 그 어떤 것보다 나은 기름인 이 내적인 성령의 기름부음이 우리에게 단지 허울만이 아닌, 사제의 본성, 순결, 그리고 능력을 부여해 준다. 그리고 이 기름부음은 그리스도를 믿는 모든 사람에게 주어진 것이다."

루터의 이와 같은 원리는 일반 신도를 교회를 다스리고 이끌어 나가는 데 적극적인 협력자의 위치로 끌어올리는 것이다. 이 원리는 목사(pastor)를 선출함에 있어서 신도들이 자신의 목소리를 낼 수 있게 하고 투표권을 행사할 수 있게 해준다. 이 원리는 공동의 유익을 위해서 각인이 가진 특별한 은사에 따라 교회의 모든 지체들을 유용한 사람들로 만들어 주는 것이다. 이 원리는 개신교 국가에서 매우 번성하고 있는 종교적, 시민적 자유의 원천이다. 종교적 자유는 시민적 자유의 모친(mother)이다. 그리스도인의 보편적 제사장직은 왕정이든지 공화정이든지 관계 없이 합법적으로 시민들이 자유로우며 스스로 다스린다는 보편적인 왕직에로 이끈다.

신도 사이에 번지는 성경 지식의 확산, 회중 찬송의 대중성, 일반 신도 장로 제도의 시행, 도덕적 개혁과 일반 교육을 위한 관료들의 경건한 열망 등에서 이 원리가 주는 선한 효과들이 잘 나타나고 있다.

그러나 이 원리는 또한 수치스럽게도 전도되고 오용되기도 했다. 곧, 교회를 통제하게 된 세속 지도자들이 자신의 영토 안에서 스스로 주교와 교황이 되고, 교회와 수도원을 빼앗고, 종종 그들 스스로의 비도덕적 행동에 의해 모든 규율을 무시해버린 일 등이 그것이다. 헤센의 필립(Philip)과 영국의 헨리 8세(Henry VIII)는 종교개혁의 대의를 부끄럽게 만들어버린 개신교 교황의 전형적인 실례들이다. 또한 '종교의 국가 예속'을 주장하는 에라스투스주의(Erastianism)와 '영주의 종교가 그 지역의 종교를 결정한다'(*cujus regio, ejus religio*)는 원리를 좌우명으로 삼는 지역주의(Territorialism)도 마찬가지이다.

일반 신도 사제직의 진정한 발전은 일반 교육, 회중의 자조(self-support)와 자치(self-government), 국내에서나 해외에서나 모든 선한 일에 있어서 신도와 목회자들의 지적인 상호 협력에 놓여 있다. 이러한 점에서, 잉글랜드, 스코틀랜드, 그리고 북아메리카의 개신교 신자들은 유럽 대륙의 신자들보다 앞서 있다. 사제들의 교회인 로마 카톨릭은 예배를 위한 아주 화려한 성전들을 갖고 있다. 신학자들의 교회인 루터파 교회는 뛰어난 학문과 훌륭한 찬송을 가지고 있다. 일반 신도 그리스도인의 교회인 개혁파 교회는 최고의 설교자들과 회중을 갖고 있다.

개혁신앙의 산실: 제네바 교회

제5장
교회와 국가
Church and State

칼빈의 기독교강요 분석
- 4권 20장 -
"교회와 국가"

제5장
교회와 국가
Church and State

　칼빈의 교회 정치 체제는 보통 신정정치(theocracy)라고 부르는데 그의 동료들은 칭송의 차원에서, 그의 대적들은 비난의 의미로 그렇게 부른다.[1] 이 같은 표현은 어느 정도 제한된 의미에서만 진실이다. 그는 교회와 국가 둘 다 오직 그리스도의 규율과 그의 말씀이 통치하기를 원했을 뿐으로, 교회와 국가가 상호 혼합되거나 피차 간섭하기를 바란 것은 아니다. 교회와 국가 이 두 세력은 제네바에서 거의 동등하게 균형을 이루었다. 뉴잉글랜드에서의 초기 청교도 거류민들은 이 제네바 모델을 본받았다.
　칼빈은 당시 헤어날 수 없을 정도로 뒤섞이고 혼동되어 있었던 영적인 세력과 세속적인 세력을 당시의 일반적이던 경향보다 더욱 분명한 이론을 정립하여 구별하였다. 그는 기독교강요에서 교회를 영혼에 비유하고, 국가는 육체에 비유했는데, 하나는 인간의 영적이고 영원한 복리와 연관이 있고, 다른 하나는 현재의 덧없는 삶과 관련이 있다(*Inst.* 4.20.1).
　각자는 독립적이며, 자신의 영역에서 각자 자주적이다. 그는 교회의 내적인 사안과 치리에 대해 세속 정부가 어떤 형태로든 간섭하는 것을 반대하였다. 그는 독일과 베른에서 성직자가 정부에 예속되어 있던 성향을 기뻐하지 않았으며, 베른이 제네바 교회를 간섭하는 것에 대해서는 심지어 죽어가는 침상에서조차도 거절하였다. 반대로 그는 성직자가 세속적이고 정치적인 사안에 관여하는 것도 동등하게 반대했으며, 영적인 검의 사용 영역을 교회에 국한시켰다. 무엇보다도 그는 결코 세속 직무를 취하지 않았다. 목회자에게는 관리나 의회 의원이 될 수 있는 자격이 없는 것이다.

또한 칼빈은 이 두 세력을 분리시키는 방향으로도 나아가지 않았다. 반대로 그는 이 둘이 가진 서로 다른 기능이 피차 허용하는 만큼 가깝게 서로를 연합시켰다. 그의 근본적인 생각은 오직 하나님만이 하늘과 땅의 주님이시며 교회와 국가에서 최고의 권위로 통치하셔야 한다는 것이었다. 이러한 의미에서 그의 정치적 성향은 신정 정치적 혹은 그리스도 정치적이었다. 하나님은 그리스도의 왕국의 설립을 위하여 서로 구별되지만 협력적인 두 팔로서 교회와 국가를 사용하신다. 따라서 이 둘을 위한 법규는 거룩한 성경 안에 계시된 하나님의 뜻이다. 교회는 국가에게 도덕적인 지지를 제공하고, 국가는 교회에게 현세적인 지지를 제공한다.

기독교 사회에 대한 칼빈의 이상은 힐데브란트의 사상과 많이 닮았지만, 다음과 같은 중요한 점에서 차이가 있다.

1. 칼빈의 신정 정치 이론은 신앙과 행함의 유일한 규범으로서의 성경에 기초한다고 선언하였으나, 교황의 이론은 전통과 교회법에서 주로 지지를 끌어냈다.

그렇지만 칼빈의 논증은 오로지 구약 성경에서 나온 것이다. 교황의 신정 정치뿐만 아니라 칼빈의 신정 정치도 기독교적이고 복음적이기보다는 오히려 모세적이고 율법적이라고 할 수 있다. 사실 사도적 교회는 국가의 합법적인 요구에 복종하는 것 이외에는 국가와 어떤 것에도 관계하지 않았다. 그리스도의 규칙은 이 주제에 관해 언급된 가장 지혜로운 말씀에 잘 표현되었다. "가이사의 것은 가이사에게, 하나님의 것은 하나님께 바치라"(마 22:21).

2. 칼빈은 오직 그리스도의 불가시적인 머리되심만을 인정했으며, 교황청이 주장한 세계를 지배하는 권세는 적그리스도적인 찬탈 행위로 여기면서 거부하였다.

3. 칼빈은 교황들보다도 국가에 대해 훨씬 높은 견해를 가졌다. 그 기원과 권위에 있어서 국가도 교회처럼 동등하게 신적이고, 모든 현세적인 문제들에 있어서 전적으로 독립적이라고 생각하였다. 중세기에 카톨릭 성직 위계 제도는 교회의 권위를 앞세워 사실상 국가를 지배하였다. 교황 힐데브란트는 교회를 태양에, 국가는 태양으로부터 빛을 빌려오는 달에 비유하였다. 그는 왕을 폐위시키는 권한과 신민들의 충성의 맹세를 무효화하는 권한을 주장하면서 실제로 행사하였다. 보니파키우스 8세(Boniface VIII)는 이러한 주장을 자신의 교서 'Unam sanctam' (우남 상탐)〈해설 12〉에서 선포하여 잘 알려지게 되었던 '두 칼의 이론'으로 공식화하였다.

4. 칼빈의 신정 정치는 신자의 주권과 만인 제사장설에 기초하였지만, 교황청의 신정 정치는 사제들의 배타적인 통치였다.

하지만 이 두 세력은 제네바에서 이론처럼 명확하게 구별되지는 않았다. 이들은 종종 서로 참견하였다. 목회자들은 강단에서 관리들의 행동을 비판하였고, 관리들은 그와 같은 설교를 해명하라며 목회자들을 소환하였다. 치리는 양자가 행사하는 공동 영역이었고, 치리 법원은 성직자들과 신도들로 구성된 혼성체였다. 정부는 목사의 급료를 결정하고 지급하였으며, 이들을 직접 임명하거나, 한 교구에서 다른 교구로의 전임을 승인하였다. 의회의 허락을 얻지 못하고서는 어떤 목사라도 장기간 자리를 비울 수 없었다. 대의회는 교회의 신앙고백문과 치리서를 가결시킴으로써, 그것이 법률로서의 효력을 가질 수 있도록 하는 권한을 행사했다.

한마디로 말해 제네바의 개혁교회는 국교 혹은 국가 교회였으며, 오늘날까지 이러한 모습이 계속되고 있다. 더 이상 배타적인 의미는 없지만, 카톨릭이든 프로테스탄트든 간에 당시 이민자에 의해 증가되고 있는 비국교파에게도 신앙에 대한 자유를 주고 있다.

　교회와 국가의 연합 문제는 거의 모든 프로테스탄트 신앙고백에서 암묵적으로 추정되거나 직접적으로 주장되는 경향이어서, 결국 이러한 신앙고백들은 종교를 지원하고 정통을 보호하며 이단을 벌하는 것을 세속 정부의 의무가 되게 한다. 구체적으로 '제2스위스 신앙고백'의 제30장, '프랑스 신앙고백'의 제39장("하나님께서는 십계명의 두 번째 돌판뿐만 아니라 첫 번째 돌판을 어기는 범죄를 진압케 하시려고 관리들의 손에 검을 주셨다"), '벨기에 신앙고백'의 제36장, '스코틀랜드 신앙고백'의 제24조, '영국 39개 신조'의 제37조(미국 개정판에서는 변경됨), '웨스트민스터 신앙고백'의 제23장(미국 개정판에서는 변경됨) 등의 경우를 볼 수 있다.

　현대에 들어와 국가의 성격과 교회를 향한 국가의 태도는 스위스뿐만 아니라 다른 나라들에서도 중대한 변화를 거쳤다. 국가는 더 이상 특정 교회와 동일시되지 않으며, 교회에 대해 무관심하거나 아니면 적대적이거나 혹은 관대하게 되었다. 국가는 이제 모든 신조의 사람들로 구성되었고, 정의의 이름으로 모든 사람들을 지원하든가 아니면 아무도 지원하지 않든가 해야 한다. 어떤 경우라도 공공의 평화를 해치지 않는 한 모든 사람에게 충분한 자유를 허락해야 한다.

　이러한 상황에서 교회는 '자립에 의한 자유'와 정부의 '지지를 받는 의존' 사이에서 선택해야만 한다. 만약 칼빈이 이 시대를 살았다면, 그는 의심할 여지 없이 전자를 택했을 것이다. 칼빈주의자들과 장로교인들은 세속 권력의 국가권력 지상주의와 합리주의의 공격에 대항하여 교회의 독립성을 위한 투쟁에서 선두를 이끌었다. 자유 교회들(Free Churches)이 프랑스어권 스위스 국가들인 제네바, 보, 뇌샤텔, 그리고 프랑스, 네덜란드, 특히 스코틀랜드 장로교회에서 조직되었다. 국교로부터 분리됨으로써 자발적인 기부에 의존하여 교회들의 필요를 충분히 마련한 스코틀랜드 자유교회의 영웅적인 헌신은 프로테스탄트 역사상 가장 찬란한 장면 중 하나로 등장한다. 1689년의 관용령(Toleration Act) 〈해설 13〉에 의해 법적으로 승인을 받은 이후로 영국의 비국교도들은 항상 자립의 원칙을 주장하였고 실제로 그것을 시행해 왔다. 북아메리카의 영국령 지역에는 '모든 교파는 법 앞에서 평등하다'는 원칙이 팽배했고, 이들은 모두 정부의 보호 아래 자립의 의무(duty of self-support)와 그에 상응하는 충분한 자치의 자유(full liberty of self-government)를 누렸다. 근대 사회의 상황은 교회와 국가의 평화적인 분리, 혹은 자유로운 국가 안에 있는 자유로운 교회의 모습을 요구한다〈**해설 14**〉.

주〉
1. Weber, Henry, Stahelin, Kampschulte 등등 많은 사람들이 이렇게 생각했다. 하지만 로제(Amedee Roget)와 도비네(Merle d' Aubigne)는 이 견해에 이의를 제기하면서, 제네바에서 교회의 힘은 한계가 있었다고 지적한다. 도비네는 말하기를, "이 용어가 가장 영적인 의미로 취해진 것이 아닌 한, 칼빈은 신정 정치가가 아니었다"고 한다.

적용과 실천을 위한 점검과 질문
'교회와 국가'에 대하여

1. 칼빈은 교회와 국가를 인간에 비추어 각기 어떻게 비유했으며, 무슨 의미에서 그렇게 비유했습니까?

2. 오늘날 목회자가 세속 직무에 취임하는 다양한 형태들에는 어떤 것들이 있으며, 이에 대해 어떻게 생각하십니까? 왜 그렇습니까?

3. 보니파키우스 8세가 '우남 상탐'에서 주장한 '두 칼의 이론'이란 무엇이며, 어떻게 비판할 수 있습니까?

4. 국가가 교회의 운영이나 백성의 신앙에 간여할 경우 예상되는 폐단들에는 어떤 것들이 있겠습니까?
   1) 가령 국가가 백성으로 하여금 의무적으로 신앙을 갖도록 요구하는 것은 옳습니까, 옳지 않습니까? 왜 그렇습니까?
   2) 국가가 종교세를 거둬 목사들에게 봉급을 지불하는 경우는 옳습니까, 옳지 않습니까? 왜 그렇습니까?
   3) 회사의 사주가 전체 사원에게 신앙의 의무를 지우는 경우는 옳습니까, 옳지 않습니까? 왜 그렇습니까?

5. 교회가 국가의 특정 정치체제나 민족주의를 주도적으로 선포하는 것은 옳습니까, 그릅니까? 왜 그렇습니까?

제5장 | 교회와 국가 · 123

해설 12

보니파키우스 8세의 교서
'Unam sanctam' (우남 상탐-거룩한 하나의 교회)

전임 교황 켈레스티누스 5세를 찬탈하고 새롭게 교황이 된 보니파키우스 8세 (Boniface VIII, 1294-1303 재위)는 프랑스의 공정왕 필립 4세(Philip IV the Fair of France)와 세속 권력의 수위권 문제를 놓고 대결하게 되었다. 투쟁의 발단은 프랑스가 영국의 에드워드 1세(Edward I, 1272-1307 재위)와 전쟁을 벌이면서 시작되었는데 필립이 전쟁 비용을 마련하기 위해 프랑스 성직자들에게 세금을 부과하자, 이에 반발한 프랑스 교회가 로마에 호소했을 때 교황이 이들을 편들어주기 위하여 대칙서를 발표함으로써 시작되었다(1296년).

서로를 비난하는 상황이 오간 끝에 교황은 로마에서 열린 공의회에서 1302년 11월 18일 필립을 대항하기 위한 교서 Unam sanctam(우남 상탐)을 발표하여, 교회의 단일성을 강조하면서 세속 권력은 영적인 것에 종속되므로 그리스도교 국가의 단일체 안에서 최고의 판결권은 교황에게 있다고 선포했다. 또한 교회와 국가가 동시에 우월하고 독립적이라는 관념은 마니교적 이단이라면서 거부했다. 세속적인 권력까지 포함하는 절대권을 주장하면서 신정정치를 꿈꾸었던 것이다. 다음은 교서 내용의 일부이다.

" 우리는 복음으로부터 교회 안에 그리고 교회의 권능에 영적인 검과 세상적인 검의 두 종류의 검이 있다는 것을 안다. 사도들이, '보소서 여기(이 말을 한 사람이 사도들이므로 이 뜻은 '교회에'가 된다) 검 둘이 있나이다'라고 했을 때 주님은 '너무 많다'고 하시지 않고 '족하다'라고 대답하셨다. 따라서 베드로의 능력 안에 세상의 검이 있었다는 것을 부인하는 사람은 참으로 '너의 검을 칼집에 꽂으라'는 주님의 말씀을 왜곡하는 것이다. 교회의 권능에는 영적인 것과 물질적인 것 두 가지가 있다. 그러나 물질적인 것은 교회를 위해서 사용되어야 하고, 영적인 것은 교회에 의하여 사용되어야 한다. 물질적인 것은 왕에 의하여 통솔되지만, 그러나 사제의 허락에 의해 사제의 의도대로 사용되어야 한다. 그리고 하나의 검은 다른 검 밑에 있어야 하는데 세상의 권위는 영적 권위에 복종해야 한다. 바울이 '권세는 하나님께로 나지 않음이 없나니 모든 권세는 다 하나님이 정하신 바라'고 했으므로, 만일 한 검이 다른 검에 예속되지 않으면 하나님의 정하신 것이 아니다 …."

공정왕 필립은 즉시 반격에 나섰다. 필립은 프랑스 의회를 열어 왕과 국가의 권리를 변호하고, 보니파키우스와 그의 교황권 주장을 배격하는 20개 조항의 결의안을 통과시켰다. 그런 다음 필립은 '교황이라 할지라도 그가 부도덕할 경우 공의회에서 심판받아야 한다'면서, 전임 교황권 찬탈, 성직매매, 이단, 질녀와의 불륜, 마술 등의 죄목을 물어, 당시 아나니(Anagnese)의 교황궁에서 왕을 파문할 준비를 하고 있던 교황을 체포해버렸다. 교황은 갖은 수모를 겪은 끝에 아나니 주민들에 의해 구출되었지만, 당시 받았던 큰 충격을 이기지 못하여 한 달 뒤인 1303년 10월 11일 카톨릭식의 표현대로 하자면 선종하고 말았다.

그의 죽음은 사실상 교황권의 끝없는 추락을 의미했다. 이어진 교황의 아비뇽 유폐, 대립 교황 시대, 공의회 우위설, 세속화된 교황의 연이은 출현 등은 교황직의 보편적이고 중세적인 우위성이 종말을 향해 치닫기 시작했다는 증거이다.

교황권의 쇠퇴는 당시 인문주의 사상과 결합해 새로운 정치원리를 이끌어내기 시작했다. 파리 대학의 총장이었던 파두아의 마르실리우스(Marsiglius)는 '평화의 수호자'(Defensor Pacis)라는 저서를 통해 권력의 기초를 시민에게 둔 민중사상(Lay spirit)을 주장했다(1313년). 국가는 모든 시민들의 전체 집합이고 교회는 모든 신자들의 전체 집합이라고 보았다. 따라서 국가 안에 존재하는 교회는 국가 구조에 의해서 다스림을 받아야 한다고 주장했다. 교황도 사제이며, 사회의 한 시민인 사제는 당연히 모든 사회법규에 구속되어야 한다는 것이다. 나아가 프란치스코와 도미니코의 청빈사상을 그대로 받아들인 마르실리우스는 교회는 가난해야 하고, 이를 위해서 국가는 교회의 모든 재산을 몰수해야 하며, 이렇게 교회가 가난해져야만 행사할 수 있는 권력이 없어지게 되고, 자연적으로 국가의 지배를 받게 된다고 주장했다. 이것은 곧 전체주의 사상의 시작이었다.

해설 13

관용령

윌리엄(William)과 메리(Mary)의 통치하에서 일어난 혁명으로 인해 만들어진 관용령(1689)은 영국의 모든 격렬한 박해에 종지부를 찍었지만 지금 우리가 이해하고 있는 종교적 자유라는 의미에서는 아직 거리가 있었다. 관용령은 장로교, 독립교회, 침례교 그리고 퀘이커에 국한된 것으로, 영국교회의 '39개 조항'(the Thirty-Nine Articles) 중에서 36가지 조항에 동의한다는 조건하에 개별적으로 교회 기구를 유지하거나 예배를 드릴 수 있도록 허락하고 있다. 그러나 로마 카톨릭(Roman Catholics)과 유니테리안(Unitarians)은 제외되어 19세기까지도 영국에서는 관용령의 대상이 되지 못하다가, 카톨릭은 1829년 4월 13일에야 법안이 통과되어 해방되었다.

지금도 영국에는 비국교도들이 있는데, 정부가 국교회를 지지하는 한 여전히 자격 박탈과 사회적 불이익 속에서 살아야 할 처지에 놓여있다. 이들은 자신이 속해 있는 종파를 지원하면서 동시에 국교회도 지원해야 하는 부담을 안고 있다. 그러나 실제적으로는 대륙의 어느 나라보다도 영국에서는 미국에 버금가는 종교적 자유가 인정되고 있다고 볼 수 있다. 사실 관용이 소극적인 접근이라면 자유는 적극적인 태도이고, 관용이 은총이라면 자유는 권리이다. 관용은 그것을 지지하는 권력에 의해 철회될 수도 있지만, 자유는 양심 그 자체와 분리될 수 없는 것이다. 관용은 어쩔 수 없는 대상이나 반대할 수도 있는 것에 대한 인내의 확대라면, 자유는 창조주의 선물이어서 가치를 측량할 수 없는 것이다.

해설 14

교회와 국가와의 관계

칼빈이 가졌던 교회와 국가와의 구별에 대한 인식은 루터보다 훨씬 예리하고 정확했다. 그는 제네바에서 활동하면서 국가와 어려운 싸움을 여러 번 했고, 국가의 권력으로부터 교회를 지키기 위해, 그리고 교회의 자율성 확립을 위해 기울인 노력은 그가 평생 동안 추진해야 했던 과제였다. 실례를 들어, 제네바 시의회가 베른과 제휴하기 위한 정치적인 목적으로 베른 방식의 성찬식을 직접 도입하려 한 일이 있었다. 이때 칼빈은 그러한 방식 자체에 대해서는 크게 반대하지 않았지만, 교회적인 일에 시 당국이 간섭하려 한 일에 대해서는, 급기야 자신이 추방당하는 것까지도 무릅쓰고 격렬하게 저항했던 것이다.

유명한 칼빈주의 신학자 아브라함 카이퍼(Abrabam Kuyper)는 이렇게 말한다.

"… 그렇기 때문에 칼빈주의는 루터파 신학자들과 달리 자기의 영역에 있어서 교회의 자유, 즉 주권을 위하여 끊임없이 용감하게 싸웠다. 교회는 그리스도를 교회의 왕으로 모시고 있다고 칼빈주의자들은 주장했다. 국가에서 교회의 위치는 정부에 의해 정하여지는 것이 아니라, 하나님의 권위에 의해서 되는 것이다. 교회는 자유 조직과 직원을 가지고, 더욱이 진위를 식별하는 은사를 가지고 있다. 그러므로 무엇이 참된 교회의 특질인지를 결정하는 것과 동시에 진리의 고백으로서 자신의 신앙고백을 선언하는 것은 교회의 특권이지 국가의 것이 아니다."

교회는 국가의 간섭 앞에서 저항할 권리가 있다. 물론 이 저항권은 하나님으로부터 위탁받은 교회가 수행하는 것이지 개인적으로는 권리가 없으므로 순교 혹은 망명의 길을 택해야 한다. 하지만 종교개혁의 급진파라고 할 수 있는 재세례파의 경우처럼 교회와 국가의 관계를 구별하는 것이 아니라 아예 분리해버리는 것은 교회의 저항권을 잘못 이해한 것이다. 국가의 권력 그 자체를 아예 부정하는 재세례파는 따라서 공무원으로 일한다든지, 세금을 낸다든지, 재판석상에서 맹세한다든지 하는 것들을 받아들이지 않는다.

기독교강요 분석

Analysis of the Institutes of the Christian Religion of John Calvin

4권 · 20장

교회와 국가

요약

칼빈에 의하면, 교회와 성례들과 마찬가지로 세상의 정치 질서 역시 하나님께서 당신의 백성을 그리스도의 사회에서 안정된 삶을 누리게 하시기 위하여 사용하시는 또 하나의 도움이다. 칼빈은 성경에 따라, 하나님께서는 교회를 통하여 우리를 구속적으로 다스리시는가 하면, 동시에 세속 정부인 국가를 통해서도 우리를 통치하신다고 본다. 물론 하나님 나라의 선양이 두 영역에 대한 통치의 궁극적인 목적이다. 그러므로 칼빈은 비록 두 가지 통치를 구분은 하되, 서로 반대되는 것은 아니라고 못박는다. 그리스도인은 국가 통치에도 복종해야 한다. 물론 통치자에게 복종한다는 명분 아래, 짐짓 하나님께 불복종하는 모순을 일으켜서는 안되니, '주 안에서 복종하는 것'이어야 한다.

개요

- 국가 통치와 영적 통치의 관계(1-2절)
- 하나님께서 인정하시는 국가 통치와 그 필요성(3-7절)
- 정부의 형태들과 집권자들의 임무: 전쟁과 과세의 문제(8-13절)
- 공법 및 재판 절차와 그리스도인의 의무와의 관련(14-21절)
- 불의한 통치자일지라도 공경하고 순종해야 하는 의무(22-29절)
- 왕의 폭정을 막아야 하는 헌법상의 관리들의 의무(30-32절)

제5장 | 교회와 국가 · 129

국가 통치와 영적 통치의 관계(1-2절)

4.20.1: 영적 통치와 국가 통치의 차이

1. 사람이 현세에서 처해 있는 이중의 통치 문제 앞에서(3.19.15-16; 4.10.3-6), 믿음의 순결을 위태롭게 하는 두 극단적인 생각이 있다. (1) 한쪽에서는 하나님께서 정하신 이 두 정치 체제를 파괴하려 한다. (2) 다른 일단에서는 군주들에게 아첨하는 자들이 군주의 권력을 하나님의 지배와 대립시킨다. 2. 그리스도의 왕국은 엄연히 별개로 존재하는 것이 틀림 없다. (1) 그리고 그 성격은 세상의 제도와는 판이하게 다르다. (2) 이 나라는 그리스도의 은혜 안에서만 받는 영적인 결실이다(2.10.10-19). 3. 우리의 사회적 지위가 무엇이든 또는 어느 나라의 법률하에서 살든 간에, 그리스도의 나라는 이런 세상의 초보적인 제도에 있는 것이 아니다. (1) 따라서, 우리는 어떤 상태에 있더라도 아무런 구별이 없이 자유롭다(갈 5:1; 고전 7:21; 갈 3:28; 골 3:11). (2) 하지만 이 자유는 그 자체의 한계내에 머물러야 한다.

4.20.2: 서로 반대되지 않는 두 가지 통치

1. 영적 통치의 목적은 이 세상의 초등학문을 벗어난 지상의 신자로 하여금 하늘나라를 시작하게 하며 영원불멸의 복락을 어느 정도 예상하게 해주는 데 있다. (1) 하지만 세상 통치를 그리스도인과 아무 상관없는 것으로 생각해서는 안 된다. (2) 세상 통치를 그 자체로 부패했다고 생각하거나 영적 통치와 아주 반대된다고 생각해서는 안 된다. 2. 국가 통치의 목적은 이 세상에서 나그네 생활을 하는 신자의 영적 삶을 보호해 주는 데 있다. (1) 우리가 사람들과 함께 사는 동안 하나님께 대한 외적인 예배를 존중하고 보호한다. (2) 건전한 교리와 교회의 지위를 수호한다. (3) 우리를 사회 생활에 적응시킨다. (4) 우리의 행위를 사회 정의와 일치하도록 인도한다. (5) 우리가 서로 화해하게 한다. (6) 전반적인 평화와 평온을 증진하게 한다. 3. 우리의 논적들은 그릇된 주장을 한다. (1) 하나님의 교회는 완전해야 하며, 교회의 통치만 있으면 다른

법률을 대신하기에 충분하다고 하는 미련한 공상을 한다. (2) 그러나 악행을 억제하는 권력이 없다면, 그런 악인들이 어떤 일을 할 것인가는 뻔하다.

하나님께서 인정하시는 국가 통치와 그 필요성(3-7절)

4.20.3: 정부의 주요 임무

1. 세상의 정부는 기본적으로 인간의 생활 활동과 방도를 마련하는 동시에 그 이상의 일을 한다. (1) 그리스도인들이 공개적으로 종교 생활을 할 수 있도록 하여 사회에 인간성이 보존되도록 하니(2.7.10), 우상숭배, 하나님의 이름에 대한 모독, 하나님의 진리에 대한 훼방 그리고 그밖에 종교에 대한 공공연한 방해가 사회에 발생하거나 만연하지 않도록 한다. (2) 치안을 유지하며, 시민의 재산을 보호하고, 인간 상호간의 선한 교제를 가능하게 하며 정직과 겸양의 덕을 보존한다. 2. 정부에는 세 부분이 있다. (1) 법률의 수호자와 집권자인 행정관, (2) 통치자가 따르는 법률, (3) 법률에 의한 통치를 받으며 행정관에게 복종하는 국민이 있다.

4.20.4: 하나님에 의해 정해지는 집권자의 지위

1. 하나님께서는 집권자를 기뻐하시고 영예로운 칭호로 장식하시며 우리에게 극구 천거하신다. (1) 이들을 하나님의 대리자라는 의미에서 신들이라고 그리스도께서 말씀하셨는데(출 22:8; 시 82:1, 6; 요 10:35), (2) 이는 모세와 여호사밧이 유대 각 도시에 임명한 재판관들에게 명령한 것과 같이 사람이 아닌 하나님을 위해서 재판하는 일을 맡기신 것이기 때문이다(신 1:16-17; 대하 19:6; 잠 8:15-16). 2. 따라서 바울이 '다스리는 일'을 하나님의 은사의 하나로 인정한 것은 세속 정부에도 적용된다(롬 12:8; 고전 12:28). (1) 권세는 하나님의 명령이고(롬 13:2), (2) 선악 간에 하나님의 은총과 진노를 집행한다(롬 13:3-4). 3. 정권은 하나님의 소명이며 하나님 앞에서 거룩하고 합당할 뿐 아니라 인간의 모든 생활에서 어느 소명보다도 신성하고 훨씬 더 영예롭다는 것을 아무도 의심해서는 안 된다. (1) 가령, 다윗과 요시야와 히스기야는 왕위

에 있었고, 요셉과 다니엘은 고관이었으며, 모세와 여호수아와 사사들은 자유를 얻은 백성들의 지도자였다. (2) 이들의 역할들은 하나님에 의하여 명백히 증명되었다.

4.20.5: 집권자들에 대한 그리스도인들의 부인과 배척은 불가

1. 무정부 상태를 추구하는 자들은 잘못 주장하기를, 고대에는 왕이나 사사들이 무식한 사람들을 지배했지만, 그리스도께서 복음으로써 실현하신 현재의 완전 상태와 그런 노예적인 통치와는 서로 양립할 수 없다고 한다. (1) 하지만 다윗이 모든 군왕과 관원들에게 하나님의 아들에게 입맞추라고 한 것은, 권력을 버리고 사생활로 돌아가라는 뜻이 아니라, 그리스도가 진정한 군림자가 되게 하라는 뜻이었다(시 2:12). (2) 이사야가 열왕이 교회의 양부가 되며 왕비들이 교회의 유모가 될 것이라고 약속했을 때(사 49:23), 그들의 영예를 빼앗지 않고 도리어 고귀한 칭호를 주어 하나님의 경건한 경배자들의 수호자로 삼았는데, 이와 비슷한 실례들이 시편에 많이 나온다(시 21, 22, 45, 72, 89, 110, 132편). 2. 가장 주목할 것은 바울의 말로, 그는 디모데에게 공중집회에서 왕들을 위해서 기도하라고 충고했다. (1) 곧 그 이유를 첨부하기를 "이는 우리가 모든 경건과 단정한 중에 고요하고 평안한 생활을 하려 함이니라"(딤전 2:2)고 했다. (2) 바울은 이런 말로서 교회의 지위를 왕들의 보호에 맡겼다.

4.20.6: 하나님의 대리로서 그 직무에 충실해야 하는 집권자들

1. 집권자들은 자기가 '하나님의 대리' 라는 각성하에, 모든 주의와 정성과 열성을 다하여 사람들을 향해서 하나님의 섭리와 보호와 선과 후의와 공의를 나타내도록 노력해야 한다. (1) 의로운 소명을 받고도 거짓된 행동을 하는 자는 더욱 큰 저주를 받는다(렘 48:10). (2) 집권자들은 사람이 아닌 하나님을 위해서 재판해야 한다(신 1:16; 대하 19:6-7; 4.20.4). 2. 주권자들은 '하나님의 대리' 로서 봉사한다는 각성하에, (1) 임무에 대해 용기를 내는 것이 마땅하되(시 82:1), (2) 과오를 범하면 하나님을 욕되게 한다(사 3:14-15).

4.20.7: 자신의 지위를 인정받는 데 방해가 되지 않는 집권자의 강제력

1. 집권자는 하나님께서 세우시는 것이므로 그들을 배척하면 사실상 하나님을 배척하는 것이다(삼상 8:7). 2. 그리스도께서는 말씀을 고의로 왜곡하여 '정부'를 일체 금했다고 하는 자들이 있다(눅 22:25-26; 4.1.28; 4.20.2). (1) 하지만 이 말씀들은, 제자들의 직책은 한 사람이 모든 다른 사람들 위에 서는 왕국들의 경우와는 다르다고 가르치신 것이니, (2) 역으로 권세자들을 인정하고 있다. 3. 집권자들의 형태가 다양하다 할지라도 권세는 한결같이 하나님께로부터 온 것이니(롬 13:1), 심지어 일인 독재로 군림하는 것까지도 하나님이 주신 권세이다(잠 8:15; 24:21; 벧전 2:17).

정부의 형태들과 집권자들의 임무: 전쟁과 과세의 문제(8-13절)

4.20.8: 각종 정부 형태

1. 세상 정부의 형태는 각 정부가 처해 있는 특수한 환경에 따라 결정되기 마련이다. (1) 왕국은 전제국으로 타락하기 쉽다. (2) 두뇌들의 정치가 소수 당파로 타락하는 것은 더 쉽다. (3) 민중의 지배가 난동으로 타락하는 것은 또한 더 쉽다. 2. 철학자들의 논의의 범주에서만 생각할 때에, (1) 귀족 정치가, 또는 귀족 정치와 민주 정치의 결합 형태가, 다른 형태보다 좋겠는데(4.3.15; 4권 10-11장), (2) 주께서는 그리스도의 형상을 나타내는 다윗 왕국이 출현하기 이전까지는 민주 정치에 가까운 귀족 정치를 이스라엘에 제정하셨다(출 18:13-26; 신 1:9-17). 3. 또한 자유를 적절한 절제로 조절하고 견고한 기초 위에 바르게 확립하는 정치 제도가 좋으니, 집권자는 자유의 보호자로 임명되었다. 4. 하나님께서 여러 도시와 나라에 여러 가지 정부 형태들을 섭리로서 지혜롭게 배정하셨으니(4.20.31), (1) 우리로서는 자신이 사는 곳에서 주께서 세우신 자들에게 공손히 복종하는 것이, (2) 우리의 마땅한 의무이다.

4.20.9: 율법의 두 돌판에 대한 고려

1. 집권자는 율법의 첫째 돌판에 대한 의무에 충실하여 사람들로 하여금

하나님을 경외하게 하는 일에 힘써야 한다. (1) 성경은 이러한 왕들을 칭찬하는 까닭에 왕이 없으므로 사람들이 마음대로 행한 무정부 상태를 악이라고 평한다(삿 21:25). (2) 이는 하나님께 대한 관심을 무시하고, 사람들 사이에서만의 정의를 확립하려는 자들의 우매 때문이다(4.20.32). 2. 동시에 집권자는 율법의 둘째 돌판에 대한 의무를 행하여야 한다. (1) 공평과 정의를 행하는 일에 힘써야 한다(렘 22:3). (2) 약자를 보호하여 악인의 손에서 건져야 한다(시 82:3-4). (3) 공명정대한 판결로서 하나님의 의를 드러내야 한다(신 1:16-17; 16:19). (4) 탐욕을 멀리하고 형제 위에 교만하지 말며 율법 묵상에 힘써야 한다(신 17:16-20). (5) 이 모든 일에 모범이 되겠다고 선언하는 다윗의 경우는 좋은 모범이다(시 101:4-7). (6) 이를 위하여 집권자들은 범죄자들을 엄격하게 억제할 수 있는 권한인 무기를 받았다: "관원들은 선한 일에 대하여 두려움이 되지 않고 악한 일에 대하여 되나니 네가 권세를 두려워하지 아니 하려느냐 선을 행하라 그리하면 그에게 칭찬을 받으리라"(롬 13:3). 3. 우리는 경험에 의해서, 모든 정치 조직은 상벌에 의해서 유지되며 상벌을 제거하면 도시들의 규율은 붕괴되고 소멸된다고 했던 솔론의 말에 전적으로 동의한다. (1) 덕행에 대해서 명예가 주어지지 않으면, 공정과 정의에 대한 열의가 식는 사람이 많으며, 엄격하게 벌을 주지 않으면 악인들의 정욕을 억제할 수 없다. (2) 그러므로 선지자는 이 두 가지 가능성을 종합해서, 왕들과 집권자들은 공평과 정의를 행하라고 명령했다(렘 22:3; 21:12).

4.20.10: 경건과 양립하는 집권자들의 강제력 행사

1. 하나님의 법은 그리스도인들의 살인을 금하므로(출 20:13; 신 5:17; 마 5:21), 하나님의 거룩한 산인 교회에는 해됨도 없고 상함도 없어야 하는 것이 원칙이다(사 11:9; 65:25). 2. 하지만 집권자가 하나님께서 가납하실 만한 경건과 의와 정직 실천에 노력하여(딤후 2:15), 하나님의 공평을 실시하는 것이라면 얼마든지 살인자를 처단할 수 있다(롬 13:4). 실례를 본다면,(1) 모세(출 2:12; 행 7:24; 출 32:27-28), (2) 다윗(왕상 2:5-6, 8-9; 시 101:8; 45:7), (3) 기타 (잠 16:12; 20:8, 26; 25:4-5; 17:15, 11; 24:24) 등등이 있다. 3. 하지만 부당한 잔

인성은 용납되지 않으며, 인자한 정신과 관용이 뒷받침되어야 공정한 판결이 되니, 왕위는 인자로 말미암아 가장 견고해진다(잠 20:28). (1) 과도한 엄격으로 병폐를 고치기보다는 해를 주지 않도록 해야 한다. (2) 반면 관용에 미신적으로 애착, 곧 무력한 친절의 낭비로 인하여 많은 사람을 파멸에 버려두어서는 안 된다. (3) 로마 황제 네르바의 치세 중에, 지배자가 아무 일도 못하게 하는 것은 물론 불행하지만, 무슨 일이든지 하게 하는 것은 더욱 불행하다고 사람들은 바르게 말했다.

4.20.11: 정부의 전쟁 수행권

왕과 국민은 공적인 보복을 위하여 무기를 들어야 할 때가 있는데, 성령께서도 성경의 많은 증거를 통해서 이런 전쟁을 '합법적이라고 선언하신다'. (1) 집권자들은 공정한 처벌로 개인들의 비행을 무력으로 억제할 뿐만 아니라, (2) 적의 공격을 받을 때에는 전쟁으로 방어해야 한다.

4.20.12: 전쟁 자제와 인도적 정신

1. 신약 성경에 전쟁을 해도 좋다고 가르치는 증거가 없다고 반대하는 사람들에 대해 세 가지로 답변할 수 있다. (1) 옛날과 마찬가지로 집권자들이 주민을 방위하지 말라는 이유는 없다. (2) 사도들의 관심은 그리스도의 영적 왕국 건설에 있었으므로 그들의 글에서 이 문제에 대한 명백한 말을 찾아서는 안 된다. (3) 어거스틴이 잘 설명한 것과 같이, 세례 요한은 군인들에게 '받는 봉급으로 만족하라' 고만 하였지, 무기를 드는 것 자체를 금하지 않았다(눅 3:14). 2. 하지만 집권자들은 이 문제와 관련하여 여러 가지로 조심해야 한다. (1) 조금이라도 사적인 감정, 격분, 증오심, 무자비한 가혹함으로 움직여서는 안 된다. (2) 스스로 무장할 기회를 찾아서도 안 된다. (3) 어거스틴의 말처럼, 과실만을 보려고 하지 말고 그에게 있는 인간의 공통된 본성에 동정한다. 따라서 절대로 필요한 것이 아니라면 주어진 기회도 피할 수 있어야 하고, 직접 무기에 호소하기 전에, 먼저 모든 방법을 강구할 수 있어야 한다. 3. 이렇게 전쟁을 하는 권리가 있기 때문에 집권자는 수비대와 동맹 관계와 기타 민간

방위 수단을 강구할 필요도 있다. (1) 수비대들은 국경을 방위하기 위해서 도시들에 군대를 주둔시키는 것을 의미한다. (2) 동맹들은 곤란한 문제가 일어날 때에 서로 도우며 협력해서 인류의 적을 타도하자고 합의하는 인근 군주들의 조약을 의미한다. (3) 다른 민간 방위 수단들은 전쟁 수행에 필요한 모든 사물을 의미한다.

4.20.13: 정부의 과세권

1. 세금과 공물은 군주들의 합법적인 수입으로, 공적 경비로는 물론이고 호화로운 가정 생활에도 쓸 수 있으니, 이런 생활은 그들이 행사하는 권위의 위엄에 붙어 다닌다. (1) 다윗, 히스기야, 여호사밧, 요셉, 다니엘 및 왕들은 그들의 지위와 존귀성에 따라 경건을 위반하지 않고서도 공공 경비를 많이 사용했다. (2) 에스겔서를 보면 왕들에게는 많은 토지가 배당되었는데(겔 48:21), 그것은 그리스도의 영적 왕국을 묘사한 것이지만, 인간 사회의 합법적인 왕국의 모범을 따른 것이다. (3) 그러므로 각 개인들은 일반 시민의 공통된 지출보다도 군주들의 비용이 더 많은 데 대해서 경솔하고 파렴치한 비난을 하지 않도록 조심해야 한다. 2. 하지만 그들의 수입은 '대부분 국민의 피'에 의한 재산이므로(롬 13:6), 군주들은 항상 하나님 앞에서 깨끗한 양심의 자세를 가져, 그것을 낭비, 약탈, 착취하지 않도록 숙고해야 한다.

공법 및 재판 절차와 그리스도인의 의무와의 관련(14-21절)

4.20.14: 구약성경의 율법과 각국의 법

1. 국가 조직에서 집권자 다음가는 것은 법률로서 그것은 국가의 가장 튼튼한 힘줄이니(4.12.1), 키케로는 플라톤을 따라 법률을 '국가의 영혼'이라고 부른다. (1) 법률이 없으면 집권자의 지위가 존재할 수 없는 것은, 마치 집권자가 없으면 법률에 힘이 없는 것과 같다. (2) 따라서 법은 무언의 집권자요, 집권자는 살아있는 법이라고 하는 것은 가장 옳은 말이다. 2. 그런데 모세의 율법에 기초한 정치 체제를 도입하여 신정 제도를 건설하려는 것은 참으로

위험하며 선동적이니, 각 국가의 관습법만으로도 얼마든지 나라는 바르게 구성될 수 있기 때문이다(4.20.16). (1) 하나님께서 모세를 통하여 발표하신 율법 전체는 세 부분으로 구성되었다. 도덕에 관한 율법, 의식에 관한 율법, 재판에 관한 율법 등이다. (2) 이 세 가지는 하나씩 잘 고찰해서 지금 우리에게 해당되는 것이 있는가 하면 해당되지 않는 것도 있다는 것을 깨달아야 한다.

4.20.15: 율법의 구분: 도덕법, 의식법, 재판법

1. 우선 도덕에 관한 율법을 본다면, (1) 첫째, 순수한 믿음과 경건으로 하나님을 경배하라고 우리에게 명령하는 부분, (2) 둘째, 진실한 애정으로 사람을 대하라고 하는 부분 등으로 나누어지니, (3) 하나님의 뜻에 따라 생활하고자 하는 모든 민족과 모든 시대의 사람들에게 주신 참되고 영원한 의의 표준으로, 하나님의 영원 불변한 뜻은 우리 모든 사람이 하나님을 경배하며 서로 사랑하는 것이다. 2. 의식에 관한 율법은, 실체가 오시기까지 유대 사람들을 훈련시킨 후견인과 같았다(갈 4:3-4; 3:23-24). (1) 이것은 유대인들이 항상 하나님을 섬기며 경외하도록 했으므로, (2) 경건에 대한 교훈에 포함시키는 것이 당연하다고 할 수 있지만, (3) 경건 자체와는 구별되었으니, (4) 율법이 폐지되었어도 여전히 '경건의 원리'는 살아 있다. 3. 재판에 관한 율법은, 유대 민족의 통치를 위해서 주신 것으로 그들이 허물 없고 평화롭게 살 수 있기 위해서 지켜야 할 공평과 공의의 형식들을 정하신 것이었다. (1) 이것은 하나님의 영원한 법이 명령한 그 사랑을 가장 잘 보존하려는 의도만을 가진 것이었지만, (2) 사랑의 교훈 자체와는 다소 다른 데가 있었으니, (3) 율법이 폐지되었어도 여전히 '사랑의 의무'는 남아 있다. 4. 위의 원리들을 고려할 때, 따라서 각 민족은 신정 제도(theocracy)를 도입할 의무가 없고, 자체에 유익하다고 생각되는 법을 만들 자유가 있다. 하지만, (1) 사랑이라는 영원한 표준에는 일치해야 하며, (2) 외적 형태는 달라도 근본 목적은 같아야 한다.

4.20.16: 법의 단일성과 다양성

1. 공정성이라고 하는 기본원칙만 동등하게 추구한다면(unity, 단일성),

어차피 헌법은 부분적으로 환경에 지배될 수밖에 없으므로, 각 나라의 법들의 형태가 다른 것들은 얼마든지 허용될 수 있다(diversity, 다양성). 2. 모세의 도덕법은 공정성의 개요로서, 모든 법의 목표와 표준과 한계가 된다(2.8.1). (1) 도덕적 율법으로서의 하나님의 법은, 자연법칙의 증거와 같은 것이며, 또한 사람의 마음에 새기신 양심의 증거와 같다. (2) 따라서 공정성의 표준에 따라 구성되며 그 한계를 지키는 법이라면, 양상이 다르다 할지라도 배척할 이유가 없다. 가령, 하나님의 법은 도둑질을 금하는데(출 22:1-4), 다른 민족들의 상고 시대의 법들도 같은 성격을 가졌고, 모세의 법에서도 발전하듯이(신 19:18-21), 그 형태도 비슷하게 발전했다. 3. 하지만 모세의 법제에 의한 신정 제도 자체는 특별한 것이었다. (1) 모든 시대에 적용해야 하는 만고불변의 원리로 주신 것이 아니다. (2) 하나님께서 스스로 유대민족의 보호자가 되려 하신 까닭에, 그들의 입법자가 되시려는 의도로 제정하신 특별한 법이요, 처음부터 그들 시대에만 적용되는 한계를 가졌다. (3) 따라서 국가들이 모세의 법을 폐기하고 (자기네 형편에 맞는) 새로운 법을 채택하는 것은 불법이 아니다 (4.20.14).

4.20.17: 증오심과 복수심을 품지 않는 그리스도인의 법정 이용 자세

1. 그리스도인은 세상법에 소송을 제기하여 집권자들의 도움을 요청할 수 없다고 주장하는 것은 잘못이다. (1) 바울은 관원들은 우리의 유익을 위한 하나님의 사자라고 단언한다: "그는 하나님의 사자가 되어 네게 선을 이루는 자니라 그러나 네가 악을 행하거든 두려워하라 그가 공연히 칼을 가지지 아니하였으니 곧 하나님의 사자가 되어 악을 행하는 자에게 진노하심을 위하여 보응하는 자니라"(롬 13:4). (2) 곧 하나님께서 집권자를 임명하신 것은, 우리가 이들의 도움과 지지를 받아 악인들의 악행과 불의의 희생이 되지 않고, 고요하고 평안한 생활을 할 수 있게 하셨기 때문이다: "임금들과 높은 지위에 있는 모든 사람을 위하여 하라 이는 우리가 모든 경건과 단정한 중에 고요하고 평안한 생활을 하려 함이니라"(딤전 2:2). 2. 그러나 그리스도인이 세상 정치를 사용할 때에 두 가지 조심할 것이 있다. (1) 소송광이 되어 끔찍한 증오

심과 복수심에 사로잡히는 자가 되지 않도록 해야 한다. (2) 따라서 부득불 소송을 하되, 무서운 증오심과 맹렬한 복수심으로 날뛰거나, 고집과 앙심으로 상대자들을 파멸에까지 몰고 가지 않도록 해야 한다.

4.20.18: 그리스도인이 소송하는 동기

1. 그리스도인의 올바른 소송 자세를 본다. (1) 원고: 신체와 재산에 부당한 압박을 받았을 때, 법관의 보호를 청하며, 고소 이유를 말하고 공정하고 선한 결과를 구한다면 소송을 바르게 이용하는 것이다. (2) 피고: 이의를 제출하고 평온한 마음으로 변명하며 자기의 당연한 권리에 속하는 것만을 옹호하는 것은 소송을 바르게 이용하는 것이다. 2. 소송과 관련하여 그리스도인이 불변의 원칙으로 삼아야 할 원칙이 있다. (1) 분쟁중인 사건이 있을 때, 마치 이미 평화롭게 해결되며 조정된 것같이, 그렇게 사랑과 성의로써 상대방을 대하지 않는다면, 그런 사람은 결코 소송을 바르게 처리할 수 없다는 사실이다. (2) 대부분의 사람들은, 이런 일이 일어난다면 기적이라고 조소하지만, 그러나 이 원칙 그 자체는 여전히 선하고 순결하다.

4.20.19: 법적 절차 배척 주장에 대한 반대

1. 모든 법정 투쟁을 엄금하는 사람들의 경우, 하나님의 거룩한 명령과 깨끗한 자가 (더욱) 깨끗케 할 수 있는 수단을 저버린 것이다: "깨끗한 자들에게는 모든 것이 깨끗하나 더럽고 믿지 아니하는 자들에게는 아무 것도 깨끗한 것이 없고 오직 저희 마음과 양심이 더러운지라"(딛 1:15). 2. 바울의 경우를 들어 복수심을 품은 것이라고 비난하는 것은 잘못이다. 그의 자세를 본다면, (1) 자기를 고발하는 사람들의 중상을 논박하며 동시에 그들의 간계와 악의를 폭로했고(행 24:12 이하), (2) 법정에서 자기의 로마 시민으로서의 특권을 주장했으며(행 16:37; 22:1, 25), (3) 필요를 느껴, 불의한 재판장을 기피하고 가이사의 법정에 호소했을 뿐이다(행 25:10-11). 3. 일부에서는 잘못 생각하기를, 주께서는 그리스도인은 복수심을 품지 말라고 하셨고, 주의 손을 기다리라고 하셨으며, 친히 복수하시겠다고 약속하셨으므로(롬 12:19), 법관의

원조를 청하는 것은 복수하는 것이라고 한다. (1) 물론, 그리스도인이 법정에서 복수심을 멀리 축출하는 것은 당연하고(레 19:18; 마 5:39; 신 32:35; 롬 12:19), 악을 악으로 갚겠다는 생각을 해서는 안 된다: "아무에게도 악으로 악을 갚지말고 모든 사람 앞에서 선한 일을 도모하라"(롬 12:17). (2) 그러나 하나님께서는 통치자를 통해서 일하시는 까닭에, 그리스도인은 부득불 법정을 이용할 수 있고, 이 경우 법관의 판결은 하나님께서 사람을 시켜서 원수를 갚아주시는 것이다(롬 13:4).

4.20.20: 모욕을 참고 친절과 공평으로 공공의 이익을 수호하는 자세

1. 그리스도께서는 그의 백성의 복수심을 철저하게 싫어하셔서 악을 악으로 갚기보다는 차라리 한 번 더 해를 받기를 원하신다. (1) '오른편 뺨을 치는 자에게 왼편 뺨을 돌려대고 속옷을 빼앗는 사람에게 겉옷을 주라' 고 명령하셨다(마 5:39-40). 우리는 중상과 손해를 받기 위해서 났으므로 악인들의 악의와 사기와 조롱에 대한 방비가 없고, 모든 재난을 참고 견뎌야 하며, 오히려 자기를 해하는 사람들에게 선을 행하고, 저주하는 사람들을 축복하여(눅 6:28; 마 5:44), ⑤ 선으로써 악을 이기려고 노력해야 한다(롬 12:21). (2) 참으로 그리스도인은 이런 정신으로 자기의 몸이 상하고 재산을 빼앗기더라도 악인을 기꺼이 용서할 수 있어야 한다(마 5:38 이하). 2. 그렇다고 해서, 다른 한편으로 법관의 도움을 얻어 자기의 재산을 보호하지 못하는 것이 아니다. (1) 어거스틴에 의하면, 의롭고 경건한 사람은, 악인이 선하게 되기를 원하므로, 악인의 악의를 참고 견디는 것을 통하여 선인의 수효를 증가시킬 수 있으며, 자신도 악을 본받아 스스로 악인의 무리에 가담하는 일을 하지 않게 된다. (2) 그런데 이 교훈들은 외적 행위보다 속마음의 준비에 관한 것이므로, 우리는 인내심과 호의를 속에 간직하되, 겉으로는 그들에게 유익이 되는 일을 해야 하니, 그들이 잘되기를 원해야 하기 때문이다.

4.20.21: 소송을 좋아하는 성품을 배척하는 바울

1. 바울이 모든 소송을 반대했다고 일부에서 제기하는 주장은 잘못이니,

그는 덮어놓고 모든 논쟁을 금한 것이 아니라, 그들의 미친 듯한 소송열을 배격한 것이다: "내가 너희를 부끄럽게 하려 하여 이 말을 하노니 너희 가운데 그 형제간 일을 판단할 만한 지혜있는 자가 이같이 하나도 없느냐 형제가 형제로 더불어 송사할 뿐더러 믿지 아니하는 자 앞에서 하느냐 너희가 피차 송사함으로 너희 가운데 이미 완연한 허물이 있나니 차라리 불의를 당하는 것이 낫지 아니하며 차라리 속는 것이 낫지 아니하냐 너희는 불의를 행하고 속이는구나 저는 너희 형제로다"(고전 6:5-8). (1) 그들의 과격한 분쟁으로 인하여 복음이 불신자 사회의 멸시를 받게 되었다는 것을 비난한 것이다. (2) 자기의 손해를 참을 생각은 전혀 하지 않고, 서로 남의 소유를 탐내 서로를 공격하며 가해하는 것을 금했다. 2. 소송을 하되, (1) 사랑의 자세로 하면 지혜를 얻겠으나(4.20.18), (2) 사랑을 버리거나 사랑의 한계를 벗어난 일체의 분쟁은 결코 공정하지도 않고 경건하지도 않다.

불의한 통치자일지라도 공경하고 순종해야 하는 의무(22-29절)

4.20.22: 공경

1. 원칙적으로 집권자들의 지위는 하나님께서 주신 것으로 인정해야 하는 끼닭에 하나님의 사자와 대표자로 여겨서 존경해야 한다. (1) 베드로는 왕을 공경하라고 했다: "뭇 사람을 공경하며 형제를 사랑하며 하나님을 두려워하며 왕을 공경하라"(벧전 2:17). (2) 솔로몬은 왕을 하나님과 같은 차원에서 경외하라고 가르쳤다(잠 24:21). (3) 바울은 "노를 인하여만 할 것이 아니요 또한 양심을 인하여 할 것이라"는 유명한 말을 했다(롬 13:5). 2. 악한 집권자들이 우매나 나태나 잔인성 그리고 가득한 악한 행실을 위선적인 위엄으로 은폐할 경우에 이것을 칭찬할 수는 없지만, 집권자의 지위 그 자체는, 하나님께로부터 온 것이므로 영예와 존경을 받아야 한다.

4.20.23: 복종

1. 통치자들을 충심으로 존경하는 사람은, 그들의 포고에 순종하거나 세

금을 내거나 공직과 방위 임무를 맡거나 그밖의 명령들을 이행함으로써 복종심을 실증해야 한다. (1) 복종은 하나님의 명령이며(롬 13:1-2; 딛 3:1; 벧전 2:13-14), (2) 복종하는 척 하는 것이 아니라 실제로 복종하게 하시려고 그들을 위하여 기도할 것까지도 명령하셨다: "그러므로 내가 첫째로 권하노니 모든 사람을 위하여 간구와 기도와 도고와 감사를 하되 임금들과 높은 지위에 있는 모든 사람을 위하여 하라 이는 우리가 모든 경건과 단정한 중에 고요하고 평안한 생활을 하려 함이니라"(딤전 2:1-2). 2. 시민이 공중 앞에서 지켜야 하는 자제심도 일종의 복종인 까닭에, (1) 개인으로서의 시민은 공적인 일에 일부러 간섭하여 공연히 집권자의 직무를 침범하거나, (2) 정치적인 행동을 하지 말아야 한다.

4.20.24: 불의한 집권자에게도 복종

그런데 어느 시대를 막론하고 당연히 유의해야 할 일에 등한하며 아무 관심도 없이 자기의 쾌락만을 추구하는 군주들이 존재해왔다. (1) 그들에게서는 선행하는 자를 표창하며 행악자를 벌하기 위해서 임명된 하나님의 사자의 흔적을 찾아볼 수 없다: "혹은 악행하는 자를 징벌하고 선행하는 자를 표창하기 위하여 그의 보낸 방백에게 하라"(벧전 2:14). (2) 그래서 이런 자들을 집권자로 인정해서 그의 권위에 복종해야 한다는 말에 설복당할 사람은 많지 않다.

4.20.25: 악한 지배자도 하나님의 심판의 대행자

1. 그러나 하나님께서는 그들이 선하고 악하고를 떠나서 지배자들에게 한결같이 거룩한 위엄으로 합법적인 권력을 주셨다. (1) 그래서 공공의 유익을 위해서 통치하는 사람들은 하나님의 인애의 진정한 표본의 증거가 되게 하셨다. (2) 불의하고 무능한 지배자들은 국민의 사악을 벌하시기 위해서 세우신 하나님의 심판의 도구가 되게 하셨다. 2. 악한 임금은 하나님께서 땅 위에 내리시는 진노란 것은 증명할 필요가 없으므로(욥 34:30; 호 13:11; 사 3:4; 10:5; 신 28:29), 악한 지배자에게도 마찬가지로 공경과 존경을 드려야 한다. 3. 이런 생각이 사람들의 마음에 쉽게 이해되지 않겠지만, 하나님의 섭리를

생각하는 중에 마땅히 받아들여야 한다.

4.20.26: 악한 왕에게도 복종을 요구하는 성경

1. 우리는 자신이 원하는 대로 나라들을 배치하고 임금들을 임명하는 하나님의 섭리의 특별한 작용을 신중하게 고찰해야 한다. (1) 여호와께서 때와 기한을 변경하시며 왕들을 세우시고 폐하신다(단 2:21, 37-38; 4:17; 5:18-19). (2) 실례를 들어 이방인 침략자 느부갓네살 왕도 하나님께서 세우셨고(겔 29:19-20), 백성을 고통스럽게 할 이스라엘의 왕도 역시 하나님께서 세우셨다(삼상 8:11-17). 2. 왕들은 율법에서 모든 자제와 근신하는 훈련을 받았으므로, 당연히 이런 일들은 왕의 '권리'로서 할 것은 아니었다(신 17:16 이하). (1) 그러나 백성과의 관계에 있어서는 그것을 권리라고 했는데, 이는 백성의 입장에서는 복종해야 하되 항거해서는 안 되었기 때문이다. (2) 사무엘하 8:11-17에 있는 사무엘의 말을 다른 말로 바꾼다면, "왕들의 자행자지는 극도에 달할 것이나 그것을 억제하는 것은 너희가 할 일이 아니다. 너희가 할 수 있는 일은 한 가지뿐이다. 즉 왕들의 명령에 복종하며 그들의 말을 듣는 것이다"라는 의미가 된다.

4.20.27: 예레미야 27장의 느부갓네살의 경우

실례를 들어, 하나님께서는 바벨론의 왕 느부갓네살이 잔악한 폭군이지만 왕권을 가졌다는 이유만으로 그에게 복종하라고 하신다(렘 27:5-8, 17). (1) 그는 폭군이었지만 하나님의 뜻에 따라 왕위에 앉았다. (2) 따라서 공적 여부에 따라서 왕들을 대우해야 한다는 명분을 내세워, 왕답지 못한 왕을 예우하는 것은 불공평하다고 하는 것은 선동적인 생각이다.

4.20.28: 왕 개인을 존엄하다고 하는 성경의 증거

악한 왕에게 복종하라는 성경의 실례들을 이스라엘 백성에게만 적용되는 특이한 경험으로 돌려서는 안 된다(렘 27:6, 17). (1) 그의 통치를 원하시기 때문에 하나님께서는 그를 왕으로 세우신다(욥 12:18; 잠 28:2). (2) 그러므로 포로로 잡혀간 이스라엘도 평안하기 위해서는 바벨론을 위해서 기도해야 했다(렘 29:7). (3) 주님께서도 박해자들을 위해서 기도하라고 하셨다(마 5:44). (4) 다윗은 하나님께서 세우셨다는 이유만으로 원수이기까지 한 사울이었지만 죽이지 않았다(삼상 24:6, 10; 26:9-11).

4.20.29: 국민이 아니라 하나님께 있는 권리 옹호

1. 우리의 지배자들이 어떤 사람이든 간에, (1) 여호와의 뜻에 의해서 그들이 여호와의 위엄을 그 직위에 지닌다고 생각하여, (2) 우리는 그들에게 최대의 존경과 충성을 바쳐야 한다. 2. 우리는 학대를 당하고, 착취를 당하며, 모욕을 받고 괴로움을 당한다고 해도, 여전히 하나님의 명령에 따라 지배자들에게 복종해야 한다(엡 5:25, 6:4; 벧전 3:7). (1) 먼저 우리 자신의 비행을 생각하면서 주의 채찍으로 징계를 받는다는 것을 깨달아 겸손해져야 한다(단 9:7). (2) 병폐를 직접 시정하려 하지 말고 주께 도움을 간청해야 한다. (3) 이는 참으로 여호와께서 그들을 세우셨기 때문이다(잠 21:1; 시 82:1; 2:10-12). 3. 한편, 불의한 법을 제정해서 빈민을 불공평하게 재판하며 미천한 사람들의 권리를 박탈하고 과부에게서 토색하며 고아의 것을 약탈하는 자들은 모두 여호와 앞에서 멸망할 것이다: "여호와여 어찌하여 멀리 서시며 어찌하여 환난 때에 숨으시나이까 악한 자가 교만하여 가련한 자를 심히 군박하오니 저희로 자기의 베푼 꾀에 빠지게 하소서"(사 10:1-2).

왕의 폭정을 막아야 하는 헌법상의 관리들의 의무(30-32절)

4.20.30: 뜻밖의 사람들을 통해서 개입하시는 때가 있는 하나님

1. 하나님의 선하심과 권능과 섭리가 '뜻밖의 방법'으로 나타나니, 복수자를 일으켜 악한 정부를 처벌하고 압박 받는 백성을 구출하실 때가 있다. (1) 자기 백성을 바로의 압제에서 구출하시려고 모세를 일으키신 것처럼, 어떤 경우는 다른 노력을 하는 사람들의 열광을 인도하셔서 이 목적을 달성하신다(출 3:7-10). (2) 옷니엘을 시켜 수리아 왕 구산의 폭력에서 구하신 일이 있다

(삿 3:9). (3) 두로의 교만을 애굽 사람을 통해서 누르셨다. (4) 애굽의 교만은 앗수르 사람들을 시켜서 꺾으셨다. (5) 앗수르 사람들의 흉포는 갈대아 사람들로 꺾으셨다. (6) 바벨론의 오만은 (고레스가 메데 사람들을 굴복시킨 후에) 메대와 바사 사람들로써 꺾으셨다. (7) 유다와 이스라엘 왕들의 배은 망덕과 하나님의 여러 가지 은혜에 대한 불경하고 완고한 태도는 앗수르 사람들과 혹은 바벨론 사람들을 시켜 여러 가지 모양으로 분쇄하며 처벌하셨다. 2. 이 과정에서 두 가지 해석이 나타난다. (1) 처음 종류의 사람들은 이런 행동을 취하라는 하나님의 합법적인 소명에 의해서 파견되었으므로, 그들의 행동은 왕들에게 주신 하나님의 존엄성을 조금도 침범한 것이 아니니, 마치 왕들이 부하들을 처벌하는 것이 합법적인 것과 같다. (2) 둘째 종류의 사람들은 비록 하나님의 사역을 실행했지만, 그들은 이것을 의식하지 못한 채, 오직 자신들의 악행만을 시행했을 뿐이다.

4.20.31: 국민의 자유를 보호할 헌법상의 의무가 있는 사람들

1. 이 사람들의 행위가 자체로서는 어떻게 판단되든 간에 여호와께서는 그것을 통해 자신의 일을 성취하셔서 '오만한 왕들의 피묻은 홀'을 부숴뜨리시며, 용인할 수 없는 정부를 전복시키시므로, "왕들은 듣고 두려워하라!". 2. 히지민 우리의 입상에서는 집권자들의 권위를 멸시하거나 침범하지 않도록 극히 조심해야 한다. (1) 난폭한 독재를 시정하며 처벌하는 것은 오직 하나님의 하시는 일이다. (2) 우리는 복종하며 고통을 참으라고 한 명령에만 착념해야 한다. 3. 한편, 관리들이 취해야 할 입장이 있다. (1) 임금들의 전횡을 억제할 목적으로 임명된 국민의 관리들이 있다. 예컨대 옛적 스파르타의 왕들에 대립한 감독관, 로마 집정관들에 대립한 호민관, 아테네의 원로원에 대립한 지방 장관, 그리고 현재 각국 국회가 중요 회의를 열 때에 행사하는 권한 같은 것을 가진 사람들의 경우이다. (2) 이런 사람들은 왕들의 방종한 횡포에 맞서 직책을 행사하여 항거하여야 한다. 그렇지 않고, 그들이 미천한 일반 대중에 대한 군주들의 폭정을 못 본 체한다면, 그들의 이러한 위선은 극악한 배신 행위요, 그들은 하나님의 명령에 의해서 국민의 자유를 보호하는 자로 임명

된 줄을 알면서도 그 자유를 배반하는 부정직한 자가 된다.

4.20.32: 하나님께 대한 불복종이 되지 않아야 하는 인간에 대한 복종

1. 집권자들의 권위에 대한 복종의 당위성에는 한 가지 예외가 있으니, 곧 '주 안에서만 복종하는 것'이어야 한다(2.8.38). (1) 다니엘은 왕의 불경건한 칙령에 복종하지 않았지만 자신이 왕에게 어떤 죄를 지은 것이 아니라고 했다(단 6:22-23). (2) 반대로 이스라엘 사람들은 여로보암 왕의 악한 금송아지 우상숭배 포고에 서슴없이 순종했기 때문에 책망을 받았다(호 5:11, 13; 왕상 12:30). 2. 주를 거스르게 하는 왕의 명령 앞에서는 어떠한 고난이 가해지더라도 굳세게 항거해야 한다. (1) 왕은 항거하는 사람을 가장 싫어하는 법이기에, 왕이었던 솔로몬은 "왕의 진노는 살육의 사자와 같다"고 했다(잠 16:14). (2) 그러나 하늘의 사자인 베드로는 "사람보다 하나님을 순종하는 것이 마땅하니라"(행 5:29)고 선포한다. (3) 우리는 경건을 버리기보다는 차라리 고통을 받는 것이 주께서 요구하시는 것이라는 생각으로 위로를 얻어야 한다. 참으로 우리는 그리스도에 의해서 구원을 받았고, 그리스도께서는 우리의 구원을 위해서 자신을 희생하셨으므로, 우리는 사람들의 악한 욕망의 종이 되어서는 안 되며, 더욱이 그들의 불경건한 명령에 복종해서는 안 된다고 한 바울의 말을 명심해야 한다(고전 7:23).

개혁신앙의 산실: 제네바 교회

제6장
교회 법령
The Ecclesiastical Ordinances

교회 법령
The Ecclesiastical Ordinances

앞에서 교회 정치에 대한 칼빈의 일반적인 원칙들을 살펴보았으므로, 이제부터는 이것이 제네바라고 하는 작은 공화국에서 구체적으로 어떻게 도입되고 적용되었는지에 대해서 살펴볼 것이다.

칼빈은 스트라스부르크에서 제네바로 귀환했고(1541년 9월 13일), 곧 이어 가진 행정장관들과 의회와의 첫 면담에서, 하나님의 말씀과 초대 교회에 일치하는 교회 헌법과 교회 규율의 도입을 주장〈해설 15〉했다.[1] 당시 의회는 그의 의견을 받아들여, 칼빈을 비롯한 비레(Piter Viret), 베르나르(Jacques Bernard), 마르(Henry de la Mare), 샹페로(Ayme Champereau) 등 다섯 명의 목사와 여섯 명의 시의원에게 이 작업을 맡기면서 장 발라르(Jean Balard)를 고문으로 위촉하였다. 이들은 칼빈의 직접적인 지도 아래 문서를 작성하여 의회에 제출하였고, 다음으로 시민 총회에 의해 약간의 수정을 거쳐 제네바 공화국의 기본적인 교회법으로서 엄숙하게 비준되었다(1542년 1월 2일). 이 문서의 근본적인 특징은 이후 유럽과 아메리카에서 대부분의 개혁교회와 장로교회의 헌법과 규율에 도입되었다는 것이다.

이 법령의 공식 본문은 목사회(Venerable Company)의 기록에 보존되어 있으며, 다음과 같은 서문으로 시작한다.

"전능하신 하나님의 이름으로, 우리 행정장관들, 소의회와 대의회는 나팔과 대형 시계가 울리는 가운데 우리의 오랜 전통에 따라 시민들과 함께 모여, 무엇보다 시급한 일이 우리 주님의 거룩한 복음의 교리를 순수하게 유지하고, 기독교를 보호하고, 젊은이들을 신실하게 교훈하고, 그리고 가난한 자들을 철저히 돌보기 위해 병원을 공급하는 것이라고 생각한다. 하지만 이 모든 일은 생활의 정확한 질서와 규율이 없이는 이루어질 수 없으니, 이러한 법으로부터 모든 사회적 계층이 자신의 맡은 직분의 의무를 배울 수 있기 때문이다. 이러한 이유 때문에 우리는 이를 테면 주님이 말씀으로 우리에게 보여주시고 제정하신 영적인 통치를 바른 길로 돌리고, 우리 가운데 바람직한 형태로 도입되어 준수되는 것이 지혜롭다고 생각한다. 그러므로 우리는 우리의 도시와 영지에서 예수 그리스도의 복음에서 비롯된 다음과 같은 교회의 정치를 따르고 지킬 것을 제정하고 명령하였다."[2]

이 문서는 복음 사역의 위엄과 책임에 대한 높은 평가로 말미암아 고취되었는데, 예를 들어 바울의 고린도서와 에베소서에서 이러한 특징을 발견할 수 있다. 한 카톨릭 역사가는 '칼빈이 제네바에 세운 교회에서만큼 성직자가 그렇게 위엄 있고, 두드러지며, 영향력이 있는 지위로 평가되었던 유럽 기독교권의 종교적 사회는 없었다는 것이 확실하다' 라고 평가한다.[3]

칼빈은 기독교강요에서 교회의 세 가지 특별한(extraordinary) 직분인 사도, 선지자, 전도자와 네 가지의 일반적인(ordinary) 직분인 목사, 교사, 장로, 집사를 구별한다.[4]

특별한 직분은 자신의 나라를 시작하실 때 주님께서 친히 세우신 것이며, '시대가 필요를 요구할 때' 와 같은 특별한 상황에서도 세워진다. 사실 개혁자들은 사도, 선지자, 전도자들에 버금가는 부류로 간주되어야 한다. 칼빈 자신은 다음과 같이 말할 때 이 사실을 비유적으로 넌지시 암시하고 있다.

"필자는 사도 시대 이후로 하나님께서 때때로 사도들을 대신하는 다른 사도들과 전도자들을 세우셨으며, 우리 시대에도 또한 그렇게 하셨다는 것을 부인하지 않는다. 왜냐하면 적그리스도의 오류로부터 교회를 회복하기 위해서는 그런 사람들이 반드시 필요하기 때문이다. 그럼에도 불구하고 필자가 이것을 특별한 직분이라고 부르는 것은 잘 설립된 교회에서는 이들의 자리가 있을 필요가 없기 때문이다"(Inst. 4.3.4).

칼빈은 사돌레토에게 보낸 편지에서 자신의 사역이 하나님으로부터 말미암았다는 확신을 표현한다. 루터도 자신의 사역에 관하여 동일한 확신을 가졌다. 루터는 바르트부르크를 떠나 비텐베르크로 돌아온 후 작센의 선제후 프리드리히(Frederick)에게 편지하기를, 자신의 복음은 사람에게서 온 것이 아니라 하늘로부터 온 것이며 자신은 그리스도의 복음 전도자라고 하였다.

이처럼 특별한 직분들은 그 성격상 법에 의해 제어될 수 없다. 그러므로 법령들은 오직 교회의 일반 직분들을 위해서만 지침을 마련했다.

1. 목사(Pastor),5 혹은 칼빈이 부르기를 좋아하는 것처럼 복음 사역자들은, 하나님의 말씀을 설교하고, 가르치고, 권면하고, 공개적으로든 사적으로든 훈계하고 징계하며, 성례를 집행하고, 또한 장로들과 연대하여 치리를 시행해야만 한다.

청빙되지 않거나, 시험에 통과되지 않고, 임명 혹은 취임되지 않은 사람은 목사가 될 수 없다. 시험에서 후보자는 성경 지식에 대한 만족스러운 증거를 보여주어야만 하고, 건전한 교리를 지니고 있으며 목사의 직무를 취하고자 하는 동기가 순수하며 성실하다는 것을 보여주어야 한다. 만약 그가 직무에 자격이 있음을 입증하면, 의회는 그를 회중에게 알려 공식 동의를 받는다. 만약 그가 시험에서 떨어지면, 그는 다시 청빙과 시험을 받기 위하여 기다려야만 한다. 취임의 가장 이상적인 방식은 사도들과 초대 교회의 관례에 따라 기도와 손을 얹는 안수에 의한 것이지만, 미신적인 요소가 없이 행해져야만 한다.

모든 목회자는 공적인 의무에 대해 서로간의 교훈, 교화, 교정, 그리고 격려를 위해 매주 모임을 갖는다. 정당한 이유 없이 모임에 빠지는 사람은 없어야 한다. 이 같은 의무는 시골 지역의 목사에게도 해당된다. 만약 교리적인 논쟁이 일어나면 토론을 통해서 해결하며, 목사들이 서로 동의할 수 없으면 사건을 행정관에게 회부한다.

치리는 목회자에게도 엄격하게 시행되어야 하고, 그들 가운데서 관용되어서는 안 되는 죄와 악덕의 상세한 목록을 제시하였다. 구체적인 예들 들면, 이단, 분파, 교회 질서에 대한 반역, 신성모독, 불순, 거짓말, 위증, 고리대금업, 탐욕, 난잡한 춤, 성경 연구의 태만 등이다.

또한 법령은 주일날 아침의 예배, 정오에 아이들에 대한 요리문답, 오후 3시에 두 번째 설교를 시행할 것 등을 지시한다. 주간 동안에는 세 번의 설교가 월요일, 화요일, 그리고 금요일에 선포된다. 이러한 예배를 위해 제네바 시는 다섯 명의 정식 목회자와 세 명의 보조 목회자를 필요로 했다.

칼빈은 기독교강요에서 목사의 직무를 사도의 직무와 동일한 것으로 묘사하되, 이들의 영역과 권위에 대한 범위에 있어서는 예외로 보았다. 이들은 모두 그리스도의 대사이고 하나님의 신비에 관계되는 청지기이다(고전 4:1). 바울이 자신에 대해 말하는 것은 이들에게 모두 적용된다. "내가 복음을 전하지 않으면 저주를 받으리로다"(고전 9:16).

2. 교사(Teacher)의 직무〈해설 16,17,18,19,20〉는[6] 복음의 순수성이 무지와 잘못된 생각에 의해 부패되지 않도록 신자들에게 건전한 교리를 가르치는 것이다.

칼빈은 에베소서 4장 11절을 근거로 하여 교사와 목사 사이에 구별을 짓고, 기독교강요에서 두 직분간의 차이를 이렇게 말한다.

> "교사들은 공식적으로 치리와 관계가 없고, 성례의 집행과도 관련이 없으며, 권면과 훈계와도 관련이 없다. 단지 성경에 대한 해석과 관계되지만, 반면에 목사의 직무는 이 모든 책무를 다 포함한다"(Inst. 4.3.4).

그는 또한 목사들이 사도들과 닮은 것처럼 교사들은 선지자들과 동일한 유사성을 유지한다고 한다. 칼빈 그 자신은 드물 정도로 지적으로 뛰어나고 설득력 있는 가르침을 베푸는 선지자적 은사를 소유하였다. 신학 교수들은 교사들 중에서도 가장 높은 부류를 차지한다.

3. 장로들(Lay-Elders)은 신자들의 선한 행동을 관찰한다. 이들은 하나님을 두려워하는 현명한 사람이어야 하고, 외부에서 의심을 제기할 만한 여지가 없어야 한다. 총 12명이 선출되었는데, 25인 소의회에서 2명, 60인 의회에서 4명, 200인 의회에서 6명이다. 각 사람에게 제네바 시의 특정 구역을 배정하였다.

장로교회에서 장로의 직분은 대단히 중요하다(고전 12:28; 비교, 롬 12:8). 칼빈은 기독교강요에서 이 직분을 지지하면서 다스리는 은사를 제시한다.

"처음부터 모든 교회는 경건하고 침착하며 그리고 거룩한 사람들로 구성된 자체의 원로원 혹은 의회를 두었고, 이들에게는 제반 악덕을 교정하는 일에 있어서 사법권이 부여되었다 …. 이러한 다스리는 직분은 모든 시대에 필수적이다(Inst. 4.3.8)."

칼빈은 디모데전서 5장 17절에 근거하여 장로직에서 다스리는 장로와 가르치는 장로 사이의 구별을 시도하였다.

"잘 다스리는 장로들을 배나 존경할 자로 알되, 특별히 말씀과 가르침에 수고하는 이들에게는 더욱 그러할 것이니라."[7]

이러한 구별을 위한 주석적인 근거는 약하지만, 다스리는 장로직은 매우 유용한 기구로 증명되었고, 가르치는 목회자들을 효과적으로 돕는다.

4. 집사들(Deacons)은 가난한 자들과 병든 자들을 돌보며 병원을 관리한다. 이들은 건전한 질서에 역행하는 구걸을 예방한다(행 6:1-3; 빌 1:1; 딤전 3:8 이하; 5:9, 10). 기독교강요에서 이들도 두 부류의 집사로 구별되는데, 구제금을 관리하는 집사들, 그리고 가난한 자들과 병든 자들을 위해 헌신하는 집사들이다(Inst. 4.3.9).

5. 세례(Baptism)는 교회의 모임에서 수행되어야 하고, 오직 목회자들과 이들을 돕는 자들에 의해서 시행되어야 한다. 아이들과 부모들의 이름은 반드시 교회 등록부에 기재하여야 한다.

6. 주의 만찬(Lord's Supper)은 매달 한 번씩, 그리고 부활절, 오순절, 성탄절에 시행되어야 한다. 주의 만찬의 요소인 빵과 포도주는 목회자들과 집사들에 의해 필히 경건하게 분배되어야 한다. 요리문답을 학습하고 자신의 신앙을 고백하기 전에는 누구에게도 주의 만찬이 베풀어져서는 안 된다.

법령의 나머지 부분들은 결혼, 장례, 병자 심방, 감옥 심방에 관한 규정들을 포함하고 있다.

목회자와 장로들은 한 주에 한 번씩 목요일에 모여 교회의 상황을 함께 논의하고 치리를 시행했다. 치리의 목적은 죄인들로 하여금 주님께로 돌이키게 하려는 것이다.

1541년의 교회 법령은 칼빈에 의해 개정되고 증보되었으며, 1561년 11월 13일 소의회와 대의회에서 채택되었다. 이 개정 증보판은 역시 목회자, 목사, 교사, 장로, 집사, 그리고 치리 법원의 구성원들이 고백해야 할 충성의 서약을 포함하고 있다. 또한 성례의 시행, 결혼, 병자와 갇힌 자에 대한 심방, 치리 법원 구성원의 선출, 출교에 관한 충분한 지시도 포함하고 있다.[8]

교회 법령의 다음 단계의 새로운 개정은 1576년 1월 3일 총회에서 만들어지고 채택되었다.

주)

1. 칼빈은 파렐에게 1541년 9월 16일 편지를 보냈다. *Opera*, XI. 281; *Herminjard*, VII. 249.
2. The French text in *Opera*, X. 16. note a.
3. Kampschulte I. 396.
4. 교회 법령(*Ordinances*)은 이들을 *Pasteurs*(목사), *Docteurs*(교사), *Anciens*(장로), *Diacres*(집사)로 부른다.
5. *Pastores*(목사), 에베소서 4:11. 목사들은 감독과 장로들과 같다. "어떤 구별도 없이, 교회를 통할하는 자들을 감독, 장로, 목사라고 부르는 것은, 성경의 용례를 따른 것이다"(*Inst.* 4.3.8). 그런 다음 칼빈은 빌립보서 1:1; 디도서 1:5, 7; 사도행전 20:17, 18을 인용한다.
6. *Doctores*(교사), 에베소서 4:11.
7. 이 구절에 대한 칼빈의 주석에서(*Inst.* 4.3.8과 비교). 이러한 구별은 칼빈에 의해 처음으로 제정되었고, 많은 장로교 신학자들과 일부 루터파 신학자들이 이를 따랐지만, 일부 근대의 최고의 주석가들에 의해서 부인된다. 바울은 디모데전서 3장 2-3절과 디도서 2장 2절 및 24절에서 모든 장로들에게 가르치는 재능을 요구한다. 샤프(Schaff)의 사도 교회사(*History of the Apostolic Church*), p.529 이하.
8. *Opera*, X. Pars I. 91-124.

적용과 실천을 위한 점검과 질문
'교회 법령'에 대하여

1. 칼빈이 제정한 교회법은 유럽과 아프리카의 대부분의 개혁교회와 장로교회의 헌법과 규율에 도입될 정도로 성경적으로 우수한 것이었습니다. 교회에 일종의 규범 체계가 존재해야 하는 이유는 무엇입니까?

2. 칼빈이 제정한 교회 법령은 구체적으로 어떤 내용을 담고 있습니까? (p.158의 **해설 15** 참고)

3. 칼빈은 교회의 직분을 어떻게 크게 두 부류로 나누었습니까?

4. 교회의 일반 직분에는 어떤 것들이 있으며, 각 직분의 역할은 무엇입니까? 당신의 교회에서 이 직분들은 제대로 기능을 발휘하고 있습니까?

5. (위 문제의 계속) 현대 교회 안에서 집사직은 성경적으로 제대로 적용 혹은 운영되고 있습니까? 그렇지 않다고 생각한다면 구체적으로 어떻게 개선되어야 하겠습니까?

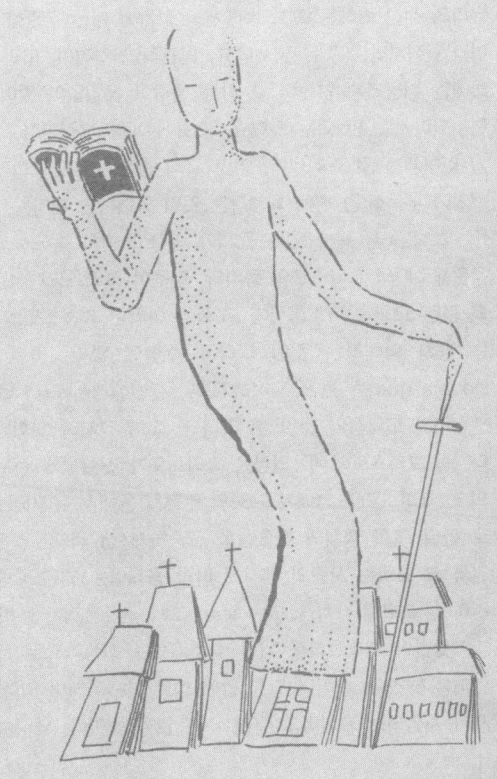

해설 15

교회 법령에 의한 교회 정치 체제 확립

자신들이 추방했던 칼빈을 제네바로 정식으로 다시 재 초청하는 문제를 성공적으로 수행하기 위해서 제네바 시의회는 칼빈이 조건으로 제시한 교회 치리의 회복을 받아들여만 했다. 1541년 9월 13일(화요일)에 제네바에 도착한 칼빈은 약 2주 후에 교회 질서를 위한 문건을 소의회에 제출했다. 문건은 약간의 수정 과정을 거쳐 소의회가 채택하였고(10월 27일), 대의회는 이것을 추인하였으며(11월 9일), 최종적으로 시민들의 총회가 성 베드로 교회당에서 열려 압도적인 다수로 이것을 비준하였다(11월 20일). 이후 몇 가지 사소한 수정과 추가를 거쳐 마침내 최종적으로 채택되었다(1542년 1월 2일). 이렇게 해서 복음적인 교회를 위한 견고한 기초가 놓여진 것이다.

이제 우리는 개혁파 교회에 있어서의 교회 정치의 중요성 문제와 직면하게 된다. 우리의 정신 속에는 교회 속에서의 정치에 대한 무관심 내지는 부정적인 생각이 지배적이다. '정치라는 것은 냄새나고, 인간적인 것이며, 따라서 영적인 것을 본질로 하는 교회에는 어울리지 않는다'고 하는 생각이 끊임없이 일어난다. 하지만 교회 정치는 결코 경시되어서는 안 되는 것이요, 교회 정치를 부정한다고 해서 실제로 교회 안에서 정치가 없어지는 것도 아니다. 어떤 교회 형태이든지 교회가 질서 있게 운영되기 위해서는 거기에 부득불(?) 정치 체계라는 것이 있어야만 한다.

교회는 꿈 속에 있는 존재가 아니고 역사 속에서 구체적으로 그 모습을 구현하는 공동체로서의 그리스도의 몸이다. 더욱이 그리스도께서는 교회의 왕이요 머리로서 당신의 몸된 교회를 다스리신다. 교회가 이러한 그리스도의 다스림을 받게 될 때 거기에는 정치 형태라는 것이 나타날 수밖에 없다. 이런 까닭에 에밀 두메르그(Emile Doumergue)는 옳게 지적하기를, "칼빈에게서 그리스도의 교회의 머리되심은 단순히 영적이고 도덕적인 것일 뿐 아니라, 교회 정치와 교회법에도 관계되는 것이다"라고 했다. 즉 그리스도의 주 되심은 그리스도가 신실하게 선포되어 말씀과 성례 속에서 제시되고, 그리스도의 영예가 교회의 권징을 통해서 유지되는가에 달려 있는 것이다. 그러므로 만일 교회 정치의 중요성을 신중하게 생각해서 일련의 규범을 제정하지 않는다면, 결국 그 교회는 사람의 생각에 따라 움직이는 일련의 종교 단체로 전락할 수밖에 없는 것이다. 교회의 정치 체제는 목사, 교사, 장로, 집사 등의 직분자를 통하여 시행된다.

칼빈의 개혁교회를 위한 정치체제는 최종적으로 '장로회 정치체제'에서 궁극적인 열매를 맺었다. 그러나 교회 안에 장로라는 직책이 있다고 해서 무조건 장로회 정치 체제가 시행되는 교회라고 말할 수는 없을 것이다. 왜냐하면 장로회 정치란 노회가 있음으로써 성립되는 것이기 때문이고, 이 노회에 대한 이해가 명확해야 하며, 실제로 그렇게 운영되어야 한다. 웨스트민스터 교회정치조례는 장로회 교회의 정치체제를 노회를 중심으로 해서, 당회, 노회, 준노회, 총회로 단계적으로 이어지는 바, 장로들에 의한 교회 회의의 일치를 표명하는 데서 성립되는 것이라고 정의하고 있다.

한국 장로교단의 경우, 웨스트민스터 교회정치체제를 받아들인다고 선언할 뿐만 아니라 미국 장로교단을 본받아 헌법에 대회의 구성을 규정하고 있는 교단들이 있다. 하지만 실제적인 조직과 활동은 전무한 실정이다. 반면 미국 장로교단의 경우, 필라델피아에서 메릴랜드의 스노우힐(Snowhill) 노회를 제외한 3개 노회가 회집하여 첫 대회를 열었던 역사를 가지고 있다(1717년 9월 17일). 한편, 대부분의 장로교단은 당회와 노회 사이에 '시찰회'를 운영하고 있지만, 이 기구가 긍정적인 역할을 많이 수행하고 있음에도 불구하고 이것이 실제로는 헌법에 '협의체'로 규정되어 있는 것은 아니다.

해설 16

교사의 직분

교회 법령에서 규정한 교회의 직원 중에서 교사직에 대해서는 오늘날 그리 중요하게 취급되지 않고 있는 경향이다. 하지만 칼빈은 구약과 신약의 건전한 교리를 신자들에게 가르치기 위한 중요한 임무를 수행할 교사직에 관심을 가졌다. 교사들이 제네바 교회에서 교사로 봉사하기 위해서는 네 단계의 과정을 거쳐야 했다. 시험, 임명, 목회자들의 인준, 서약 등인데 여기서 중요한 것은 시험이었다.

첫째, 시험은 기독교 교리에 관한 것이 핵심으로 성경에 대해서 얼마나 올바른 지식을 갖고 있는가를 보았다. 이것이 그가 교사로서 교인들을 훈련시키기에 합당하고 적절한 사람인가를 점검하는 것으로, 다른 무엇보다도 교회가 인정하는 교리를 받아들이고 그것을 순수하게 지킬 것을 고백해야 했던 것이다. 이렇게 함으로써 교사가 다른 잘못된 교리에 미혹되지 않도록 사전에 방지하였다. 칼빈은 구약과 신약에 대한 충분한 지식을 갖춤으로, 성경에 대한 신학적 이해에 충분하고 만족스러운 교사여야만 기독교 신앙을 다른 사람들에게 교육할 자격이 있다고 보았다.

둘째, 시험은 교사의 신앙적 자질을 살펴보는 데 초점이 맞추어졌다. 교사 후보생이 다른 사람으로부터 비난을 받지 않는 선한 신앙적 행실을 갖추고 있는가를 살펴보았던 것이다. 칼빈의 입장에서 교사란, 자신이 가르친 진리를 삶을 통해 증거하는 사람이어야 했다. 만일 교사의 삶이 자신의 가르침과 일치하지 않으면, 정상적인 교육 시행이 어려울 것이 자명하기 때문이다. 그러므로 교사는 무엇보다도 신자들 앞에서 귀감이 되는 모범적인 신앙인이어야 했다.

칼빈은 교사들을 잘 양육하였다. '교회 법령'(1541년)에 의하면, 만일 교사가 범법하였을 경우 당시 목사에게 가해진 것과 같은 수준의 징계가 가해지도록 한 것을 본다. 무엇보다도 교리의 순수성을 지키는 문제와 관련하여 여기에서 벗어날 경우 결코 용서받지 못했다. 가령 이단 분파를 도입하거나 교회의 질서에 반역하거나 정당한 절차 없이 교회를 떠나거나 혹은 다른 사람을 교회로부터 떠나게 만드는 경우가 그러했다. 또한 성경을 다룰 때 불성실한 질문으로 묻고 늘어지는 호기심으로 일관하거나 교회에서 받아들이지 않는 어떤 관행을 좇거나 자신의 직책에 불성실할 경우도 마찬가지였다.

그런데 칼빈은 교사들의 교수 방법은 교육 목적에 대한 하나의 수단이 되어야 한다고 가르쳤다. 즉 기독교 메시지를 충실하게 전달하는 것이 가장 훌륭한 교수 방법이었으므로, 교사들은 성경 이야기 들려주기, 성경 암송, 성경 강의, 성경 진리 토론 등과 같은 전통적인 구두 교수법을 사용해야 했다. 따라서 교사의 가르침을 받는 사람들은 찬송가를 부르고, 주기도문과 신앙고백과 십계명 등의 암송을 반복해야 했다.

칼빈은 이러한 과정 속에서 하나님께서 성령을 통해 자신을 나타내시며 교육이 효과를 발휘하게 된다고 보았다. 칼빈이 교리 문답을 만들었던 이유가 여기에 있었다. 즉 교리 문답은 하나님 임재 의식하에서 교사와 학생이 나누는 인간적인 대화였지만, 그것은 '성령의 도우심'으로 말미암아 '은총의 수단'이 될 수 있는 것이었다. 따라서 이러한 교수 방법은 하나님의 참된 말씀이 학생들의 삶을 하나님의 백성으로 존재하도록 해주는 교화(edification)의 역동적인 수단이었던 것이다.

이렇게 교사들이 가르친 교육의 내용은 주로 '기독교 교리'이고, 이 기독교 교리가 사용된 교과 과전 그 지체가 바로 교화이다. 그래서 칼빈은 1537년에 교리 문답을 헌정하면서, '교회의 위대한 목표는 교화'라고 했다. 교화란, 신자가 성경 말씀에서 '그리스도를 대면하는 수단'이다. 다시 말하면, 주님에 대한 경외심을 배우게 되고, 그 기반 위에 서서 자신을 세워나가는 것으로, 삶의 모든 영역에서 하나님께 대한 의식을 확장하고 하나님 나라의 통치권에 자신을 순응시키게 하는 과정이다.

칼빈은 에베소서 4장 17절 주석에서 교화에 대해, "나는 이 교화라는 용어를 종교와 믿음과 경배와 하나님께 대한 두려움과 경건과 의로움의 책임을 우리에게 훈련시키는 교육을 의미한다고 제시하겠다"라고 정의했다. 또한 "바울에게 있어서 교화시키는 것이 얼마나 자주, 얼마나 광범위하게 상징되고 있는지 고려해 본다면, '교화의 수단'이라는 말이 더 마음에 든다. '교화의 수단'을 우리의 '교화 과정'으로 해석하는데, 교화되는 것은 '은혜'에 의해 위로와 훈계와 구원을 돕는 모든 것이 되어 앞으로 진보하는 것이기 때문이다"(엡 4:29 주석). 교사들은 교화를 위하여, 칼빈의 대표적인 저서인 기독교강요는 물론이고, 신앙교육서, 제네바 요리문답 등을 교과서로 사용하였다.

해설 17

현대 교회 안에서의 교사 제도

웨스트민스터 총회는 보통 '장로교 정치 형태'(The Form of Presbyterian Church Government) 또는 '교회정치 지침서'(The Directory for Church Government)라고 부르는 교회정치조례를 작성했다. 이 문서는 당시 자기네 나라에서 시행하고 있던 정치체제의 경험을 가지고 회의에 참석했던 스코틀랜드 대표들의 영향을 크게 받았다. 웨스트민스터 교회정치조례는 교회의 직분에 있어서 교사 혹은 박사의 직분을 항존직으로 규정하고 있다. 특이한 것은 교사직 역시 목사와 마찬가지로 말씀 사역과 성례전과 권징에 관해 권한을 갖는다고 규정한 점이다. "성경에서 우리는 역시 교사의 직분과 이름을 갖는데, 이들은 말씀의 사역자이고, 목사처럼 성례와 권징을 시행하는 권한을 갖는다(In the Scripture, we have also the name and title of teacher, who is a minister of the word, and hath power of administration of the sacraments and disciplines, as well as the pastor.)." 이것은 칼빈이 기독교강요에서 교사의 직무를 목사의 직무와 다르게 구별한 것과는 달리 한 걸음 더 진보한 것이라 할 수 있다.

하지만, 현실적으로 교사의 직분을 제대로 실천하고 있는 교단은 거의 없는 것 같다. 대부분의 교단과 교회들은 목사와 장로와 집사 이 세 직분 체제로 운영되고 있는 실정이다. 미국개혁교회(RCA)는 다른 교단들과는 달리, 제네바에서 칼빈이 최초로 제정하고, 웨스트민스터 교회정치조례에서도 규정한 교사의 직분을 항존직에 포함시키는 바, '네 직분 체제'(목사, 교사, 장로, 집사)를 아직도 유지하고 있는 특별한 교단인 것으로 알려져 있다.

해설 18

올바른 예배와 찬송의 개혁

교회 법령은 예배 문제도 다룬다. 칼빈은 기독교강요 4권 10장에서 그릇된 예배의 세 가지 유형을 소개하였다. 첫째는, 사람의 생각을 가르치는 예배이다(24절). 이는 하나님의 말씀이 아닌 사람의 계명을 가르치는 예배(마 15:9; 사 29:13-14)요, 사람의 유전과 세상의 초등학문을 가르치는 예배(골 2:4-8)로서, 하나님의 말씀을 빙자하여 실질적으로 그 시대의 정신과 민족적 전통, 또는 교파적 전통(장로의 유전) 등 인간의 생각을 가르치는 왜곡된 예배이다. 그는 특별히 골로새서 2장 23절의 '자의적 숭배'를 가장 전형적인 그릇된 예배로 규정하였다. 그들은 혹독한 금욕주의를 실천하는 등의 철저한 종교성을 보여주었지만, 그것이 전혀 주님의 명령이 아니라 스스로 만든 종교성이었다. 자기의 종교성과 영성을 만족시키기 위해서 추구하는 종교적 노력과 예배행위는 그것이 아무리 철저하고 인간적으로 존경스럽다 할지라도 하나님께는 그릇된 예배인 것이다.

둘째는, 바리새인의 예배이다(26절). 칼빈은 '바리새인의 누룩'(마 16:6; 23:3)을 조심하라고 경계하신 예수님의 말씀을 상기시키면서, 율법의 해석자로서 모세의 자리에 앉아 권위를 주장하며 무리한 실천을 강요하고, 스스로 본을 보이지 않으면서 지식만 팔고 있는 삯꾼이 인도하는 예배가 바로 그릇된 예배라고 규정한다. 예배를 좌우하는 것은 예배 인도자라는 점에서, 이와 같은 지적은 아주 중요하다. 하나님을 두려워하거나 경배하는 모습이 드러나지 않고 단지 형식과 지식에 치중하는 차가운 죽은 정통의 예배가 여기에 속한다.

셋째는, 연극적 예배이다(29절). 분위기와 의식은 우아하고 화려하며 음악과 설교는 장엄한 듯이 보이지만, 인도자는 연극 배우와 같은 연기에 치중하여 신의식과 외경심이 결여되어, 순전히 인간에게 초점을 맞춘 멋있는 예배이다. 교인들은 예배를 즐기지만, 하나님께 대한 진지한 경외심은 어디에도 없다. 정열적이고 감성적인 예배이지만, 연극을 관람하거나 음악회에 참석하거나 감동적인 영화나 드라마를 보거나 또는 명강의를 듣는 것과 별반 차이가 없다. 특히 현대에 들어와 이런 유의 연극적 예배는 '찬양과 경배'라는 이름하에 진행되는데, 사실상 이때의 찬송은 거의 쇼와 마찬가지가 되어 버렸다.

칼빈은 이러한 거짓 예배를 교회에서 정화하기 위하여 성상 철거, 미신 타파, 음악의 우상화 철폐를 단행하면서, 단순한 성경적 예배로의 복귀에 혼신의 노력을 기울였다. 이에 따라 말씀을 강조하고, 예배자가 이해할 수 있는 서민적 언어를 사용함으로써 경건하고 순수한 영적 예배가 되게 했고, 예배 전체를 통하여 하나님의 영광을 드러내기에 최선을 다하였다. 하지만 현대 교회는 이러한 칼빈의 전통을 떠난 지 이미 오랜 경향을 보여주고 있다. 특별히 사적인 찬송이 남발하게 되어 찬송의 우상화는 심각한 수준에 이르렀다.

렉 바로우(Reg Barrow)의 '성경과 역사에서의 시편 찬송'(*Psalm singing in scripture & history*)에 의하면, 라오디게아 공의회(The Synod of Laodicea, A.D. 343)와 칼케돈 공의회(the Council of Chalcedon, A.D. 451) 때부터 이미 사적인 찬송을 금지하는 결의를 해야 할 정도로 이 문제가 심각했다는 것을 보게 된다. 칼빈은 교부들의 시대와 교회사에 관한 학식이 출중했던 사람으로서 당시의 예배 찬송의 혼란

문제에 대해서 잘 알고 있었고, 이것이 로마 카톨릭 시대를 거치면서 아예 상식(?)으로 자리잡은 폐해를 파악했기 때문에 이런 일련의 개혁 진리를 가르칠 수 있었다.

윌리암슨(G. I. Williamson)은 말하기를, "두 번째로 주목해야 할 일은 영감 받지 않은 찬송이 처음 등장한 것은 정통교회에서가 아니라 이단집단 중에서이다. … 만일 최초부터 교회가 영감 받지 않은 찬송을 짓고 부르도록 사도들로부터 권위를 부여 받았다면 그런 일이 이루어졌을 것이라고 예상된다. 그러나 그렇지 않았다. 그런 일은 오히려 처음 나타났던 믿음을 떠난 사람들 사이에서 이루어졌다"(G. I. Williamson, The Singing of Psalms in the Worship of God, 1994, pp. 16-17.).

또한 부셀도 덧붙여 말하기를, "9세기에도 순수한 시편 찬송을 지지하는 초기 공의회들에 주의를 환기시킨 사실들을 발견한다"고 했다(Bushell, Songs of Zion, p. 125.).

해설 19

칼빈의 '기도 형식'에서의 예배 순서

1542년 칼빈은 공예배의 구성에 관해 두 권의 저서를 발표했다. '고대교회의 관습에 따른 성례 집행과 혼인 예식의 방법을 포함한 교회 찬송과 기도 형식'(이것은 1545년에 새로운 판으로 출판되었다)과 또 다른 한 권은 '방법'(La Manyere)으로 시작하는 다른 제목으로 출간되었다. 이번 판은 무엇보다도 십계명이 두 부분으로 나뉘어 불려진 점과 사도신경이 음악으로 만들어졌다는 차이점이 있다. 이 유사한 두 권의 저서를 통하여 칼빈은 공예배의 중요한 세 가지 요소에 대해 말한다. 설교와 기도, 그리고 성례의 시행이다.

"라틴어가 아닌 일상 언어가 사용되어야 하며 음악은 하나님의 선물로 공예배에 적합하다. 하지만 예배의 분위기에 맞게 조정되어야 한다."

주일 예배를 위해 칼빈이 제시한 예식의 순서는 중보기도에 상당한 비중을 두고 있다. 또한 그는 특별한 평일의 예배 예식의 순서를 만들었는데, 이 예식에서는 전염병과 전쟁 등과 같은 환경에 대한 기도를 강조한다. '기도 형식'(La Forme des prieres)에서 제시되고 있는 일요일 예배 순서는 다음과 같다.

- 기원(예배에로의 부르심)
- 고백과 기도

- 용서에 대한 확신
- 찬송(십계명의 첫 번째 돌판의 노래)
- 순종을 위한 기도
- 찬송(십계명의 두 번째 돌판을 노래하며, 목사는 강단으로 나아간다)
- 기도(주기도문으로 끝마친다)
- 찬송
- 기도(성령의 조명을 기원한다)
- 성경 봉독
- 설교
- 기도(중보기도 포함)
- 주기도문에 대한 설명
- 찬송
- 축도(민 6:24-26)

세례는 보통 주일 오후 예배나 평일 예배의 설교 후에 베풀어졌다. 역시 설교 뒤에 이어진 주의 만찬은 예식이 거행되기 이전 주일에 미리 다가오는 예식을 알려 준비하게 했는데, 이에 따라 아이들은 적절한 교육을 받아 신앙고백을 해야만 성찬에 참여할 수 있었다. 목사들이 예식을 준비하는 동안 성도들은 사도신경을 찬송하면서 마음의 준비를 갖춘다.

해설 20

시편 찬송과 바른 예배에 대해서

불과 20-30년 전에 소위 '복음 성가'라는 인본주의적이며 알미니안주의적인 음악이 교회의 공예배에 들어오는 현상이 일기 시작할 때, 뜻있는 이들은 걱정과 한숨을 쉴 수밖에 없었다. 그런데 이제는 한술 더 떠서 '찬양과 경배' 혹은 '열린 예배'라는 명분 하에, 젊은이들을 중심으로 온갖 악기를 동원하여 거의 오락에 가까운 노래를 '찬송'이라고 미화시키는 것이 마치 유행병처럼 번지고 있다. 이러한 현상은 역사 속에서 개혁된 교회가 물려받은 경건한 유산과는 어울리지 않는다. 개혁된 교회는 처음부터 성경이 가르치는 찬송은 어떤 것이어야 하는가를 잘 깨달아 알고 있었고, 따라서 진정으로 하나님께서 기쁘게 받으시는 찬송이라고 분별한 '시편 찬송'을 제작하여 하나님께 예배를 드렸다.

칼빈은 제네바에서 첫 사역을 시작하자 마자, '제네바 교회 조직과 예배에 관한 제안서'를 통하여, 모든 교회들이 예배에서 '시편을 찬송할 것'을 의회에 요구하였다. 그러나 아쉽게도 제네바 교회에서 시편 찬송이 구체적으로 어떻게 실시되었는지에 대해서 알려주는 기록은 남아 있지 않다.

이후 의회가 베른(Bern)으로부터 접수한 예배 시행규칙을 따르고자 했을 때, 이를 거부한 이유로 한 때 칼빈과 파렐이 제네바로부터 추방되었다(1538년 4월 23일). 칼빈은 즉시 베른을 방문하였는데, 당시 그곳에서는 시편 찬송이 보편적으로 사용되고 있었다. 얼마 후 칼빈은 때마침 종교회의가 열리고 있던 취리히를 방문하게 된다. 이곳에서 칼빈은 탄원서를 제출하면서 시편송을 제안하고 세속 노래를 금지하자고 제안하였다(4월 29일). 그것에는 칼빈이 제네바로 돌아가고 싶은 마음에 따라 그들의 요구를 허용하는 14개의 조건도 들어있었다. 그들은 자신들이 너무 엄격했다는 것을 인정했고, 그동안 논쟁의 대상이 되었던 여러 가지 실천 규정에 대해 기꺼이 양보할 뜻을 나타냈다. 그러나 그들이 확고하게 양보하지 않았던 것이 몇 가지 있었다. "… 더 자주 성만찬을 시행해야 한다. … 그리고 공예배의 한 부분으로 시편 찬송을 규정해야 한다."

훗날 이 내용이 회의록에 기록되어 제네바 의회에 전달됨으로써, 이 일은 결과적으로 이후 칼빈이 제네바의 재초청을 받아들였을 때 자신의 개혁을 지속할 수 있는 기반을 구축하는 계기가 되기도 하였다. 동년 가을에 칼빈은 스트라스부르크의 프랑스 난민 교회를 맡게 되었는데(1538년 9월), 여기서 클레망 마로와 같은 유명한 작곡가를 만나 함께 시편에 곡을 붙이는 작업을 하였다. 시편 25편과 46편 및 기타 몇 편의 시편에 운문번역으로 곡을 붙이는 작업에 착수했고, 십계명과 시므온의 찬송, 그리고 사도신경에도 운을 붙였다.

이렇게 해서 마침내 칼빈의 스트라스부르크판 시편 찬송이 발행되었다. 이 1539년판 시편송은 칼빈이 다시 제네바에서 목회하던 1542년에 '제네바의 기도와 찬송의 양식'에도 채용되었으며, 1562년에 최종적으로 완성된 '제네바 시편 찬송가'가 나오게 되었다. 세월이 지나도 칼빈은 계속 제네바에서의 공예배 시에는 시편(아카펠라)만 부르도록 주장했고, 그 전통을 수립했으며 충실하게 시행했다.

1618-19년에 도르트 총회는 교회 헌법 69항에서 다윗의 시편 150편만이 교회 안의 유일한 찬송이 되어야 한다는 내용을 포함시켰다. 그리고 다른 노래, 예를 들면 아침과 저녁의 찬송, 십계명, 마리아의 노래, 스가랴의 노래 등을 시편 찬송가에 포함시켰다. 그 이후 예배에서 찬송(hymn)은 부르지 말고 오직 시편 찬송만을 사용해야 한다는 것이 논쟁을 불러일으키게 되었다. 네덜란드에서 국가 교회로부터 분리될 때, 1834년에 압쉘딩의 지도자들은 오직 시편만을 찬송해야 한다고 지지했다.

미국에서도 미국 개혁교회(Reformed Church of America, RCA)에서 기독 개혁교회(Christian Reformed Church, CRC)가 분리되어 나올 때 이들은 시편 찬송만

을 부르도록 결정했다. 미국 개혁교회는 예배 중 다른 찬송 부르는 것을 허용했고, 기독개혁교회는 그것을 원치 않았다. 예배 시간에 시편만을 찬송해야 한다는 원칙을 여전히 지지하고 있는 개혁교회들과 장로교회들은 그 사실을 자랑스럽게 여기면서 훌륭한 유산을 소유하고 있음을 자부하고 있다.

영국과 스코틀랜드 시편 찬송 연구는 '웨스트민스터 회의'의 신앙고백서를 언급하지 않고는 충분치 못하다. 웨스트민스터 신앙고백의 권위에 아직도 순종하는 소수의 장로교회들이 있지만, 그들조차 더 이상 시편 찬송을 부르지 않고 있다. 이런 시점에서 웨스트민스터 신앙고백에는 예배에서 시편 찬송만을 인정했다는 것을 주지시킬 필요가 있다.

사실상, 웨스트민스터 회의 문서 어디를 살펴보아도 영감받지 않은 '찬송'이 예배 노래로 적당한가에 대해서는 그 회의에서 논의되었다는 말조차 없다. 단지 중요한 논의는 시편 찬송시에 노랫말을 한 줄 한 줄 미리 읊을 것인지와 시편 찬송책을 루스판으로 할 것인지, 바톤의 번역판으로 할 것인지에 관한 것뿐이었다. 그러므로 (공예배에 관한 한) 시편 찬송만 부르는 전통을 고수하지 않는다면 웨스트민스터 신앙고백의 정신을 위반할 뿐 아니라 그 내용 자체도 필연적으로 거부하는 것이 된다.

웨스트민스터 신앙고백 21장은 '예배와 안식일'이라는 제목의 장인데 5절에 보면 이렇게 고백하는 내용이 나온다.

"경건한 마음으로 성경을 읽는 것과(행 15:21; 계 1:3), 흠 없는 설교와(딤후 4:2), 하나님께 순종하여 사려 분별과 믿음과 경외심을 가지고 하나님의 말씀을 정성껏 듣는 것과(약 1:22; 행 10:33; 마 13:19; 히 4:2; 사 66:2), 마음에 은혜로 시편을 노래하는 것과(골 3:16; 엡 5:19; 약 5:13), 그리스도께서 정하신 성례를 합당하게 집행하고 값있게 받는 것은 하나님께 드리는 통상적인 종교적 예배의 모든 요소들이다(마 28:19; 고전 11:23-29; 행 2:42). ··· 특별한 경우에 드리는 감사 등(시 107; 에 9:22)은 몇 차례 적당한 시기에 거룩하고 종교적인 방식으로 실시할 것이다(히 12:28)."

이렇게 웨스트민스터 신앙고백은 예배시에 '시편으로 찬송하라'고 명확하게 규정했다. 여기에 덧붙여 웨스트민스터 회의가 작성한 '예배 모범'도 참고할 필요가 있다.

"하나님을 공적으로 찬송하는 것은 그리스도인의 의무이다. 회중에서 함께, 또 개인적으로 가정에서 시편을 찬송할 것이다. 시편을 찬송하는 데 있어서 목소리는 곡조에 맞게 엄숙하게 낼 것이다. 그러나 제일 조심할 것은 이해를 가지고 마음에 은혜를 품고서 주님께 찬송을 드려야 한다는 것이다. 온 회중이 다 함께 불러야 하므로 읽을 수 있는 자는 다 시편책을 가질 것이요, 다른 사람들도 나이나 다른 조건으로 불능이 되지 않는 한 읽는 법을 배우라고 권면할 것이다. 그러나 현재로는 회중의 많은 사람들이 읽지 못하므로 목사나 또는 다른 당회원이 임명한 적합한 사람이 시편을 한 줄씩 노래하기 전에 읽어 줄 것이다."

이렇게 웨스트민스터 신앙고백은 '예배 모범'을 통하여 공예배시에 어떠한 찬송을, 어떻게 불러야 할 것인가를 정확하게 명시했다. 이렇게 볼 때 한결 같이 웨스트민스터 신앙고백을 따른다고 하면서, 정작 음악 예배니 뭐니 하는 이상한 짓(?)을 하는 현대 교회의 현실을 보면 참으로 딱하기 그지 없다. 특별히 교회의 개혁이란 예배의 회복에서 완성에 이른다는 점을 고려할 때, 문제는 참으로 심각하다. 당시 웨스트민스터 회의 참석자들은 그들이 작성한 모든 내용을 의회에 보내 인증을 받아야 했는데, 그 내용을 보면 사람이 만든 찬송에 대해서는 아무 것도 논의된 것이 없고, 시편 찬송에 대한 기록이 대부분이었다. 주로 논의된 것은 올바른 시편 찬송책을 제작하는 문제에 대한 것이었다.

시편 찬송은 '청교도의 흔적'이라고 일컬어져 왔다. 영국의 청교도들은 칼빈주의자였으며 합당한 예배 찬송은 오직 시편 찬송뿐이라는 단호한 견해를 가지고 있었다. 이것은 칼빈의 신념이었으며 제네바에서는 설교 전후에 운율을 붙인 시편을 노래하는 것이 일반적으로 행해졌다. 칼빈주의적 유산은 바로 '시편 찬송 유산'이요, 따라서 이 유산을 버리기로 결정한 현 시점에서 보건데 현대 개혁교회의 예배 형태는 더이상 칼빈주의적이지 않은 것이다.

1662년 8월 24일 영국에서 중요한 사건이 발생하게 된다. 그것은 찰스 2세의 교회 통일령에 동의하지 않는 2,257명에 달하는 목사들이 무더기로 면직된 사건이다. 목사들은 더이상 설교할 수 없게 되었는데, 이로 인해 야기된 중요한 문제는, 첫째, 웨스트민스터 총회에 의해서 공인되고, 당시 1662년까지 무려 제8판까지 발행된 저 유명한 존 왈리스(John Wallis)의 '웨스트민스터 소요리문답 해설서'를 가지고 더이상 아이들을 가르칠 수 없게 되었다는 것이고, 둘째, 더 심각한 것은 청교도 목사들의 활동 금지로 말미암아 교회는 더 이상 청교도들의 상징인 '시편 찬송'을 예배시에 부를 수 없게 되었다는 점이다. 이후 1688년까지 무려 18,000여 명에 달하는 개혁장로교인들이 사형을 당하거나 유배되는 엄청난 박해가 뒤따랐는데, 하지만 그들은 죽기까지 '시편 찬송'을 부르면서 저항했다. 이렇게 시편송은 피와 생명을 바치는 순교로써 사수한 예배용 찬송가이다. 하지만 오늘날 성도들은 아예 그런 역사가 있었다는 사실조차도 모르고 있으니 참으로 안타까운 노릇이다.

개혁신앙의 산실: 제네바 교회

제7장
목사회와 치리법원
The Venerable Company and the Consistory

제7장
목사회와 치리법원
The Venerable Company and the Consistory

제네바 교회는 교회의 치리를 받는다는 조건하에 세례를 받고 신앙을 고백하는 모든 사람들로 구성되었다. 칼빈의 시대에 제네바 교회는 균형 잡힌 신조를 지녔으며, 카톨릭주의자와 분파주의자는 제외시켰다. 교회는 목사회와 치리 법원이 대표했고 두 기관이 성도들을 다스렸다.

1. 목사회(Venerable Company)는 순전히 성직자들로 구성된 기구로, 제네바 시와 인근 지역의 모든 목사들이 구성원을 형성했다. 이들은 어떠한 정치적인 힘은 지니지 않았다. 목사회는 엄격하게 교회적인 모든 업무들, 특별히 교육이나 자격 부여와 임명, 그리고 복음을 맡은 목회자들의 임직과 관련하여 일반적인 감독권을 발휘했다. 하지만 최종적으로 목회자의 임관을 위해서는 세속 정부와 회중의 동의가 필요하였다. 따라서 목사들과 회중이 상호 긴밀하게 협력하였다.

2. 치리 법원(Consistory) 혹은 장로회(Presbytery)는 성직자와 일반 신도

로 혼성된 기구로서, 목사회보다 더 크고 더 영향력이 있었다. 이것은 교회와 국가가 연합했다는 의미를 나타낸다. 칼빈 당시에 이 치리 법원은 5명의 제네바 시 목사와 12명의 원로 혹은 장로로 구성되었는데, 장로들 가운데 2명은 60인 의회에서, 10명은 200인 의회에서 선출되었다. 따라서 일반 신도가 다수였다. 성직자들은 비교적 고정되었지만 장로들은 성직자들의 영향하에서 해마다 새로이 선출되었다. 한 사람의 행정장관이 이 조직의 수석을 맡았다. 칼빈은 결코 이 모임을 주재하지 않았지만, 사실상 자신의 뛰어난 지성과 판단력으로 중요한 진행 과정을 좌우하였다.[1]

치리 법원은 교회 법령이 채택된 후 즉시 시행되었으며, 매주 목요일에 열렸다. 모임에 대한 기록 작업은 1542년 2월 16일에 열렸던 10번째 모임부터 시작되었다.

치리 법원의 의무는 치리권을 유지하고 행사하는 것이었다. 각 가정은 매년 목회자와 장로들의 방문을 받았다. 이 체제의 운영을 촉진시키기 위하여 제네바 시는 성 베드로 교구, 닥달렌 교구, 성 제르베 교구 등의 세 교구로 분리되었다. 칼빈은 성 베드로 교구를 주관했다.

치리 법원의 재판을 주관한 치리 법정(Consistorial Court)은 제네바 교회 안에서 통제권을 행사하였다. 따라서 이것은 일종의 종교 재판소 혹은 불공평한 법정으로 잘못 인식되어 왔다. 하지만 치리 법정은 오로지 영적인 감만을 사용하였고, 세속적이고 현세적인 처벌에는 어떠한 관여도 할 수 없었으니, 이런 것들은 오로지 시의회의 권한에 속했다. 그러므로 치리 법정의 기록에는 사법적 관련자인 그루에(Gruet), 볼섹(Bolsec), 세르베투스(Servetus) 등의 이름은 나타나지도 않는다. 칼빈은 취리히의 목회자들에게 편지를 써서 이렇게 말하였다(1553년 11월 26일).

> "치리 법원은 어떠한 세속적인 재판권도 갖지 않으며, 단지 하나님의 말씀에 따라 타이르는 권한만 갖는데, 치리 법원이 시행할 수 있는 가장 가혹한 처벌은 출교입니다."[2]

칼빈은 일반 신도들이 우세하도록 이 조직을 지혜롭게 규정하였다. 처음에 시의회는 바젤과 베른의 예를 따라 치리 법원에 출교권을 부여하는 것을 거부하였다.3 주의 만찬상에서 배제된 사람들은 보통 시의회에 호소하였고, 시의회는 그들을 위해서 중재에 나서거나 또는 그들로 하여금 치리 법원에 사죄할 것을 명하였다. 출교의 영향력에 관해서도 역시 두 기관 사이에 의견 차이가 있었다. 치리 법원은 중한 범죄와 부도덕한 생활로 인해 교회에서 출교당한 자들이 일년간 혹은 그들이 회개하는 때까지 국가로부터 추방시킬 것을 요구하였지만, 시의회는 동의하지 않았다. 칼빈은 자신의 견해를 매번 관철시킬 수는 없었으며, 자신이 폐지할 수 없는 것에 대해서는 참아내는 것을 원칙으로 행동하였다.4 시의회가 치리 법원에 확실한 출교권을 허용했던 것은 1555년 칼빈이 자유파들을 상대로 최종적으로 승리를 거둔 이후였다.5

이러한 사실로부터 우리는 칼빈을 비난하기 위한 의도로 그를 '제네바의 교황'(Pope of Geneva)이라고 불렀던 사실에 대해 바르게 판단할 수 있을 것이다. 만약 그러한 비방이 사실과 다르지 않다고 볼 때, 이는 오히려 칼빈의 천재성과 신앙적인 성품에 대한 사실상의 찬사이다. 왜냐하면 그는 어떠한 세속적인 기반도 지니지 못했으며, 사적인 유익이나 목적을 위해서는 자신의 영향력을 결코 사용하지 않았기 때문이다. 제네바인들은 칼빈을 너무도 잘 알았고 따라서 자유로운 마음으로 그에게 순종하였던 것이다.

주)
1. "칼빈이 이 조직의 의장은 아니었지만, 모임의 핵심이었다는 것은 당연한 말이다"(도비네, VII. 120.).
2. *Opera*, XIV. 675: "Nulla in Consistorio civilis jurisdictio, sed tantum reprehensiones ex Verbo Domini: ultima vero poena, excommunicatio."
3. Roget가 인용한 1543년 3월 19일, 60인 의회 기록(p.37). 베른 정부는 한 달 전에 출교권을 로잔의 목사들에게 주는 것을 무조건적으로 거절하였다(Ruchat, V. 211.).
4. 칼빈이 자신의 한 편지에서 이렇게 말한다. *"Tolero quod tollere non licet."*
5. Roget, p.67.

적용과 실천을 위한 점검과 질문

'목사회와 치리법원'에 대하여

1. 칼빈은 무슨 목적으로 제네바 교회에 목사회를 도입했습니까? 오늘날 시찰회와 노회는 어느 정도로 이와 유사하게 운영되고 있습니까?

2. 제네바에서 치리 법원의 의무는 무엇이었습니까? 오늘날 현대 교회의 장로회는 이와 같은 기능을 온전히 수행하고 있습니까?

3. 치리 법원이 내릴 수 있었던 가장 엄격한 처벌은 출교이고, 이것은 신자에게는 사망 선고와도 같았습니다. 왜 그렇습니까?

4. 제네바 교회의 목사회와 치리 법원의 기능은 현대 교회 안에서도 제대로 재현되고 있습니까, 아닙니까? 아니라면, 그 이유는 무엇이라고 생각하십니까?

5. 현대 사회의 특징으로 이혼의 급증을 들 수 있습니다. 만일 현대 교회가 성경을 엄격히 적용하여, '간음'과 '복음에 대한 핍박' 이외의 이유로 이혼하는 가정에게 엄격한 치리를 시행할 경우 예상되는 모습은 어떻다고 생각하십니까? 이런 엄격한 치리 시행이 가능합니까, 불가능합니까? 왜 그렇습니까?

제7장 | 목사회와 치리법원 · 175

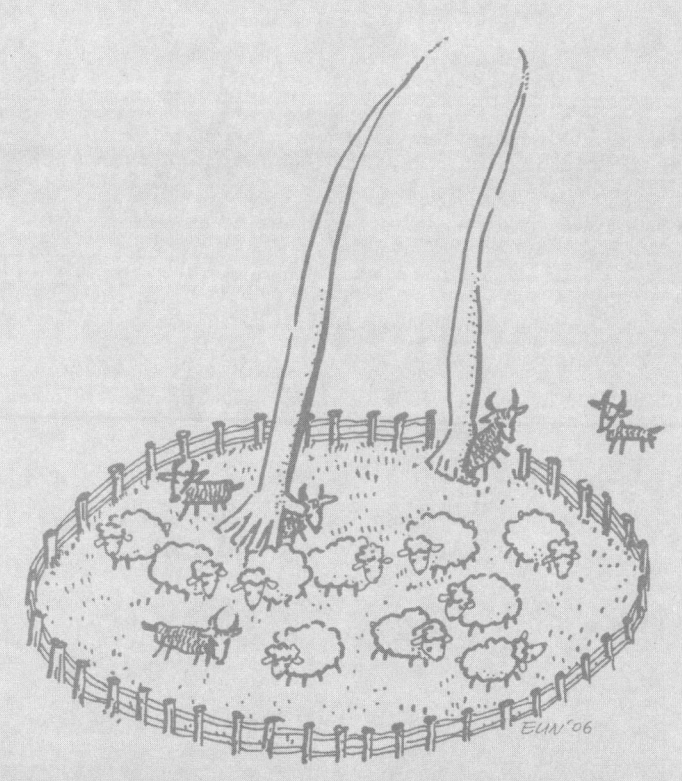

개혁신앙의 산실: 제네바 교회

제8장
칼빈의 치리론
Calvin's Theory of Discipline

칼빈의 기독교강요 분석
- 4권 12장 -
"교회의 치리"

칼빈의 치리론
Calvin's Theory of Discipline

치리는 칼빈의 교회 정치 체계에서 너무나 중요한 요소이기 때문에, 더욱 상세하게 검토할 필요가 있다. 처음에 치리 문제 때문에 칼빈은 제네바에서 추방되어야 했지만, 스트라스부르크에서는 이로 인해 프랑스 이민 교회가 번성할 수 있었던 기반이었으며, 그가 다시 제네바의 청빙을 받게 된 주요 이유이자 그가 이 청빙을 수락한 조건이 바로 이 치리 문제였다. 칼빈의 전 생애를 통한 투쟁과 승리였으며 오늘날까지도 영향을 미치고 있는 그의 도덕적인 영향력의 핵심 비밀이 바로 이 치리이다. 칼빈의 엄격한 치리는 그의 엄격한 신조에 기초를 두었는데, 이것은 영웅적인 프랑스인, 네덜란드인, 영국인, 스코틀랜드인, 그리고 보다 넓은 의미에서 엄격한 칼빈주의자들인 미국의 청교도들을 길러냈다. 이처럼 엄격한 칼빈의 치리는 시련과 박해를 감당하도록 그들을 단련시켰다.

칼빈의 엄중한 치리 체계가 지금은 제네바, 스코틀랜드, 그리고 뉴잉글랜드에서조차도 사라져버렸지만, 그 결과는 유럽과 아메리카의 개혁과 교회를 특징짓는 자치의 힘, 조직화의 능력, 질서와 실천적인 유효성 속에 아직도 남아 있다.

칼빈의 원대한 목표는 인간의 연약함이 허용하는 한도 내에서 최대한 교회의 순수성과 거룩성을 실현하려는 것이었다. 그는 바울이 에베소서 5장 27절에서 에베소 교인들에게 말하고 있는 '티나 주름잡힌 것이나 이런 것들이 없이 거룩하고 흠이 없는 교회'라는 이상을 지속적으로 추구했다. 그는 모든 기독교인들이 자신이 스스로 고백한 신앙고백에 일치가 되고, 자신의 신앙을 선행으로써 드러내 보여주고, 하늘에 계신 아버지께서 완전하신 것처럼 그렇게 완전해지는 일에 부단히 노력해 줄 것을 소원했다. 칼빈은 전체 공동체 속에서 이 장엄한 사상을 적절하게 시도하고 실현했다는 차원에서는 개혁자들 중에서 유일한 개혁자였다.

루터는 복음을 설교하는 것만으로도 사람에게서 모든 필요한 변화를 가져올 수 있다고 생각했지만, 자신의 생애 말년에 이르러서는 비텐베르크 학생들과 시민들의 방종한 태도를 보면서 심히 불평할 수밖에 없었으며, 그것에 너무 실망하여 아예 그 도시를 떠나는 것까지도 심각하게 고려했다.[1]

칼빈은 교회(edification)의 완전을 추구하는 것이야말로 신자들이 끊임없이 추구해야 할 의무라는 것에 대해 너무도 잘 알았지만, 이것은 이 세상이라고 하는 한계 내에서는 그 실현이 불완전할 수밖에 없다는 사실도 잘 알았다. 따라서 그는 교회의 완전한 순수성을 꿈꾸었던 도나티스파(Donatists)〈해설 21〉의 몽상을 반박하기 위하여 자주 어거스틴을 인용하였다. 또한 당시의 재세례파들도 마찬가지로 '천사와도 같은 완전이 모든 면에서 두드러지지 않는 한 그리스도께 속한 교회로 인정하지 않았으므로, 결국 열심을 빙자하여 모든 교회를 파괴하는 자들'에 불과할 뿐이었다. 그는 다음과 같은 어거스틴의 의견에 동의한다.

> "분열에 대한 계획들이란 해롭고 신성모독적인데 이는 그것들이 교만과 불경건에서 나와서는, 뻔뻔스럽고 사악한 자들을 교정해주는 것이 아니라 반대로 연약하고 선한 자들을 어지럽히기 때문이다."

칼빈은 모든 종류의 물고기를 잡은 그물의 비유(마 13:47)에 대한 해석에서 다음과 같이 주석하고 있다.

"이 땅에 있는 동안 교회는 선과 악으로 섞여 있고 온갖 불순한 것으로부터 결코 자유로울 수 없을 것이다 …. 비록 질서의 하나님이신 바로 그 하나님께서 우리에게 권징을 행하라고 명령하셨을지라도, 그분은 마지막 날에 자신의 나라를 완전하게 이루실 때까지 어느 기간 동안 위선자들이 믿는 자들 속에 자리잡고 있는 것을 허용하신다. 그러나 이렇게 비록 그리스도께서 양으로부터 염소를 분리하실 때까지 교회가 모든 흠과 더러움으로부터 자유로울 수는 없을지라도, 우리는 악덕을 교정하고 불순한 것들로부터 교회를 정화하려는 노력을 반드시 기울여야만 한다."[2]

칼빈은 기독교강요 제4권 12장에서 치리의 주제를 논한다. 그의 견해는 건전하고 성경적이다. 그는 서두 부분을 이렇게 시작한다.

"치리가 없이도 본래의 상태로 잘 보존될 수 있는 사회나 가정은 하나도 없다. 교회는 모든 측면에서 가장 질서 있는 사회가 되어야만 한다. 그리스도의 구원하시는 교리가 교회의 영혼이 되는 것처럼, 그렇게 치리는 각 구성원을 서로 연결시키고 각자를 적절한 위치에 유지시켜주는 신경과 힘줄의 역할을 한다. 치리는 그리스도의 교리에 저항하는 고집 센 자들을 말의 굴레처럼 제어하는 역할을 하며, 게으른 자들에 대해서는 자극하는 박차와 같은 역할을 하고, 때로는 잘못된 길로 빠진 자들에게는 그리스도의 자비와 온화한 정신으로 징벌하는 아버지의 회초리와도 같은 역할을 한다. 치리는 교회가 끔찍한 황폐에 빠지지 않도록 대비하는 유일한 방책이다."

칼빈이 당대의 로마 카톨릭에 맞섰던 주요 문제 가운데 하나는 교회의 규범들이 끊임없이 위반되고 있음에도 전혀 치리가 시행되지 않는다는 것이었다. 그는 기독교강요에서 어떠한 반대도 두려워하지 않고 이 사실을 단호하게 주장한다.

"만약 옛적 교회법에 따라 이들의 행동에 판결을 가한다면, 출교되거나 혹은 줄잡아 말해도 모든 로마 주교가 직위에서 파면되어야 하며, 교구를 맡고 있는 성직자들 중에서는 자격이 되는 자가 100명 중에 겨우 1명도 될까 말까이다"(Inst. 4.5.14).[3]

칼빈은 신자들과 성직자들에 대한 치리를 상호 구별하였다.[4]

1. 교회원들에 대한 치리로는 세 단계가 있어서, 먼저 개인적으로 권면을 하고, 두 번째로는 증인들이나 교회 앞에서 권면을 하며, 그럼에도 불구하고 받아들이지 않을 경우에는 주의 만찬으로부터 축출하게 된다. 이러한 치리 방식은 그리스도의 규범을 따른 것이다(마 18:15-17).

이때 치리의 목적은 세 가지이다. 교회를 오염과 신성모독으로부터 보호하고, 개인 지체들이 사악한 자들과 계속된 접촉으로부터 받는 파괴적인 영향력으로부터 이들을 보호하며, 이러한 과정 속에서 범죄자가 도움을 얻어 신실한 자들과의 교제가 회복되게 하는 회개를 가져오는 것이다.

출교가 시행되고 이후 출교된 자들이 복원된 모습은 바울에 의해 고린도에서 범죄했던 자들에게 시행되었으며, 이것은 비교적 교회가 순수했던 때인 옛적 교회에서도 제대로 시행되었다. 그래서 데살로니가에서 대량 살륙을 자행하였던 죄 때문에 심지어 황제의 자리에 있었던 테오도시우스(Theodosius)조차도 밀라노의 주교 암브로스(Ambrose)에 의해 성찬에서 배제되는 징계에 처해졌다〈해설 22〉.

칼빈은 신실치 못한 사제들의 묵인에 의한 성찬의 신성모독에 저항했던 크리소스톰의 유명한 경고를 인용한다.

> "당신의 손에 피가 요구될 것이다. 우리는 황제의 홀이나 왕관이나 왕복을 두려워하지 말자. 우리에게는 아주 큰 권세가 있다. 나는 이러한 패역에 참여하기보다는 차라리 내 몸을 포기하여 죽음에 내어주고 피를 흘리는 고통을 받을 것이다."

이처럼 칼빈과 크리소스톰 사이에는 성경 주석가이자 두려움을 모르는 규율에 엄한 사람으로서 무척이나 가까운 유사성이 있다.

출교는 기독교의 신앙고백에 불명예를 초래하는 파렴치한 범죄들, 예를 들어, 간음, 우상숭배, 절도, 강도, 반역, 거짓 맹세, 하나님에 대한 신성모독 등의 죄들에 시행되어야 한다. 출교는 바울에 의해 지적되었듯이, '회중이 인식하고 승인하는 방식으로 진행되어야 하는데, 이는 다수의 사람들이 진행 과정을 관리하게 하기 위해서가 아니라 증인과 감시자로서 참여케 하도록, 또한 소수의 몇몇 사람에 의해 불순한 동기로 시행하지 않도록' 하기 위해서 주교나 목사의 독단이 아니요 반드시 장로들의 모임을 통해 시행되어야 한다. 또한 교회의 이 같은 엄중함은 동시에 반드시 교회의 관대한 정신에 의해 조절되어야만 한다. 왜냐하면 치리를 받았던 사람에 대해 바울이 주의를 주었던 것처럼, '그가 너무 많은 슬픔에 잠기지 않도록' (고후 2:7) 어떠한 방식의 징계에도 항상 극도의 주의가 필요하다. 이는 그렇지 못할 경우 치료를 위해 사용한 약이 오히려 독이 될 수도 있기 때문이다.

합리적인 회개의 증거를 드러내 보이는 죄인은 즉시 회복되어야 한다. 칼빈은 잘못을 범한 사람들을 다시 받아들이기를 거부했던 '고집스러운 과도한 엄격'을 비판한다. 그는 다음과 같은 키프리안의 조치에 찬성한다.

> "우리에게 나아오는 모든 사람들을 위해 우리는 인내와 친절과 온화함을 갖추고 있어야 한다. 본인은 우리의 동료 병사들 모두가 그리스도의 진영으로 모이기를 바라고, 우리의 모든 형제들이 아버지 하나님의 집에 받아들여지기를 바란다. 본인은 모든 것을 용서하고, 많은 것을 덮는다. 본인은 회개와 함께 돌아오는 사람들을 아무 거리낌 없이 진정한 애정으로 맞아들인다."

칼빈은 이렇게 덧붙인다.

> "우리가 교회로부터 추방당한 사람이라고 해서 이들을 택함받은 자의 무리에서 삭제하거나, 또는 이미 잃어버린 자처럼 여겨 이들을 단념하는 것은 아니다. 이들을 교회에 대한 이방인으로, 따라서 그리스도께 대해서도 이방인으로 생각하는 것은 당연하지만, 오직 이들이 축출된 처지에 있는 동안만 그렇다. 그리고 이러한 동안에도 우리는 이들이 장차 더 좋아질 것이라는 소망으로, 이들을 위해 하나님께 기도 드리기를 그치지 말자! 범법자에게 영원한 죽음을 선고하지도 말고, 최악의 인간을 최선의 인간으로 변화시킬 수 있는 하나님의 자비에다 함부로 율법을 처방하지도 말자."

칼빈은 출교(excommunication)와 저주(anathema)를 명확하게 구분한다. 출교는 개선과 복원을 기대하면서 견책하고 벌하는 것이고, 저주는 모든 용서의 가능성을 배제하고, 한 사람을 영원한 멸망에 바치는 것이다. 따라서 저주는 가능한 사용되어서는 안 되며, 적어도 아주 극히 드물어야 한다. 교회의 지체들은 출교를 당한 사람의 교정이 촉진되도록 자신들의 최대한의 능력 안에서 모든 것을 발휘해야만 하고, 그를 적으로서가 아니라 형제로서 권고해야만 한다(고후 2:8).

"만약 이러한 부드러움을 전체 교회에서 뿐만 아니라 개개인의 지체들에게서 찾지 못한다면, 우리의 치리는 급속히 잔인한 행위로 빠져 타락하는 위험에 처하게 될 것이다."

2. 칼빈은 성직자에 대한 치리와 관련하여 어떠한 특권도 인정치 않는다. 목회자들이 세속 사법권으로부터 면제되는 특권을 누리는 것에 반대해서, 이들 역시 일반 신도들처럼 똑같은 처벌에 놓여져야 한다고 생각한 것이다. 이들은 모범을 보여야 하는 지도자이기 때문에 범죄할 경우 오히려 더욱 죄가 무겁다. 그는 당시 로마 카톨릭에서 그처럼 수치스럽게도 무시되었던 고대 교회법, 즉 사냥, 도박, 향연, 고리대금, 상업, 그리고 세속적인 여흥을 금하는 법에 찬성하면서 필요한 부분을 인용한다. 그는 타락한 성직자를 교정하고 심사하기 위해 연례적인 심방을 시행하고 교회 회의를 열 것을 추천한다.

하지만 그는 고대 교회법에 규정된 성직자의 결혼 금지에 대해서는 다음과 같은 이유로 반대한다.

"(성직자의 결혼을 금지하는 법은) 하나님의 말씀과 모든 정의의 원칙에 위배되는 불경건한 독재 행위이다. 교황의 성직자들 가운데 처벌받지 않은 간음 행위가 만연해 있다는 사실에 대해서는 언급할 필요조차 없다. 이들은 자신들의 오염된 독신 생활에 의해 더욱 대담해져서 아예 모든 범죄에 대해 무감각하게 되어버렸다 … 바울은 감독의 덕목 가운데 분명히 결혼도 제시한다. 그러나 이 사람들은 반대로 결혼을 성직자에게는 용인되지 않는 악덕이라고 가르친다

… 그리스도께서는 결혼에 나타난 영광을 기뻐하시면서 자신이 교회와 이루는 신성한 연합의 이미지로 삼으셨다. 결혼의 존귀함에 대한 찬사로 이보다 더 뛰어난 것이 있겠는가? 그리스도의 영적인 은혜의 유사성을 나타내는 이 결혼을 도리어 불순하고 오염된 것이라고 부르는 것은 도대체 무슨 염치인가? … 결혼은 전적으로 명예로운 것이다. 물론 매춘과 간음은 하나님께서 심판하실 것이다(히 13:4). 사도들은 결혼이 어떠한 존귀한 직무에도 부적당한 것이 되지 않으며 오히려 뛰어나다는 것을 스스로 입증하였다. 왜냐하면 바울은 사도들이 자신들의 아내를 얻었을 뿐 아니라 그들을 동반하고 다녔다고 증거하기 때문이다(고전 9:5)."

주)
1. 능력 있는 법률가이고 정치가이자 루터파의 주요 옹호자 중 한 사람으로 유대교에서 개종한 Friederich Julius Stahl은, 비록 자신의 아내가 개혁파였고, 자신의 개종도 Erlangen의 개혁파 교수인 Krafft의 탓으로 돌릴지라도, '다수가 아니라 권위'를 자신의 좌우명으로 삼았는데, 자신의 책 *Die Lutherische Kirche und die Union* (1860)에서 말하기를, '칼빈이 개신교에 하나의 새로운 원칙, 즉 기독교인들의 생활에서의 하나님의 말씀의 충만한 지배에 의한 하나님의 영광' (*die Verherrlichung Gottes durch die wirkliche volle Herrschaft seines Wortes im Leben der Christenheit*)을 도입했다고 한다.
2. Tholuck이 편집한 칼빈의 '복음서들의 조화' (*Harmony of the Gospels*), I. p.II. 21.
3. 칼빈은 같은 장(1절)에서 당시의 주교들이 대부분 성경에 무식했으며, 주정뱅이거나 간음자이거나 도박꾼이거나 사냥꾼이었다고 말한다. "아주 터무니없는 일은 아직 열 살도 채 되지 않은 소년들조차 교황의 허락에 따라 주교로 만들어진다는 것이다." 교황 레오 10세(Leo X) 자신도 8살에 대주교(archbishop)가 되었고, 13살에 추기경 부제(cardinal-deacon)가 되었다. 당시 로마 카톨릭은 이단과 교황에 대해 순종치 않는 것만 빼고는 거의 모든 것에 대해 관용하였는데, 로마 카톨릭의 입장에서는 이 두 가지만이 여타의 다른 도덕적 범죄보다도 더 나빴을 뿐이다.
4. 칼빈은 베드로가 전체 교회를 하나님의 무리($\kappa\lambda\eta\rho o\iota$) 혹은 소유라고 부른(벧전 5:3) 후로, 실수가 일어난 만큼 성직자라는 단어의 사용을 반대한다. 하지만 지금은 편의상 이 용어를 사용하고 있다.

적용과 실천을 위한 점검과 질문

'칼빈의 치리론'에 대하여

1. 교회에 치리 제도가 있어야 하는 중요성에 대해서 논의해 봅시다. 치리의 목적은 무엇이며 구체적으로 어떤 단계를 거쳐 시행되어야 합니까?

2. 오늘날 이와 같은 치리가 시행된 실례가 있습니까? 없다면 그 이유가 무엇이라고 생각하십니까?

3. 치리 제도를 도입하지 않고서도 교회의 정체성 혹은 순결성을 유지하는 것이 가능합니까, 가능하지 않습니까? 각각의 경우 왜 그렇습니까?

4. 현대 교회에 시급히 회복되어야 할 치리 조항들에 대해서 각자 서너가지씩 제시하고, 왜 그런가에 대해서 논의해 봅시다.

5. 교회의 삼대 표식은 무엇입니까? 각각에 대해서 다시한번 그 중요성과 유용성에 대해 복습해 봅시다.
    1) 강단에서 선포되는 말씀은 어느 정도나 성경적입니까?
    2) 세례는 어느 정도나 순수하게 시행되고 있으며, 성찬은 1년에 몇회 정도 시행되고 있습니까?
    3) 교회의 훈련이나 권징에 당신은 어느 정도로 순종합니까?

제8장 | 칼빈의 치리론 · 187

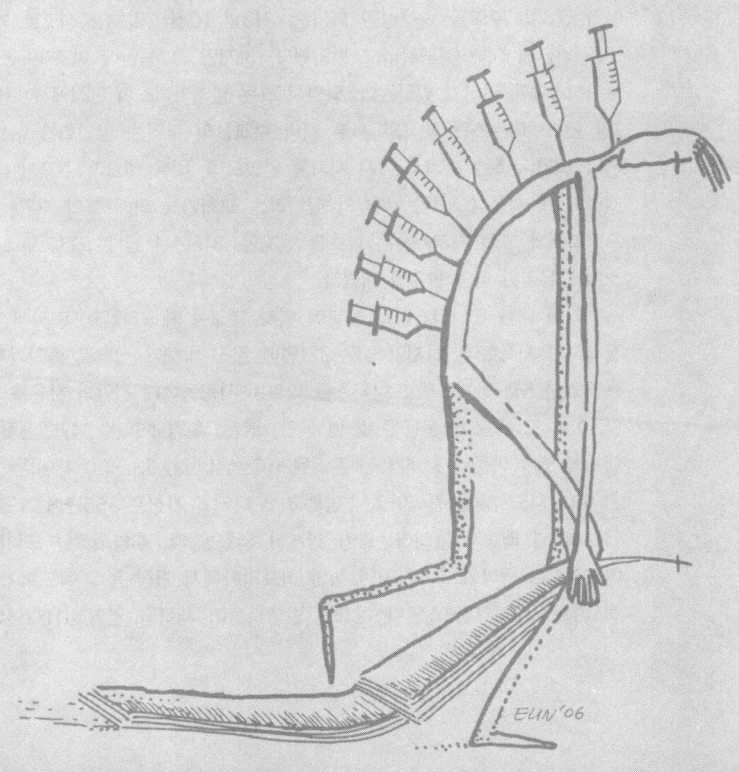

해설 21

도나티스파

　북아프리카에 있었던 기독교 단체이며, 312년 칼타고의 주교로 카이실리아누스를 선출한 데서 발생한 문제 때문에 카톨릭에서 갈라져 나온 교파로 그 이름은 지도자 도나티스(355년경 사망)의 이름에서 비롯되었다. 당시 카이실리아누스는 311년에 주교로 선출되었으나, 303년부터 시작된 황제 디오클레티아누스(Diocletianus, 284-305 재위)의 기독교 박해 때, 성경을 내팽개친 주교에게서 서품을 받았다는 이유로 많은 사람들로부터 반대를 받았다(혹은 그가 배교자들을 너무 쉽게 용서하고 중요한 성직에 임명했기 때문이라는 주장도 있다). 칼타고 주교 서품권을 40년간이나 가지고 있었던 누미디아의 수석 주교인 세쿤두스(Secundus)는 70명의 주교들과 함께 칼타고에 와서 카이실리아누스의 선출이 무효라고 선언했고, 독경사 마조리누스를 카이실리아누스 자리에 앉혔다.

　제국의 평화를 추구하던 콘스탄티누스 대제는 이 다툼을 중재하도록 명령했는데, 이에 따라 로마의 32대 주교 멜키아데스(Melchiades, 311-14 재위)의 주재로 이탈리아와 갈리아 주교들로 구성된 회의는, 313년 10월 2일 최종적으로 카이실리아누스가 모든 비난에 대해 결백하다고 판단했다. 하지만 그 동안에 마조리누스의 자리는 다시 도나티스에게 넘어가 있었는데, 당연히 그는 멜키아데스의 판정에 반대했다. 314년 8월 1일 콘스탄티누스는 제국의 서부 지역 주교들이 모이는 공의회를 아를에서 소집했다. 카이실리아누스는 여기서 다시 지지를 얻으며, 비록 배교자 주교가 내린 서품이라 하더라도 그 서품식 자체는 무효가 아니라는 교회법에 의해 그의 지위는 더 공고해졌다. 도나티스와 그의 지지자들은 항소를 했지만, 316년 11월 콘스탄티누스는 카이실리아누스에게 유리한 최종 판결을 내렸다.

　이에 대한 도나티스파의 불복에 따라 분열은 계속되었고, 따라서 대제는 무력으로 진압하기 시작했다. 하지만 317-321년에 걸친 박해가 실패로 돌아가자, 콘스탄티누스는 321년 5월 마지못해 도나티스를 따르는 사람들에게 신앙의 자유를 허락하기에 이른다. 이후 도나티스파 운동은 몇 년 동안 세력을 확장했으나, 347년 8월에 콘스탄티누스 대제의 셋째 아들로 황제가 된 콘스탄스(Constans, 337-50 재위)는 도나티스를 비롯한 여러 지도자들을 갈리아로 추방했고, 도나티스 자신은 355년에 그곳에서 사망했다.

　361년 배교자 율리아누스가 황제가 되었을 때, 추방되었던 도나티스 추종자들이 아프리카로 돌아와 그 후 30년 동안 아프리카에서 가장 큰 기독교파가 되었다. 그러나 히포(Hippo)의 어거스틴이 이끄는 반대파들이 세력을 얻어 411/2년에는 어거스틴의 친구이자 황제의 호민관이었던 마르켈리누스가 주재하는 회의가 칼타고에서 열렸다. 펠라기우스(Pelagius, 354-420)의 제자 셀레스티우스(Celestius)에게 추방령을 내렸던 이 회의는 도나티스파에게 불리한 결정을 내렸다. 하지만 도나티스파는 7세기까지 존속했다.

해설 22

황제 테오도시우스를 징계한 주교 암브로스

밀라노 교회의 주교 암브로스(Ambrose, 339-397)는 갈리아 지방 트리어에서 지방 총독의 아들로 태어났다. 그는 부친이 사망한 후에 로마에서 고전적인 교육 과정을 밟았다. 그는 31세의 나이로 밀라노의 지방 장관직에 임명되기 시작하여 마일란드의 집정관 자리에까지 올랐다. 그곳에서 갑자기 아리우스(Arius) 추종자인 주교 아옥센티우스(Auxentius)가 사망하게 되어, 정통파와 아리우스파 간에 주교 자리를 놓고 다투는 것을 중재하다가, 뜻밖에도 자신이 그의 후임자로 뽑히게 되었다. 당황한 암브로스는 사양을 거듭하다가 마침내 한계에 몰려 세례를 받고(373년 11월 24일), 8일 후에 주교에 취임하였다(12월 1일).

주교직 초기에는 많은 시간을 들여 연구에 몰두하였고, 특별히 신앙의 실천에 나서 자신의 많은 재산을 가난한 사람들에게 나누어 주었다. 특히 당시 방탕한 아들로 인하여 고민과 슬픔에 빠져 기도하던 어거스틴의 모친 모니카에게 '기도하는 자의 자식은 망하지 않는다'는 유명한 말로 위로하였다. 암브로스는 신앙심이 깊고 설득력 있는 설교자였는데 바실리카 예배당에는 그의 설교를 들으려고 몰려나온 수많은 사람들로 매 주일마다 가득 찼다.

그는 당시 황제들과 맺은 친분 관계로 4세기 초에 가장 영향력 있는 교회의 인물이 되었다. 또한 그는 니케아 공의회에서 정통 신조를 확실하게 관철하는 일에 도움을 주었다. 계속해서 381년의 아퀼레이아 교회 회의와 382년의 로마 카톨릭 회의에서도 아리우스파를 패배시키는 데 중요한 역할을 하였다. 이와 동시에 그는 일루리엔 지방에 신실한 주교들을 세우는 일에 공헌했고, 그의 영향을 많이 받은 권력자들, 특히 서방 공동 황제 그라티아누스(Gratianus, 375-83 재위)에게서 많은 지지를 얻었다. 하지만 세상 권력이 교회를 침범하는 것은 단호하게 막아냈다. 가령 아리우스파인 황제 발렌티니아누스 2세(Valentinianus II, 375-92 재위)와 그의 섭정자인 모친 유스티나로부터 밀라노의 성당 중 한 곳을 아리우스파에게 양도하라는 명령을 끈질기게 받았지만, 암브로스는 민중의 지지를 기반으로 끝까지 거부하였다. 암브로스는 교회에 대한 국가의 간섭을 단호하게 배격함으로 교회의 권위를 월등히 신장시켰다.

이 사실을 웅변처럼 보여주는 또 하나의 중요한 사건이 동방 황제 테오도시우스 1세(Theodosius I, 379-95 재위)와의 관계에서 일어났다. 388년 유프라테스 강변 칼니쿰의 회당이 기독교 과격파의 방화로 소실된 사건이 일어났는데, 황제는 그 지역 주교에게 교회의 재원으로 전액 보상할 것을 명했다. 하지만 황제는 암브로스의 강렬한 항의를 받게 된다. 그는 성찬 집례를 거부하면서까지 황제가 명령을 취소할 것을 요구했고, 결국 황제는 항복하고 자신의 명령을 거두었다. 그뒤 390년에는 데살로니가 주민들에 의해 군사령관이 살해당하는 사건이 발생했다. 황제는 대노하면서, 3년 전에 안디옥 시민들이 반란을 일으켰을 때는 관용하였지만, 더 이상의 재발 방지를 위해서는 특단의 조치가 필요하다고 생각하고 무려 7,000여명에 달하는 군중을 원형 극장에 불러 모아 무차별 학살케 하였다. 비록 황제가 명령을 내린 후, 이내 후회하여 취소 명령을 하달했지만, 때는 이미 늦어 있었다. 이에 대해 암브로스는 황제에게 편지를 보내어 공개적인 회개를 요구했다. 황제는 이를 묵살했고, 따라서 암브로스는 황제를 파문하는 것으로 대응했다. 이후 성당 문 앞에 서서 황제의 출입을 막는 암브로스와의 긴 대결 끝에, 결국 테오도시우스는 화려하고 위엄에 찬 의복을 벗어서 절대 군주로서의 표지를 내려놓은 후, 일반 신도의 한 사람으로서 하나님 앞에 부복하여 진지하게 회개하기에 이르렀다.

하지만 무엇보다도 암브로스는 밀라노의 주교로서 사목 책임을 부여받고 있었다. 따라서 그는 예전(禮典)에 깊은 관심을 가졌는데 당시의 송영과 찬미의 예전법이 오늘날까지 존속된 것은 그의 영향이다. 그는 순교자 추모를 통해서 그 지역의 신앙전통을 활성화시켰다. 그는 지칠 줄 모르게 활동하다가 397년에 사망했고, 암브로시아나 성당에 안장되었다.

사람들은 암브로스와 같이 교회적 실천에 종사했던 인물의 신학적 업적을 높이 평가하지 않으려고 한다. 의심할 여지 없이 전직이 관료였던 그는 과거의 사상가들을 많이 의지했는데, 예컨대 그의 유명한 '성직자의 의무에 관하여'(*On the Duties of the Clergy*)는 키케로(Cicero)가 파나이투스에게 영향을 받아서 쓴 '의무들에 관하여'(*On Duties*)에 의지했고, 구약성경 주석은 필로에 의지했다. 그가 바실(Basil, 330-379) 대제의 6일 동안의 활동에 대한 해석을 따르면서, 이것을 우화가 아니라 역사적인 주석의 방식으로 채택했다는 사실은 주목할 만하다. 네오-플라톤주의와 스승 키프리안(Cyprian, 200-258)의 영향을 받아 그의 사고 방식이 결정되었고, 이것은 그의 신학 전개 과정에서 결정적인 특징으로 나타났다. 그는 죄를 영과 육의 대립을 넘어서는 하나님의 계명의 위반으로 보았다. 암브로스는 하나님을 통한 계시의 의미를 강조하였고, 모든 이단적 입장에 맞서서 이러한 표상을 보전하려고 했다. 그래서 이 밀라노의 주교는 교회의 편에 서 있는 변호자로서 으뜸이 되었다. 나아가 그는 제도적인 성격을 초월하여 영적인 차원에까지 영향력을 나타냈다. 그런 점에서 베드로의 신앙에 대해 마태복음 16장 16-18절에서 반석이라고 하신 예수님의 말씀에 대한 그의 해석도 중요성을 갖는다. 로마 카톨릭 교인이라면, 어떤 경우에도 로마 카톨릭을 수호한 제1인자로서 암브로스를 추대하는 데 이의가 없을 것이다.

Analysis of the Institutes of the Christian Religion of John Calvin

4권 · 12장

교회의 치리

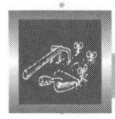

교회의 진정한 권한은 사역자들을 통한 열쇠권의 적절한 사용을 통하여 행사된다. 교회는 자체내의 순결을 보존하기 위하여 필요한 경우 권징권의 가장 높은 단계인 출교까지도 행사할 수 있다. 하지만 항상 출교는 교정 수단이 되어야 한다. 그렇지 않고 엄격주의로 일관하면 혼란을 일으킬 뿐이고, 정작 원하는 효과를 기대할 수 없다. 그러므로 때로는 열쇠의 권한에 속하지 않는 권징도 필요할 경우가 있고, 목사는 실제로 이것을 잘 활용하여야 한다. 곧 필요에 따라 엄숙한 권고나 금식의 행동으로써 겸손과 회개의 믿음에 이르게 하는 목회 활동이 여기에 해당한다고 칼빈은 해설한다.

- ■ 진정한 권징에서 열쇠의 권한: 권징의 목적과 절차(1-7절)
- ■ 엄격한 권징주의 논박(8-13절)
- ■ 개인 및 공적 금식의 가치와 목적: 준수해야 할 원칙들(14-18절)
- ■ 미신, 공로사상, 위선적인 금식, 사순절 행사 등의 위험성(19-21절)
- ■ 사역자 독신 제도의 위험성(22-28절)

 **진정한 권징에서 열쇠의 권한: 권징의 목적과 절차(1-7절)**

4.12.1: 교회 권징의 필요성과 성격

1. 대개 열쇠의 권한(4.11.1, 5-6)과 영적 재판권에 의존하는 교회의 권징 문제를 잘 이해하기 위해서 교회의 공무를 수행하는 사역자와 회중 두 계층으로 나누어 생각할 필요가 있다(4.4.9; 4.12.22). 2. 조그마한 가족 같은 사회에서도 규율이 없이는 올바른 상태를 유지할 수 없다면, 가장 질서가 정연해야 할 교회에서는 규율이 더욱 더 필요하다. (1) 따라서 그리스도의 구원의 교훈이 교회의 생명인 것같이, 권징은 교회의 근육이며, 이 근육에 의해서 몸의 지체들이 서로 결합되고 각각 그 자리에 있을 수 있다. (2) 그러므로 여하튼 권징을 폐지하는 사람들은 결국 교회를 해체시키는 일을 하게 된다. 3. 실제로 교리를 전하기만 하고, 충고와 시정과 기타 보조 수단을 첨가해서 교리를 지탱하며 실천하게 하지 않는다면 각 사람이 제멋대로 행하는 결과가 될 것이다. (1) 그러므로 그리스도께서 명령하시고 경건한 사람들이 항상 사용한 유일한 교정책은 이 권징뿐이다. (2) 권징은, 그리스도의 교훈에 반대해서 날뛰는 사람들을 억제하며 길들이는 일종의 재갈과 같고, 나태한 사람을 일깨우는 일종의 격려제와 같으며, 더 중한 타락에 빠진 사람들을 그리스도의 영의 유화함으로써 부드럽게 징벌하는 일종의 아버지의 회초리와 같다.

4.12.2: 교회 권징의 단계들

1. 교인이 의무를 다하지 않거나 불손한 행동을 하거나 점잖지 못한 생활을 하거나 비난받을 행동을 했을 때에, 그는 충고를 받을 용의가 있어야 한다. (1) 필요한 경우 모든 사람이 형제에게 충고하도록 노력해야 한다. (2) 특히 목사와 장로들의 의무는, 신자들에게 설교를 하는 것뿐만 아니라, 일반적인 교훈으로 충분한 성과가 없을 때에는 각 가정에 다니면서까지 경고와 충고를 하는 것이다(행 20:20, 26). 2. 만일 이런 충고를 완강하게 거부하거나 죄악을 계속함으로써 충고를 멸시하는 경우 시행할 그리스도의 명령 절차가 있

다. (1) 증인들 앞에서 두 번째로 충고한다. (2) 후에는 교회 재판소인 장로회에 불러 공적 권위로 더욱 엄중히 충고한다(4.11.6). (3) 이렇게 해도 굴하지 않으면 교회를 경멸하는 자로 인정해서 신자의 사회에서 제외한다(마 18:15, 17).

4.12.3: 숨은 죄와 나타난 죄

그러나 사적인 죄와 공적인 또는 공개적으로 나타난 죄는 구별해야 한다(4.12.6). (1) 사적인 죄에 대해서는 '너와 그 사람과만 상대하여 권고하라'(마 18:15)고 하셨다. (2) 공적인 죄에 대해서는, 베드로에게 한 바울의 경우처럼(갈 2:14), '모든 사람 앞에 꾸짖어 나머지 사람으로 두려워하게 하라'(딤전 5:20)고 한 말씀이 적용된다.

4.12.4: 경한 죄와 중한 죄

1. 또 단순한 허물과 범죄와 부끄러운 행동을 잘 구별해서 이들을 시정하기 위해서는, (1) 충고나 견책뿐만 아니라, (2) 출교와 같은 더 엄격한 대책을 써야 한다(고전 5:3 이하; 4.12.6). 2. 교회가 드러난 간음범과 음행자, 절도와 강도, 반역자와 거짓 맹세한 자, 거짓 증거하는 자와 그 밖의 죄에 대해서 충고를 받고도 하나님과 그 심판을 냉소하는 불손한 자들을 공동체 생활에서 제외하는 것은 불합리한 처사가 아니라 주께서 주신 재판권을 행사하는 것일 뿐이다. 3. 주께서는 정당한 교회의 권징은, 자신의 선고를 공포한 것과 다름없어서, 교회가 땅에서 한 일은 하늘에서도 확인된다고 선언하셨다. (1) 여기에는 패악한 자를 정죄하는 것도 있지만, (2) 회개한 자를 받아들이는 것도 있다(마 16:19; 18:18; 요 20:23).

4.12.5: 권징의 목적

1. 권징의 첫 번째 목적: (1) 그리스도의 몸(골 1:24)인 하나님의 교회(엡 5:25-26)에서 추악하고 부끄러운 생활을 하는 자들로 말미암아 머리에게 치욕이 돌아가지 않게 한다. (2) 성찬의 제도가 더럽혀지지 않게 보존하기 위해

서이다. (3) 크리소스톰은 권세 있는 사람들을 두려워해서 성찬을 받기에 합당치 않은 사람들을 제외시키지 못하는 사제들을 공격한다. "'그대들의 손에서 피 값을 요구할 것이다'(겔 3:18, 33:8). 그대들이 사람을 무서워하면 그가 그대들을 비웃을 것이다. 그러나 만일 그대들이 하나님을 두려워한다면 그대들은 사람들의 존경을 받을 것이다. 우리는 권력이나 자색옷이나 왕관들을 두려워 말자. 우리에게는 더 큰 힘이 있다. 나는 그렇게 더러운 일에 참여하기보다는 차라리 죽음에 몸을 내어주고 피를 흘리고 싶다." 2. 권징의 두 번째 목적은, 악한 사람들과 교제함으로써 선한 사람들이 타락하는 일이 없도록 하려는 것이다. (1) 이런 차원에서 근친 상간자를 교회에서 쫓아내라고 명령했다(고전 5:6). (2) 또한 그들과의 교제를 금지시켰다: "이제 내가 너희에게 쓴 것은 만일 어떤 형제라 일컫는 자가 음행하거나 탐람하거나 우상숭배를 하거나 후욕하거나 술 취하거나 토색하거든 사귀지도 말고 그런 자와는 함께 먹지도 말라 함이라"(고전 5:11). 3. 권징의 세 번째 목적은, 유순한 처리를 받았으면 계속 고집을 부렸을 사람들이, 징벌을 받음으로 말미암아 각성하며 회개하게 하려는 것이다(살후 3:14; 고전 5:5).

4.12.6: 경우에 따라 처리 방법이 다양한 권징

1. 경우에 적절한 권징을 위해서는 공적이며 사적 혹은 비교적 비밀에 속하는 죄들의 성격을 잘 구별해야 한다(4.12.3). (1) 공적인 죄는 한두 사람만이 본 것이 아니라 공개적으로 지은 것으로, 교회 전체에 좋지 못한 영향을 주니, 교회는 그런 죄가 나타나면 여러 가지 단계를 거칠 필요 없이 당사자를 불러서 교정책을 취해야 한다(마 18:15-17). (2) 비밀한 죄는 아는 사람이 아주 없지는 않되, 죄인이 고집을 부리기까지는 교회 앞에 문제가 제출되지 않은 죄이지만, 이후 교회 앞에 제기된 때에는 범죄와 허물을 잘 구별해서 처리해야 한다. 경한 죄에 대해서는 엄격한 처벌보다는 온화한 아버지와 같은 태도로 말로만 징계해도 충분하고, 추악한 행동에 대해서는 더욱 엄격한 방법으로 징계하여 얼마 동안 성찬에 참가하는 것을 금지시켜 회개의 확증을 보일 때까지 기다려야 한다(고전 5:1-7). 2. 옛적에는 죄에 빠졌던 사람이 교회가 만

족할 정도로 의식들을 지키면 교회원들의 찬성을 얻어 안수함으로써 회개한 죄인에게 회복을 선고하여 다시 받아들였다. 키프리안은 이것을 평화라고 부르면서 이렇게 묘사했다: "그들은 일정한 기간을 참회한다. 다음에 공중 앞에서 고백하고 주교와 사역자들의 안수에 의해서 성찬에 참가할 권리를 얻는다."

4.12.7: 권징이 모든 위반자에게 동등하게 적용되었던 옛적 교회

1. 교회의 권징은 그리스도께서 정하신 것이므로 군주나 평민이나 복종하는 것은 당연했다. (1) 그래서 테오도시우스 황제는 데살로니가에서 있은 학살 사건 때문에(4.11.3-4), 암브로스의 명령으로 성찬 참가를 금지당하게 되자, 황제로서의 형식을 일체 벗어버리고 교회 회중 앞에서 (다른 사람들에게 속아서 저지른) 자기의 죄를 통곡하며 신음과 눈물로써 용서를 빌었다. (2) 이렇게 위대한 왕이라 할지라도 만왕의 왕이신 그리스도 앞에 엎드려 애원하는 것을 불명예로 생각할 것이 아니다. (3) 또 교회의 심판을 받는 것을 불쾌하게 생각할 것도 아니다. 2. (재판권을 행사하는 사람들에 대해서는 반복할 필요가 없고〈4.11.6〉) 한 가지 더 첨가할 것은 합당한 출교는 장로들의 독단이 아니라 교회가 알고 찬동하는 조건이 구비되어야 한다는 것이다. 이는, (1) 회중이 증인과 감시인이 되어 사베를 알아야 하며, (2) 소수 사람들의 변덕에 따라 일이 처리되지 않도록 하여야 하고, (3) 이 조치의 과정 전체에는 하나님의 이름을 부를 뿐만 아니라 그리스도의 임재를 증거하는 엄숙성이 있어야 하며, (4) 그리스도께서 친히 그의 재판권을 주관하신다는 것을 의심할 여지가 없도록 해야 하기 때문이다.

엄격한 권징주의 논박(8-13절)

4.12.8: 교회 권징의 엄격주의와 온건주의

1. 출교하는 목적은 죄인을 회개하도록 인도하자는 것이며, 그리스도의 이름이 훼방을 받지 않고, 다른 사람들이 자극을 받아 본받는 일이 없도록 하

자는 것이므로, 온화한 심령의 방법이 더 좋을 것이다: "형제들아 사람이 만일 무슨 범죄한 일이 드러나거든 신령한 너희는 온유한 심령으로 그러한 자를 바로 잡고 네 자신을 돌아보아 너도 시험을 받을까 두려워하라"(갈 6:1). (1) 죄인이 회개한 증거를 보여 자신의 힘이 닿는 대로 교회에 끼친 누를 씻어 버린다면 더 이상 그를 추궁해서는 안 되니, (2) 지나치게 추궁한다면 엄격함이 도를 넘어 극한 슬픔에 빠지게 할 것이다(고후 2:7). 2. 이 점에서 볼 때 엄숙한 참회와 수찬 정지를 혹은 7년 혹은 4년 혹은 3년 혹은 종신토록 계속하게 했던 옛적 사람들의 과도한 엄격주의는 주의 명령에서 떠난 것일 뿐만 아니라 위험한 짓이었다(4.11.6). 3. 한편 그런 관습을 싫어하면서도 부득불 참고 견딘 경우도 있다. (1) 키프리안: "우리는 모든 사람이 오는 것을 참고, 온유하고 인자한 마음으로 기다리고 있다. 나는 모두 교회로 돌아오기를 바란다. 나는 우리의 동료 병사들이 모두 그리스도의 진영과 하나님 아버지의 집에 집합되기를 갈망한다. 나는 모든 일을 용서하며 많은 일을 묵인한다. 형제들을 모으겠다는 열망으로 나는 하나님께 대한 허물을 자세히 법적으로 검토하지 않는다. 용서해서는 안 될 허물까지 용서하는 나는 거의 허물을 범한다고 하겠다. 나는 회개하면서 돌아오며 겸손하고 단순한 보상으로 죄를 고백하는 사람들을 즉시 받아들이고 완전히 사랑한다." (2) 크리소스톰: "하나님께서 그렇게 친절하신데 그의 사제가 엄격한 체할 까닭은 무엇이냐?" (3) 어거스틴은 도나티스파에 대해서 정말 온유한 태도를 취하여, 분열을 버리고 돌아온 사람은 서슴지 않고 받아들였으며, 회개하면 즉시 받아들였다.

4.12.9: 교회 권징에 대한 우리의 판단의 한계

교회와 성도들은 경망하게 분에 넘치는 판단에 빠지지 않도록 조심하여, 추방되었다고 하여 함부로 영벌을 단정하지 않아야 하니, 오직 그들의 행위의 성격만을 봄으로써 자신의 판단을 내세우지 않고 하나님의 판단만을 의지할 수 있어야 한다. (1) 징계 받은 사람에 대한 사랑을 보여야 한다(고후 2:8). (2) 그들을 위해서 하나님께 기도하는 것을 중단해서도 안 된다. (3) 나아가 더 잘되기를 희망해야 한다.

4.12.10: 교정 수단일 뿐인 출교

1. 주께서 교회에 '매고 푸는 권세'를 주셨지만(마 18:18), '출교'와 '저주'는 엄연히 내용이 다르다. (1) 저주는, 모든 용서를 거부하고 사람을 영원한 멸망에 정죄하는 것으로, 이것은 좀처럼 또는 잘 쓰지 않는다. (2) 출교는, 그의 도덕적 행위를 처벌하며 징계하는 것으로, 벌을 주는 것이되 미리 경고함으로써 돌이키게 하여 구원을 얻게 하려는 것이요, 그가 돌아온다면 언제든지 화해와 교제의 회복이 그를 기다리고 있다. 2. 따라서 교회의 권징은 출교된 사람들과 친밀한 접촉을 가지는 것을 금지하지만, (1) 다른 한편으로 온갖 수단을 다해서 그들을 바른 생활로 돌이키며, (2) 교회에 돌아와서 함께 연합된 생활을 하도록 인도해야 한다: "그러나 원수와 같이 생각지 말고 형제같이 권하라"(살후 3:15).

4.12.11: 교회 권징에 대한 완전한 과격주의 배척

1. 어거스틴이 도나티스파를 반대하여 주장했듯이, 권징을 온건하게 실시하기 위한 중요한 사항이 있다: (1) 회중은 장로회가 죄악을 부지런히 시정하지 않는 것을 보더라도 그것을 교회를 떠나는 근거로 삼아서는 안 된다. (2) 목자들도 시정해야 할 것을 소원대로 전부 씻어 버리지 못한다고 헤서, 그 때문에 직책을 버리거나, 비싱한 엄격주의로 교회 전체를 어지럽게 해서는 안 된다. 2. 어거스틴은 권징에 있어서 신중한 태도에 주의를 기울이는 것은 당연하다고 역설한다. (1) "자신이 시정할 수 있는 것은 책망으로 시정하거나, 시정할 수 없는 것은 공정하게 비난하고 건실하게 참으면서 평화의 유대를 깨뜨리지 않고 내어쫓는 사람은 누구나 모든 저주에서 자유케 되며 풀려난다." (2) "교회 권징의 방법과 수단이 엄숙하게 유지되려면 '서로 용납함으로써 지키라'(엡 4:2)고 사도가 우리에게 명령한 것, 곧 '평안의 매는 줄로 성령의 하나 되게 하신 것'(엡 4:3)에 유의해야 한다. 이것이 지켜지지 않을 때에, 형벌의 약은 무용할 뿐만 아니라 유해하게 되며, 따라서 약이 되지 않는다." (3) "이런 점들을 깊이 생각하는 사람들은 교회의 연합을 유지하기 위해서 권징을 엄숙하게 세우는 것을 게을리하지도 않으며, 과격한 시정책으로 친교의

유대를 끊지도 않는다." (4) "가라지를 뽑다가 곡식까지 뽑을까 염려하노라" (마 13:29). (5) "시정할 수 있는 것은 인자한 태도로 시정하라. 시정할 수 없는 것은 오래 참으면서 사랑하는 마음으로 그것에 대해 슬퍼하며 신음하라."

4.12.12: 혼란을 일으키는 엄격주의: 도나티스파와 재세례파

1. 도나티스파의 잘못된 행동: (1) 일찍이 이들은 교회 내에 있는 허물에 대해 주교들이 말로만 책망하고 출교로 처벌하지 않는 것에 불만을 품고, 주교들이 규율을 위반했다고 비난하면서 그리스도의 양떼로부터 불경건한 분리를 감행했는데, 오늘날 재세례파가 이것을 답습한다(4.1.13). (2) 하지만 당시 주교들은 그러한 상황에서는 출교가 무익하다고 생각했다. 2. 어거스틴: "이런 사람들은 다른 사람들의 악을 미워해서라기보다는 자기들의 투쟁을 즐기기 때문에, 자기들의 이름을 자랑함으로써 약한 사람들을 유혹해서는 자기들 편으로 끌어가든지 그렇지 않으면 적어도 분열을 일으키려고 한다. 교만으로 으스대며 미친 듯이 완고하고 거짓말로 중상하고 소란스럽게 선동을 하면서, 자기들에게 진리의 빛이 없는 것을 융통성이 없는 엄격주의의 그림자로 감추어 버린다. 그들은 성경에서 명령한, 사랑을 지키며 화평의 연합을 보존하면서 온전한 방법으로 형제들의 죄악을 시정하라고 한 것들을 뒤바꾸어서 모독적인 분파와 제거의 구실로 악용한다." 3. 사단은 이렇게 사람들은 부추켜 무자비하고 잔인하게 만들며 평화와 일치의 유대 관계를 부패케 하고 깨뜨리려고 애쓰면서, '자기를 광명의 천사로 가장' 한다(고후 11:14). 4. 하지만 그리스도인들 사이에 화평과 연합의 유대 관계가 확고한 동안은 사단의 모든 세력들은 아무 해를 입힐 힘이 없으며 그의 음모의 덫은 약해지고 그의 파괴 공작은 소멸된다.

4.12.13: 차별적인 권징을 요구하는 어거스틴

1. 어거스틴의 온유한 권징 시행의 원칙: "분리를 권하는 것은 불경건하고 교만하게 되므로 무익하고 유해하며 모독적이다. 그런 권고는 담대한 악인들을 시정하기는커녕 오히려 약하고 선한 사람들을 혼란에 빠뜨린다." 2.

어거스틴이 칼타고의 주교 아우렐리우스에게 보낸 서한: (1) 술취함으로 인한 폐해가 아프리카에 널리 퍼졌는데도 처벌하지 않는다고 불만을 표명한 후에, 그러나 이렇게 덧붙인다: "제가 보기에 이런 일들은 난폭한 방법이나 가혹한 또는 강압적 방법으로는 제거할 수 없나이다. 명령보다는 교훈으로, 위협보다는 충고로 제거되는 줄 압니다. 하지만 소수의 죄인들을 다룰 때에는 엄격한 태도가 필요합니다." (2) "평화를 어지럽게 할 위험성이 없는 경우라면, 악한 사람들을 떼어버리라고 한 사도의 교훈을 결코 등한시해서는 안 됩니다. 그는 다른 의미로 이 일을 실천하라고 한 것이 아닙니다. 또 이 원칙도 지켜야 합니다. 즉 서로 용납하고 '평안의 매는 줄로 성령의 하나 되게 하신 것'을 유지하도록 힘써야 합니다"(고전 5:3-7; 엡 4:2-3).

 **개인 및 공적 금식의 가치와 목적: 준수해야 할 원칙들(14-18절)**

4.12.14: 공적으로 서로 고백하는 죄

1. 권징에는 열쇠의 권한에 속하지 아니한 부분이 있어서, (1) 목사가 그때 그때의 필요에 따라 교회의 적절한 판단에 근거하여, (2) 신자들에게 금식이나 엄숙한 간구 및 그 밖의 행동으로 겸손과 회개와 믿음을 나타내기를 권고하는 부분이 있다. 2. 초대교회 때부터 관례가 된 이것은 사도들이 율법과 예언서를 본받은 것으로, 가령 중대한 일이 있을 때 백성을 모으고 기도와 금식을 한 경우이다(욜 2:15; 행 13:2-3). (1) 구체적인 실례를 들어보자면, 믿음에 관한 논쟁이 일어나서 종교회의나 교회 재판으로 해결해야 할 때, 목사를 선택하는 데 있어서 문제가 있을 때, 중요하고 어려운 문제를 토의해야 될 때, 또는 (전염병과 전쟁과 기근 같은) 주의 진노의 심판이 나타난 때 등등이다. (2) 이런 때에는 언제든지 목사들이 신자들에게 공적 금식과 특별 기도를 권고하라는 것이 거룩한 규정이며 모든 시대에 유익을 주는 규정이다.

4.12.15: 금식의 세 가지 목적

1. 비록 잘 알지 못하면 미신으로 타락할 위험성이 있을지라도 금식도 이

러한 류의 하나로, 성결하고 합당한 금식에는 세 가지 목적이 있다. (1) 첫째, 육이 방종한 행동을 하지 못하도록 약화시키며 굴복시키기 위해서 한다. (2) 둘째, 기도와 거룩한 명상을 위해서 우리의 심신을 더욱 잘 준비하도록 한다. (3) 셋째, 하나님 앞에서 우리의 죄를 고백하고자 할 때 하나님 앞에서 우리 자신을 낮추는 증거를 보이기 위해서 등이다. 2. 설명: (1) 첫째 목적은 공적 금식에는 해당되지 않는 사적 금식으로, 이유는 사람들의 신체 구조와 건강 상태는 모두가 각각 다르기 때문이다. (2) 둘째 목적은 양쪽에 공통된 것으로 기도를 위해서 이런 준비를 할 필요가 있는 것은 교회 전체나 각 개인 신자나 마찬가지이기 때문이다. (3) 셋째 목적도 공통적인 것으로, 하나님께서 전쟁이나 전염병이나 다른 재앙으로 나라 전체에 벌을 주시어 공통적인 채찍을 맞을 때에는 온 백성이 자기를 책망하며 죄를 고백해야 하고, 주의 손이 개인을 칠 때에는 그는 단독으로 또는 자기의 가족과 함께 죄를 고백해야 한다.

4.12.16: 금식과 기도

1. 어떠한 중대한 일에 대해서 하나님께 기도하려고 할 경우 금식을 함께 하는 것이 유익하다(4.12.15). (1) 안디옥 교회는 바울과 바나바의 중대한 사명을 위해서 금식하며 기도했다(행 13:3). (2) 후에 두 사도도 각 교회에 일꾼을 임명할 때 금식과 기도를 함께 행했다(행 14:23). (3) 안나가 금식하며 기도함으로써 주를 섬긴 것도 같은 의미이나(눅 2:37), 금식이 '주를 경배한 행위'였다는 것은 아닌데, 느헤미야는 자기 백성을 위하여 금식하면서 기도했다(느 1:4). 2. 체험상으로 보더라도 배가 부르면 마음을 하나님께로 충분히 끌어올릴 수 없으며 정성과 열성을 다해서 기도에 정신을 집중하며 계속하기가 어렵다. (1) 그러므로 혼인한 남녀야 본래 서로 의무를 다해야 하지만(고전 7:3), (2) 기도와 금식에 전념하기 위해서라면 일시 서로 떨어져 있는 일도 옳은 일이고, (3) 이런 목적이 아니라면 금식은 그 자체로서는 중요하지 않다(고전 7:5).

4.12.17: 금식과 고행의 관습

1. 위험이 닥쳐올 경우 목사들은 교회에 금식을 권고할 의무가 있다. 요엘의 메시지에서 이 원리가 나타난다. (1) 그가 나팔을 불며, 성회를 모으며, 금식일을 정하며 등등을 명령한 것은 일반적인 관습에 따른 것이었다(욜 2:15-16). 그는 조금 전에 백성의 부끄러운 행실에 대한 재판이 정해졌고, 심판의 날이 가까웠다고 선포하였고, 죄인들을 불러 자기의 입장을 변호하라고 하면서(욜 2:1), 백성들은 여호와 앞에 엎드려 외적인 증거를 보여 굵은 베와 재를 쓰고 울며 금식하라고 외쳤다(욜 2:12). (2) 이렇게 우리도 필요가 생기면, 목사의 선포에 따라 거룩한 훈련에 들어가, 모임과 울음과 금식과 기타 유사한 행동을 통하여, 자기를 낮추며 겸손한 태도로써 고백해야 한다. 2. 금식에 대한 실례가 있다. (1) 하나님의 말씀 위에서 세워진 이스라엘 백성의 교회는 물론이고(삼상 7:6; 31:13; 삼하 1:12), 요나의 전도밖에 듣지 못한 니느웨 사람들도 자기들의 슬픔을 금식으로 표시했다(욘 3:5). (2) 우리가 같은 일을 해서 안 될 이유가 없으니, 그리스도께서도 금식하지 않는 제자들을 변호하실 때, 금식이 폐지되었다고 말씀하시지 않고, 재앙이 올 때에 금식하라고 하심으로 금식과 애통을 연결시키셨다: "신랑을 빼앗길 날이 이르리니"(마 9:15; 눅 5:34-35).

4.12.18: 금식의 성격

금식에 대한 좀더 정확한 정의가 필요하다. (1) 금식이란, 음식에 대한 집중적인 절제와 억제, 평소의 검소하고 절제하는 삶, 일정 기간 동안의 음식을 절제하는 것 등이 있다. (2) 금식에는 때와 음식의 질과 양의 세 가지 요소가 있는데, 때란, 예컨대 엄숙한 기도를 위해서 금식한다면 음식을 먹지 않고 기도를 드리는 것이고, 음식의 질은, 훌륭한 것을 제거하고 소박한 보통 것으로 만족하며 맛있는 것을 입에 넣지 않는다는 뜻이며, 양에 있어서는 보통 때보다 적고 가볍게 먹는 것이니, 이는 필요해서 먹을 뿐이지, 음식을 즐기려는 것은 아니기 때문이다.

 **미신, 공로사상, 위선적인 금식, 사순절 행사 등의 위험성(19-21절)**

4.12.19: 금식에 대한 오해

금식과 관련하여 과거에 미신이 잠입해서 교회에 큰 해독을 끼친 것과 같은 일이 다시는 없도록 특별한 주의가 필요하다. (1) 첫째, 목사들은 요엘이 '옷을 찢지 말고 마음을 찢고' (욜 2:13)라고 한 것을 항상 권고해서, 마음속의 감화와 자기의 죄에 대한 진정한 혐오와 진정한 겸손과 하나님께 대한 두려움에서 우는 진정한 슬픔이 없다면, 하나님께서는 금식 그 자체를 높이 평가하시지 않는다는 것을 항상 경계시켜 주어야 한다(사 58:5-6). (2) 둘째, 마니교도들처럼 금식을 공로가 있는 행위나 하나님께 대한 일종의 경배라고 보는 생각을 갖지 말아야 하니, 이에 대해서는 어거스틴도 잘 반박했다. (3) 셋째, 금식을 중요한 의무 중의 하나인 듯이 엄격하고 엄밀하게 지키라고 요구하며, 실행하고 나면 마치 어떤 고상한 일을 한 것처럼 생각하는 금식 찬양 자세가 있어서는 안 된다.

4.12.20: 교회사에서 타락한 금식

1. 소크라테스전기 제9권에 나타난 카시오도루스의 기록에서 보듯이, 금식을 3-7주간씩 행하거나 사순절을 미신적으로 지키는 타락한 풍습이 있었다. (1) 회중들은 이렇게 함으로써 하나님께 특별한 봉사를 한다고 생각했고, (2) 목자들은 그리스도를 거룩하게 모방하는 것이라고 해서 권면했기 때문이다. (3) 어거스틴은 야누아리우스에게 보낸 둘째 편지에서, 당시 각양각색의 형태로 시행된 금식 풍토들에 대해서 언급했다. 2. 예수님의 금식은 일반적인 모범 행위가 될 수 없다. (1) 그것은 복음이 사람의 사상이 아니고 하늘에서 내려온 교훈이란 것을 증명하시려는 것이었다(마 4:2). (2) 즉 모세가 여호와의 손에서 율법을 받았을 때에 금식한 이유와 다르지 않으니(출 24:18; 34:28), 모세에게서 기적이 나타난 것은 율법의 권위를 세우려는 것이었으므로, 그리스도의 경우에도 복음이 율법보다 낮은 것 같은 인상을 주지 않기 위

해서는 그 기적을 빠뜨릴 수가 없었다. 3. 엘리야가 40일 동안 음식을 먹지 않고 행했다고 한 것도(왕상 19:8), 거의 모든 이스라엘 백성이 버린 율법을 회복하는 사명을 그가 받았다는 것을 사람들에게 알리는 데 도움이 되었을 뿐이다. 4. 그러므로 그리스도를 본받는 행동이라고 하면서 금식을 정당화하는 것은 미신이 가득한 그릇된 열심이다.

4.12.21: 금식 기간에 있어서 사악한 방종

1. 그 후에 사태는 더욱 악화되어, 일반 사람들의 그릇된 열성과 주교들의 무능과 훈련 부족, 그리고 그들의 지배욕과 전제적인 엄격주의가 겹쳐서, 무서운 사슬로 양심을 결박하는 악법이 제정되어, 육식이 사람을 더럽히는 것처럼 금지되었으니, 마침내 오류의 극치에 이르렀다. 2. 그들은 금식한다면서 고기를 먹지 않는 대신 온갖 진미를 먹었는데, 제롬은 그의 시대에 이런 어리석은 짓으로 하나님을 희롱하는 자들에 대해 언급했다. (1) 그들은 기름을 먹지 않기 위해서 각지에서 가장 맛있는 음식을 구해 왔다. (2) 물을 마시지 않는 대신에 달고 비싼 음료를 만들게 하여 잔으로 마시지 않고 조개 껍질로 마셨다. (3) 이렇게 그들이 금식하는 목적은, 대신에 다른 진미를 더욱 호화롭게 먹으려는 것뿐이었다. 3. 로마 카톨릭주의는 금식 문제에서나 권징의 다른 부분 어디에서도 바른 것, 성실한 것, 짙서기 잘 잡힌 것은 하나도 없으니, 따라서 칭찬할 만한 것이 조금이라도 남아 있는 듯이 그들이 자랑할 이유가 하나도 없다.

 **사역자 독신 제도의 위험성(22-28절)**

4.12.22: 사역자들의 타락과 권징

1. 교회 권징에서 사역자들에게 적용되는 부분도 있었다. (1) 예컨대 사역자에게는, 사냥, 도박, 환락 등에 빠지지 말고 고리 대금이나 장사도 하지 말고 난잡한 무도회에도 참석하지 말라는 등등의 법이 요구되었으며, 교회법의 권위를 세우기 위해서 이를 어길 경우에 대한 벌칙도 첨가했고, 각 주교에게

권한을 주어 자기에게 속한 사역자들을 다스리며 의무를 지키게 했다. (2) 죄가 있는 사람에 대한 가장 엄중한 처벌은 면직시키는 것과 성찬 참예를 금지하는 것이었다. 이것은 영구적인 제도였으므로, 폐회하기 전에 반드시 다음 회의 날짜를 정했고, 당시에는 황제만이 세계적인 회를 소집할 수 있었다(4.7.8). 2. 이런 엄격한 제도가 실시되는 동안은 사역자들은 자기들의 모범과 행동에 나타난 것 이상을 신자들에게서 말로 요구하지 않았다. (1) 사실 그들은 신자들에 대해서보다 자신들에 대해서 훨씬 더 엄격했다. (2) 이와 같이 일반 사람들은 더 온유하고 관대한 규율로 다스리면서, 사역자들끼리는 서로 더욱 엄격하게 책망하며 다른 사람들보다 자기들에 대해서 관대하지 않은 것은 참으로 합당한 일이다. 3. 하지만 이 모든 권징들이 오늘날 폐물이 됐다는 것은 말할 필요도 없는데, 오늘날 이 질서는 상상할 수도 없을 정도로 더 방종하며 방탕하게 되어버려서 온 세상이 울부짖을 정도이다. 4. 크세노폰의 글 중의 일부: (1) "고레스 때에도 ⋯ 하루에 한 번만 먹으라는 법이 있을 때, 이 법을 폐하지 않고 지키되, 대신 주연을 정오부터 자정까지 하였다"고 한 내용이 있다. (2) 이와 같은 모습은 자기들이 거룩한 교부들과 관계를 맺고 있다는 것을 증명하려고 애쓰는 로마 카톨릭이 실상은 얼마나 어리석은 모방자들에 불과한가를 여지없이 폭로해 준다.

4.12.23: 성경에 배치되는 사제 독신제

1. 그들은 사제의 혼인을 허락하지 않는다는 한 가지 일에서만은 사정없이 냉혹하고 엄격하였다(4.4.10; 4.9.14; 4.13.3, 8). (1) 하지만 여전히 그들 사이에서 음행과도 같은 것들이 횡행하였고, 그랬음에도 불구하고 벌을 받지 않았다. (2) 자기들의 추악한 독신 생활을 근거로 모든 범죄에 대해서 무감각해졌던 것이다. 2. 사제들의 혼인을 금지한 자들은 하나님의 말씀뿐만이 아닌 일체의 공정성을 무시하고 불경건한 폭압을 가한 것이다. (1) 첫째, 주께서 각자의 자유에 맡기신 일을 사람이 금지한다는 것은 합당한 일이 아니다. (2) 둘째, 이 자유를 침범하지 말라고 주께서 분명히 말씀하시며 주의시키셨다는 것은 증명할 필요조차 없는 명백한 사실이다(딤전 3:2; 딛 1:6; 딤전 4:1, 3). 3.

로마 카톨릭의 변명: (1) 이들은 몬타누스, 타티아니스트파, 그리고 엔크라티테스파와 기타 이단자들만이 혼인을 정죄한다고 주장한다. (2) 따라서 자기들은 혼인을 정죄하는 것은 아니고, 다만 사제 계급에 있어서는 부적당한 까닭에 그들만을 금지시키는 것이라고 돌려친다.

4.12.24: 혼인을 금하고 영적으로 해석

1. 바울은 혼인을 감독의 덕들 중의 하나로 여겼다(딤전 3:2; 딛 1:6). 그러나, (1) 로마 카톨릭은 혼인을 교회 제도에서 용인할 수 없는 죄과라고 가르치면서, (2) 혼인을 육의 불결과 오염이라고 교회법으로 규정했다. 2. 그리스도께서는 혼인을 존중할 만한 것으로 보셔서 자기와 교회와의 신성한 연합의 모형이 되게 하셨다(엡 5:23-24, 32). (1) 그러면 혼인의 존귀성에 대해서 이보다 더 훌륭한 찬사가 있겠는가? (2) 그리스도의 영적 은혜의 형상이 비치는 것을 불결하다느니 오염되었다느니 하는 것은 얼마나 파렴치한 짓인가?

4.12.25: 여기에 반대하는 성경적 이론에 대한 반박

1. 레위족의 제사장들은 집행 순서가 돌아올 때마다 순결하고 티없는 몸으로 성물을 다루기 위해서 아내와 따로 자야 했다고 한 기록에 근거하여(삼상 21:5 이하), 그러므로 훨씬 더 고귀하고 매일 집행하는 자기들의 신성한 의식들을, 혼인한 사람이 집행한다는 것은 심히 불미할 것이라고 로마 카톨릭은 주장한다. (1) 이것은 복음 선포자와 레위족의 제사장직이 똑같은 일이라는 그릇된 생각을 전제한 것이다. (2) 그러나 목사들은 지금 이 일을 하는 것이 아니기 때문에 그들을 제사장과 비교하는 것은 무의미하다. 당시 레위족의 제사장들은 하나님과 사람 사이의 중보였고(딤전 2:5), 그 완전한 순결로 아버지와 우리를 화해시키시는 구원자 그리스도를 나타낸 모형이었기 때문이다(2.11.3). 2. 성경은 혼인을 모든 사람이 예외 없이 귀히 여겨야 할 것으로 규정한다. (1) 따라서 음행하는 자와 간음하는 자들은 하나님의 심판을 받을 것이라고 담대하게 선언한다: "모든 사람은 혼인을 귀히 여기고 침소를 더럽히지 않게 하라 음행하는 자들과 간음하는 자들을 하나님이 심판하시리

라"(히 13:4). (2) 바울은 사도들이 아내를 두었을 뿐만 아니라 사역지로 데리고 다녔다고 증언한다: "우리가 다른 사도들과 주의 형제들과 게바와 같이 자매된 아내를 데리고 다닐 권이 없겠느냐"(고전 9:5).

4.12.26: 옛적 교회와 독신주의

1. 니케아 회의에서 독신 생활을 요구하자는 선동이 있었다. (1) 하지만 자기 아내와 동거하는 것이 정절을 지키는 것이라고 선언한 파프누티우스의 의견이 채택되었다. (2) 그러므로 교부들은 여전히 혼인을 신성한 일로 인정했으며 혼인을 부끄러워하지 않았을 뿐 아니라, 그들의 직책 수행에 어떤 오점을 남기는 것이라고도 생각하지 않았다. 2. 그렇다면 이렇게 주교 계급의 혼인을 묵인했을 뿐 아니라 혼인에 찬성한 모든 옛적 교부들에게는 무어라고 할 생각인가? 그들은 주의 성례전을 합당하게 집행하지 못했으며 따라서 성물에 대한 추악한 모독을 장려했다는 말인가?

4.12.27: 독신주의의 후기 발전

1. 독신주의의 역사적 발전 형태를 살펴본다. (1) 언제부터인가 교회 안에 서서히 독신 생활을 미신적으로 숭배하는 시대가 열렸다. (2) 그 뒤를 이은 것이 순결을 광적으로 찬양하는 시대였다. 따라서 순결에 비교할 만한 다른 덕성은 거의 없는 듯이 생각하게 되었다. 혼인을 정죄한 것은 아니지만 혼인한 사람은 완전성을 추구하는 열의가 부족한 것으로 생각했다. (3) 그래서 처음에는 사제가 되는 사람에게 혼인을 금하는 교회법이 생겼다. (4) 그 다음에는 독신자가 아니거나 또는 부부의 합의로 동침을 거부한 사람이 아니면 사제에 임명하지 않는다는 법도 생겼다. 2. 옛적 교회의 관습은 독신 생활을 사제 계급의 조건으로 삼았는데 논적들은 이것을 내세워 지속을 주장한다. (1) 하지만, 사도 시대와 그 후 수백 년 동안 주교들은 자유로 혼인할 수 있었다(딤전 3:2). (2) 순결을 극단적으로 요구한 시대에도 독신은 법으로 요구된 것이 아니고, 다만 기혼자보다 독신자를 낫다고 보았을 뿐이다. (3) 독신생활을 할 수 없는 사람에게까지 무리하게 요구한 것이 아니라, 음행에 대해서 심한 벌을

내렸으되, 혼인한 사제들의 경우 사직을 명령했을 뿐이다(4.4.10).

4.12.28: 독신 제도하의 폐해

1. 로마 카톨릭은, (1) 자유에 맡긴 일과 교회에 대한 유용성에 의존하고 있는 일을, 전체의 의무로 만들어 버렸고, (2) 더욱이 모순되게도 그러한 독신 제도 변호의 구실을 옛 전통에서 찾았다. 2. 그러나 교부들의 저술은 반대를 말해준다. (1) 즉, 제롬을 제외하고는 아무도 혼인의 존귀성을 악의로 공격한 사람이 없다. (2) 오히려 크리소스톰이 한 찬사는 족히 만족스럽다: "제 일급 정절은 성실한 순결이요, 제 이급 정절은 충실한 혼인 생활이다. 그러므로 둘째 종류의 순결은 혼인 생활의 깨끗한 사랑이다."

개혁신앙의 산실: 제네바 교회

제9장
제네바에서의 치리 시행
The Exercise of Discipline in Geneva

제9장
제네바에서의 치리 시행
The Exercise of Discipline in Geneva

    칼빈은 치리에 관한 자신의 견해를 제네바 교회에 고취시킴에 있어서 격렬한 투쟁을 거듭했고 마침내 성공하였다. 치리 법원과 시의회는 그의 영향력 아래서 부도덕을 교정하기 위하여 청교도적인 열정으로 서로 경쟁하였지만, 이들의 열정은 이따금 지혜와 중용이라는 가르침을 벗어났다. 교회와 국가의 연합은 모든 시민이 교회의 구성원이고 치리에 복종해야 한다는 그릇된 전제에 기초를 두고 있었다.

    난잡한 춤, 도박, 술취함, 술집의 빈번한 출입, 신성모독, 사치, 과다한 대중 오락, 무절제하고 정숙하지 못한 의복, 금지된 방탕하고 반종교적인 노래 등은 견책이나 벌금이나 투옥에 의해 처벌되었다. 심지어 식사할 때 요리 그릇의 숫자까지도 제한되었다. 주정뱅이들은 3솔(sols)의 벌금에 처해졌다. 상습적인 도박꾼들은 그들의 목에 밧줄을 휘감아 사람들의 웃음거리가 되게 하였다. 또한 저질의 책과 부도덕한 소설을 읽는 것도 금지되었고, 따라서 당시 한창 인기가 있었던 '골의 애인들'(Amadis de Gaul)은 폐기 명령을 받았다(1559년). '사도들의 행전'(Acts of the Apostles)이라는 도덕극이 몇 차례 공연되어 이미 시의회 의원들까지도 관람하였던 것이지만 역시 금지되었다.

부모는 자식의 이름을 지을 때 당시 미신을 조장하는 경향이 농후했던 카톨릭 성인들의 이름을 따라서는 안 되었다. 그 대신에 아브라함, 모세, 다윗, 다니엘, 스가랴, 예레미야, 느헤미야와 같은 이름들이 일반적으로 장려되었다(특히 영국과 뉴잉글랜드의 청교도들은 구약 성경에 나오는 이러한 이름들을 즐겨 사용했다).

이단, 우상숭배, 신성모독에 대해서는 사형과 더불어 심한 고문이 시행되었다. 그리고 간통죄의 경우는 두 번째 범행이 일어날 경우 사형에 처해졌다. 이러한 것들은 불신앙과 부도덕을 방지하려는 의도에서 만들어진 금령과 보호령들이다.

시의회는 강제법(coercive laws)도 도입하였지만, 사실 이러한 법은 종교의 본질에 위배되었으며, 위선과 배신을 일으키는 경향이 있었다. 3솔의 벌금에 처한다는 위협 아래 공적인 예배에 출석하라는 명령이 시행되었다. 한 번은 리옹에서 온 피난민이 "우리가 여기서 누리는 자유는 얼마나 영광스러운가"라고 감사에 차서 외쳤을 때, 한 여자가 씁쓸하게 응답하기를, "실로 옛날에 우리는 자유롭게 미사에 참석하였지만, 이제 우리는 설교를 듣도록 강요받는다"라고 했다.

경비원들이 임명되어 사람들이 교회당에 출석했는지를 확인했다. 치리법원의 위원들은 각 가족의 신앙과 도덕성을 점검하기 위해 일년에 한 차례씩 이들의 가정을 방문하였다. 거리에서 행해진 이런저런 적당치 않은 말들과 행동은 여지 없이 보고되었고, 이에 따라 위반자들은 질책과 경고를 받기 위해 치리 법원에 소환되었으며, 혹은 더 엄한 처벌에 해당할 경우 시의회로 넘겨졌다.

이러한 법 집행에 있어서 피고의 인격, 지위, 성별 등은 일체 예외로 취급되지 않았다. 법은 아주 엄격했지만 항상 공평성이 유지되었다. 따라서 전통 있고 유력한 가문의 사람들이나 평범한 일반인 그리고 가난하고 미천한 사람들 모두 동등하게 처벌 받았다.

여기서 가장 인상적이었던 치리의 사례들을 살펴보기로 하자. 어떤 여성들이 춤을 추었다는 이유로(이것은 보통 도를 지나치면 처벌 대상이 되었다)

투옥되었는데, 이들 중에는 고급 고위 간부인 총사령관 아미 페랭(Ami Perrin)의 아내도 있었다. 보니바르(Bonivard)는 정치적인 자유를 부르짖었던 영웅으로 칼빈의 친구이기도 했는데 포도주 한 병을 걸고 시인이었던 클레망 마로(Clement Marot)와 주사위 노름을 했다는 죄목으로 치리 법원에 소환되었다.[1] 또 어떤 사람은 당나귀가 우는 소리를, "당나귀가 아름다운 시편을 읊고 있다"며 하나님의 말씀을 상대로 농담했다는 이유로 3개월 동안 그 도시에서 추방되었다. 역시 한 젊은이는 아내에게 살림살이에 관한 책을 주면서 "이것은 가장 뛰어난 시편 찬송이요"라고 비아냥거렸다가 처벌되었다. 페라라의 한 여성은 자유파에게 공감을 표현하면서 칼빈과 치리 법원을 모욕했기 때문에 역시 처벌을 받아 그 도시에서 추방되었다.

설교 때에 웃었던 세 사람은 3일 동안 투옥되어야 했다. 또 다른 사람은 성령 강림절에 성찬을 무시하고 참여하지 않아 공개적인 참회를 해야 했다. 세 명의 아이들이 빵을 먹으려고 설교 시간에 참석하지 않고 교회당 바깥에 있던 것이 발각되어 처벌을 받았다. 어떤 사람은 '그리스도의 몸과 피'로 맹세했기 때문에 벌금을 내야 했을 뿐만 아니라 광장에서 형틀을 차고 한 시간 동안 서 있으라는 선고를 받았다.

어머니를 도둑이요 마귀라고 불렀던 한 아이는 채찍의 체벌을 당하였다. 부모에게 폭행을 한 소녀는 제5계명의 위엄을 지키기 위해 참수되었다. 한 은행가는 반복된 간음으로 처형되었지만, 다행히도 그는 참회하면서 죽었고 정의의 승리를 위해 하나님을 찬양했다. 차퓌스라는 사람은 자신의 아이를 목사가 권유했던 아브라함이라는 이름 대신에 로마 카톨릭 성인인 클로드라고 부르기를 고집하는가 하면, 15살이 될 때까지는 아들이 세례를 받지 못하게 하겠다고 떠들고 다녔다는 이유로 나흘 동안 투옥되었다.[2]

볼섹(Bolsec), 젠틸리스(Gentilis), 그리고 카스텔리오(Castellio)는 이단적인 견해를 가졌다는 이유 때문에 공화국에서 추방되었다. 일단의 남녀들이 마법을 부린다는 이유로 화형의 형벌을 받았다. 반역과 무신론의 혐의를 받은 그루에(Gruet)는 참수형에 처해졌다. 세르베투스는 이단과 신성모독 때문에 역시 화형에 처해졌다. 이 마지막 경우가 가장 악명 높은 사건으로, 다른 모든 것들을 다 합친 것보다도 더 칼빈의 이름이 모욕 받고 저주 당하게 하였다. 하지만 칼빈은 끔찍한 화형 대신에 보다 관대한 참수형으로 대치시켜줄 것을 간청했는데, 적어도 이 점에 있어서 그는 당시의 일반적인 생각이나 통상적인 관습보다 훨씬 앞서 있었다는 사실이 반드시 기억되어야 할 것이다.

1541년부터 1559년까지 시의회의 공식적인 의사록은 징계, 벌금, 투옥, 처형 등의 어두운 장면들을 적나라하게 보여준다. 1545년 페스트가 사방으로 퍼지던 때에 20명이 넘는 남녀가 마법을 부리고 그 흉측한 병을 퍼뜨리는 사악한 음모를 계책했다는 죄목으로 산 채로 불에 태워지는 형벌을 받았다.3 1542년부터 1546년까지 총 58건의 사형 언도와 더불어 76건의 추방령이 통과되었다.4 1558년과 1559년 동안에 온갖 종류의 범법자들에게 내려진 414건의 다양한 처벌들은 당시 제네바 인구가 2만 명이었던 것에 비추어 볼 때 상당히 높은 비율이 아닐 수 없다. 볼섹, 오댕, 갈리프 부자(父子)는 이러한 경우를 최대한 활용한 칼빈의 적대자들로서, 칼빈이 행한 다른 많은 선행들은 무시한 채, 이 위대한 개혁자를 냉정하고 잔인한 폭군이라고 비난하였다.5

사실 이러한 종류의 법률 제정이 그리스도의 복음보다는 옛날 이교도 로마와 레위기 법전에서 보여지는 엄격성을 더욱 부각시킨다는 것을 부인하기란 불가능하다. 그리고 치리가 실제적으로 실행된 모습도 종종 인색하고, 현학적이고, 불필요하게 가혹하기까지 했다. 칼빈 자신도 스스로 고백하듯이, 자신은 인내심, 흥분, 격분으로부터 자유롭지 못했으며, 이런 성향은 그의 육체적인 허약함으로 인해 점점 가중되었다. 하지만 그는 교회의 순수성을 보존하려는 정직한 열망 때문에 이러한 영향을 받은 것이지, 개인적인 적의를 품고 그렇게 했던 것은 아니었다. 페랭과 파브르 가문에 의해 두 번째 추방 위협을 받았을 때, 그는 편지로 페랭에게 이렇게 답변하였다.

"그러한 위협은 본인에게 어떠한 인상도 주지 못합니다. 본인은 여가나 이익을 얻으려고 다시 제네바에 온 것이 아니기에, 만약 이곳을 또다시 떠나야 하는 일이 발생한다 할지라도 본인에게는 전혀 슬픔이 되지 않습니다. 본인을 이곳에 돌아오도록 설득한 것은 교회와 국가의 복지와 안전이었습니다."6

칼빈에 대한 평가는 반드시 그가 살았던 시대의 기준에 따라야 한다. 이러한 법률 중에서 아주 가혹한 것들 - 마술, 이단, 그리고 신성모독에 대한 엄격한 처벌 - 은 이미 중세 카톨릭 시대로부터 전해져 내려온 것으로써, 17세기 말까지 로마 카톨릭은 물론이요 프로테스탄트와 유럽의 모든 나라에서 일반적으로 시행된 것들이었다. 오늘날 이러한 것에 대한 종교적인 관용은 죄에 대한 감각이 무뎌진 현대적인 경향을 배제할 수 없다.

주〉
1. 도비네가 인용한(VII. 124.) 로제의 *Peuple de Geneve*, II. 29.
2. Registers for April 27, 1546. Henry II. 429.
3. 칼빈 자신도 바젤에서 사역하던 미코니우스(Oswald Myconius, 1488-1552)에게 보낸 1545년 3월 27일자 편지에서 이 사실을 언급한다(*Opera*, XII. 55; Bonnet, I. 428). 여기서 그는 이렇게 말한다. "최근에 일단의 남여들의 음모가 발각되었습니다. 그들은 제가 알지 못하는 유해한 장치를 사용하여 3년 동안 도시 전역에 전염병을 퍼뜨렸습니다. 그들중 15명의 여인들이 화형에 처해진 후, 일부 남자들은 보다 가혹하게 처형되었고, 일부는 감옥에서 자살하였으며, 25명은 아직까지 감옥에 있습니다. 그럼에도 불구하고 전염병을 옮기도록 제조된 연고를 주택 문고리에 바르는 악행이 중단되지 않고 있습니다. 목사님께서는 우리가 어떤 위험에 처해 있는지 아실 것입니다. 비록 여러 번 그런 일들이 시도되었지만 지금까지 주님이 우리의 주거를 보존하셨습니다. 우리가 주님의 돌보심 아래 있음을 우리 자신들이 안다는 것은 다행입니다."
4. Galiffe가 인용한 Kampschulte(I. 425).
5. Audin이 '*Life of Calvin*' (36장. 354, Am. ed.)에서 칼빈과 콜라동의 정치-종교 법전에 대해 다음과 같이 수사학적으로 풍자하고 있는 글을 보라. "사형이라는 한 단어만이 들리고 읽혀진다. 하나님께 대한 대역죄에 대해서 사형이고, 국가에 대한 대역죄에 대해서도 사형이고, 자기 아버지를 때리거나 저주하는 자식에게도 사형이고, 간음하는 자에게도 사형이고, 이단자에게도 사형이다 … 칼빈이 귀환한 때로부터 20년 동안 제네바의 역사는 피의 연출이다. 그동안 동정, 공포, 두려움, 분노, 눈물 등이 차례로 영혼을 사로잡으려고 나타났다. 우리는 각 단계마다 쇠사슬, 가죽 채찍, 화형주, 집게, 끓는 역청, 불, 유황 가스 등과 마주친다. 그리고 그 모두에 구석구석 피가 있다. 사람들은 끊임없이 한숨과 신음과 탄식이 울려 퍼지는 단테의 지옥에 와 있는 것이 아닌가 생각한다."
6. 페랭에게 보낸 이 편지에는 날짜가 없지만, 아마도 1546년 4월에 작성되었을 것이다(*Opera*, XII. 338 이하 그리고 Bonnet, II. 42 이하).

적용과 실천을 위한 점검과 질문

'제네바에서의 치리 시행'에 대하여

1. 제네바에서 시행된 치리의 실례들에는 어떤 것들이 있었습니까?

2. 제네바 교회는 설교 때 웃었다는 이유로 3일간 투옥하는 처벌을 내렸습니다. 이러한 처벌을 현대 교회에 적용한다면 어떤 현상이 일어나겠습니까? 가령, 주일 예배에 습관적으로 늦거나 불참하는 성도에 대한 징계의 경우는 어떻습니까?

3. 칼빈은 무슨 의도로 이렇게 엄격한 제도를 교회에 도입했습니까? 그는 왜 오늘날과 같은 관대함(?)을 용납하지 않았습니까?

4. 제네바 교회 당시의 치리 형태를 오늘날 현대 교회가 도입하는 것은 가능합니까, 불가능합니까? 왜 그렇습니까? 그러면 어떻게 해야 합니까?

5. 현대 교회에서 치리가 시행되지 않는 이유는 '죄에 대한 무뎌진 감각' 때문입니다. 현대 교회가 성경적으로 죄임이 명백함에도 불구하고 침묵하고 있는 구체적인 실례들을 들어봅시다. 이러한 실례들에 대해서 어떻게 처리해야 합니까? 왜 그렇습니까?

제9장 | 제네바에서의 치리 시행 · 217

개혁신앙의 산실: 제네바 교회

제10장
애국파와 자유파에 대항한 칼빈의 투쟁
Calvin's Struggle with the Patriots and Libertines

제10장
애국파와 자유파에 대항한 칼빈의 투쟁
Calvin's Struggle with the Patriots and Libertines

칼빈이 자신의 치리 체계를 실행하는 데 성공하기까지는 최소한 10년간의 투쟁이 요구되었다. 이에 대한 반대는 페스트가 맹위를 떨치던 기간인 1545년에 나타나기 시작하여 1553년 세르베투스 재판 때에 절정에 이르렀다가 최종적으로 1555년에 이르러 잠잠해졌다.

칼빈은 자신의 이러한 논쟁을 블레셋에 대항해서 싸우던 다윗에 비유한다. 그는 시편주석 서문(1557년)에서 이렇게 말한다.[1]

"만약 주님께서 이 시기에 나에게 행하셨던 나의 투쟁의 과정을 기술해야 한다면 그것은 긴 이야기가 될 것이지만, 간략하게 언급하는 것만으로도 충분할 것이다. 비록 다윗이 이러한 투쟁을 나보다 앞서 겪었지만, 이 사실이 내게는 아주 작은 위로조차도 되지 않는다. 왜냐하면 블레셋과 다른 이방의 원수들이 이 거룩한 왕을 계속적인 전쟁으로 괴롭혔던 것처럼, 그리고 집안의 불성실한 자들의 사악함과 배신이 그를 더욱 괴롭혔듯이, 나 역시 온 사방에서 공격을 받았고 안팎의 투쟁으로 인해 한 순간의 휴식조차도 취할 수 없을 정도였기 때문이다. 하지만 사탄이 우리의 교회를 파괴하려고 그렇게 많은 노력을 기울였을 때, 그처럼 호전적이지도 못하고 겁도 많은 내가,[2] 결국 살인적인 공격을 막아내기 위하여 내 자신의 몸을 던지지 않으면 안 된다는 것을 깨닫게 되었다. 우리는 치리를 유지하기 위하여 끊임없이 5년간이나 투쟁해야만 했다. 왜냐하면 이러한 악을 행하는 자들의 힘이 너무나 커서 쉽게 극복할 수 없었고, 일부 사람들은 이들의 수단에 걸려 오직 무제한적인 자유를 부르짖었기 때문이다. 이러한 사람들, 거룩한 율법은 안중에도 두지 않는 사람들로서는 하나님의 교회가 파멸되는 것에 대해서는 아무 관심도 없었고, 단지 자신들이 원하는 것이라면 무엇이든지 행할 수 있어야 하는 방종의 자유를 얻으려고만 하였다. 많은 사람들이 궁핍과 굶주림 때문에, 어떤 사람들은 야망이나 혹은 이익을 위한 부끄러운 욕망 때문에, 법에 복종하기는커녕 오히려 전면적인 파멸을 시도함으로써, 우리뿐만 아니라 자신들까지 위험에 떠맡기게 되었다. 내가 생각하기에, 이 긴 기간 동안 이들이 시도하지 않은 방법이라곤 그야말로 단 하나도 남아 있지 않았다. 우리는 사탄의 작업장에서 준비되는 것을 상상조차 할 수 없었다. 하지만 이들의 비참한 의도는 수치스러운 실망만이 초래되었을 뿐이다. 따라서 나에게는 우울한 연기가 되고 말았다. 왜냐하면 마땅히 처벌을 받아야만 했을 이 사람들이 도리어 평화롭고 존경 받을 만하게 생애를 마치는 것을 내가 보고 기뻐해야 했기 때문이다. 이러한 결과는 이들이 모든 종류의 신중한 권면들을 전적으로 거부하지 않았을 때에나 가능할 수 있는 그런 일이었는데 말이다."

한때 칼빈은 성공을 거의 단념하였다. 그는 선배 파렐(Farel)에게 이렇게 편지를 썼다(1547년 12월 14일).

"모든 일들이 이렇게 혼란한 상태라서 교회를 계속 유지하기가 절망적이니, 여하튼 제 자신의 노력으로는 어렵기만 합니다. 주님께서 우리를 위해서 선배님의 끊임없는 중보기도를 들어 주시기만을 바랄 뿐입니다."

그리고 칼빈은 몇 일 뒤에 비레에게 이렇게 편지를 써 보냈다(1547년 12월 17일).

"지금 이곳에는 사악함이 너무도 극에 달해 있어서, 적어도 나의 목회 수단으로는 더이상 교회가 유지될 수 있을 것이라는 소망을 거의 가질 수 없다네. 정말이야, 하나님께서 그 손을 펼쳐주시지 않는 한 나의 능력은 끝장이라네."[3]

칼빈의 대적들은 몇몇의 경우를 제외하고는 모두 똑같이 1538년에 그를 제네바에서 추방했던 사람들이었다. 이들은 칼빈의 귀환을 절대 진심으로 동의하지 않았다. 이들은 여론의 압력에 굴복하고 정치적인 필요성에 따라 한동안 조용한 척 하였을 따름이다. 하지만 예상했던 것보다 훨씬 더 엄격하게 칼빈이 치리 계획을 수행하자, 마침내 오랫동안 품어왔던 적개심을 본격적으로 드러내기 시작했고, 치리 법원이나 시의회가 제정한 비난할 만한 모든 법령을 다 이용하였다.

이들은 칼빈을 아예 로마 카톨릭의 교황보다도 더 증오하였고,[4] '치리'라는 말 자체를 싫어하였으며, 칼빈에게 개인적으로 모욕을 퍼붓고 모든 협박 수단을 다 동원하였다. 이들은 '가인'이라는 별명으로 칼빈을 호칭하는가 하면, 거리의 개들에게 '칼빈'이라는 이름을 붙여서 모욕했고, 거리에서 강의실로 가는 칼빈을 볼 때마다 모욕을 퍼부었다.

어느 날 밤에는 칼빈의 침실 앞에 일단의 무리가 모여 50발의 총알을 쏘아대면서 험악한 공포 분위기를 조성했다. 심지어 이들은 설교단에서조차 그를 위협했는데, 한번은 성찬상으로 달려들어 그의 손에서 성찬물들을 강제로 빼앗으려고 했다. 하지만 칼빈은 성례전을 더럽히는 것을 단호히 물리쳤으며 위엄으로 이들을 압도하였다. 또 한번은 칼빈이 난폭한 군중 속을 파고 들어가 이들의 단검 앞에 자신의 가슴을 들이미는 일도 일어났다. 세월이 흐른 후 그는 자신의 오랜 동역자에게 이렇게 편지하였다(1554년 10월 15일).

"사방에서 개들이 저를 향해 짖습니다. 어디서든지 저는 '이단자'라는 낙인이 찍혀지고, 인간이 생각할 수 있는 모든 중상모략들을 저에게 쏘아댑니다. 한마디로 말해서 저의 회중 가운데 있는 적들이 교황파 가운데 있는 저의 공공연한 대적들보다도 더 지독하게 저를 공격하는 것입니다."[5]

하지만 여전히 이러한 어려움 속에서도 칼빈은 자신의 모든 의무를 계속 이행했으며, 그러는 한편으로 자신의 가장 중요한 작품들을 지속적으로 저술하는 시간을 내었다.

그처럼 체질이 내성적이고 육체적으로 연약한 사람이 이처럼 단호하고 맹렬한 반대에 맞서서 승리할 수 있었다는 것은 거짓말 같아 보인다. 이에 대한 설명은 오직 그의 주장의 정당성과 그의 도덕적인 성품의 순수성에서 나오는 '위엄'에서 찾을 수 있을 것인데, 이러한 그의 특성은 제네바 시민들에게 아주 강력한 인상을 주었던 것이다.

우리는 칼빈의 대적자 중에서 두 부류를 구별할 필요가 있다. 정치적인 근거에서 그를 반대하였던 애국파들(Patriots)이 있는가 하면, 자유파들(Libertines)은 순전히 신앙적인 차원에서 그를 싫어하였다. 모든 애국파들이 자유파들의 불신앙적인 정서를 지녔다고 비난하는 것은 정당하지 못할 것이다. 하지만 이 두 파는 그들이 혐오스럽게 여기는 칼빈과 그의 치리 체계를 전복시키는 일에 있어서 만큼은 서로 협력하였다. 이들은 대도시마다 가득했던 불평분자들과 방탕한 폭도들 가운데 많은 추종자를 두었으며, 잃을 것은 아무것도 없었지만, 반대로 얻을 것은 많았기 때문에 언제고 혁명에 나설 준비가 되어 있었다.

1. 애국파 혹은 제네바의 자녀들

이들은 제네바에서 가장 전통있고 영향력 있는 가문 출신들로 파브르(파브리), 페랭, 방델, 베르텔리에르, 아모 등인데 스스로 애국파 혹은 제네바의 자녀들로 자칭했다.6 이들은 선친들과 더불어 정치적인 독립쟁취에 적극적인 관심을 가졌고, 이러한 독립을 유지시키는 차원에서 종교개혁의 도입에도 적극적인 관심을 보였다. 따라서 이들은 종교개혁의 본질인 엄격한 교리 자체는 별로 좋아하지 않았다. 이들이 원했던 것은 법 없는 자유였다. 따라서 자신들이 즐기는 개인적인 자유와 오락에 침해를 받으면 거세게 저항하였다. 이들은 인근 사보이의 정치적인 압제보다도 복음적인 치리를 더 미워하였다.

당시 1559년까지도 칼빈이 아직 귀화되지 않은 외국인의 신분으로 있었던 사실 때문에 이들은 더욱 칼빈을 싫어하였다. 이들은 신앙을 위해 가정과 재산을 희생한 피난민들을 향하여 일단의 모험가들, 용병들, 파산자들, 그리고 개혁자의 염탐꾼들이라면서 본토인 특유의 교만과 편견으로 모함하면서 비난하였다. "이러한 프랑스 개들 때문에 우리가 노예가 되어 칼빈에게 절해야만 하고 우리의 죄를 고백해야만 한다. 설교자들과 그들의 패거리들을 …." 이들은 피난민들이 무기를 소지할 수 있는 권리를 박탈하였고, 시민권에 대해서도 반대하였다. 왜냐하면 피난민의 수가 점차 많아져서 결국에는 본토인을 투표로 이길 위험이 있었기 때문이다. 1559년 칼빈은 의회의 다수의 동의를 얻어, 대부분이 프랑스인들이었던 피난민 300명의 시민권을 받아냈다.

애국파들은 비록 베른이 칼빈의 엄격한 신학과 치리에 결코 호의적이지 않기는 했을지라도 자기네에 대한 베른의 보호 정책도 싫어하였다.

2. 자유파7 혹은 우아한 자들

이들은 스스로 자유파 혹은 제네바의 자녀로 자칭했는데 애국파보다도 더 위험했다. 이들은 칼빈의 엄격한 치리에 맞서 극단적인 반대파를 형성했다. 칼빈은 이들이 고대의 영지주의와 마니교도 시대 이후로 나타났던 모든 분파 중에서 가장 해롭고, 베드로후서와 유다서의 예언에 들어맞는다고 선포했다. 그는 이들의 직접적인 기원을 네덜란드에 있는 이셀의 쇼팽(Coppin of Yssel)과 헤네가우의 퀭탱(Quintin of Hennegau), 그리고 이전에 사제였던 자로서 한동안 제네바에 머물며 칼빈에게서 추천서를 얻고자 하였으나, 그의 사람됨을 간파한 칼빈이 이를 거절하였던 포케(Pocquet 혹은 Pocques)에게서 찾는다. 이들은 쾰른과 라인강 하류에 본부를 두었던 베가르파(Beghards)의 한 분파인 '자유 성령의 형제 자매들'(Brethren and Sisters of the Free Spirit)이라는 중세적인 분파의 '도덕률 초월론'(antinomian doctrines)을 부활시켰는데, 스스로 교회로부터 뿐만 아니라 도덕률로부터도 벗어났다.

칼빈은 자유파들을 '도덕률 초월적 범신론자들'(antinomian pantheists

이라고 묘사하였다. 이들은 진리와 오류의 경계, 옳고 그름의 경계를 혼동하였다. 이들은 영의 자유를 핑계로 내세워 구속받지 않는 육체의 자유를 옹호하였다. 이들의 정신주의(spiritualism)는 육체적인 육욕주의(carnal materialism, 세속적인 물질주의)로 끝났다. 이들은 오직 하나의 영, 곧 하나님의 영이 있는데, 이 영이 모든 피조물 가운데 살아 있으며, 피조물은 그의 영이 없이는 아무것도 아니라고 가르쳤다. 퀭탱은 "나 자신과 당신이 행하는 것은 하나님에 의해 행해진 것이고, 이렇게 하나님이 행하시는 것은 우리가 행하는 것이다. 왜냐하면 그는 우리 안에 계시기 때문이다"라는 궤변을 폈다. 죄는 단지 부정이나 결핍에 불과할 뿐이고, 참으로, 알려지고 무시되자마자 사라져 버리는 나태한 환상일 뿐이다. 따라서 구원은 환상적인 죄로부터의 해방에 있다. 사탄은 존재하지 않고, 천사도 없으며, 선과 악도 없다고 주장했다. 이런 식으로 이들은 복음의 역사에 대한 사실조차도 부인했다. 그리스도의 십자가와 부활은 죄가 우리에게 존재하지 않는다는 것을 우리에게 보여주는 단지 상징적인 의미만을 갖는 것이라고 주장했다.

자유파들은 재산과 여성에 대한 공유를 가르쳤으며, 단지 육적일 뿐이고 구속력이 없는 법적인 결혼보다 우위에 놓으면서 영적인 결혼을 주장하였다. 아모의 아내는 성도의 교제 교리와 하나님이 인간에게 주신 '생육하고 번성하여 땅에 충만하라'(창 1:28)는 첫 번째 계명을 핑계 삼아 자신의 난잡한 부도덕한 행위를 정당화시켰다.

자유파들은 성경을 죽은 문자라고 여겨 거부했고, 자신들의 망상을 정당화시키려고 아무렇게나 풍유적 해석(allegorical interpretations)을 시도하였다. 이들은 사도들에게 터무니없는 별명을 붙이기도 했다.[8] 일부 사람들은 노골적인 무신론과 신성모독적인 반기독교로 자신들의 체계를 세웠다.

이들은 집시처럼 괴상한 전문 용어들을 사용했으며, 일반 용어들은 신비스러운 의미로 왜곡시켰다. 이들은 가장술의 전문가들이었으며, 위선적인 속임수를 합리화시키기 위하여 예수님의 비유들을 들이댔다. 이들은 상황에 따라 자신들을 카톨릭 신자로 혹은 프로테스탄트 신자로 변신시켰으며, 갓 가입한 신출내기들에게는 자신들의 진짜 생각을 드러내지 않았다.

이 분파는 프랑스의 상류 계층 사이에 유포되면서 약 4천여 명의 사람들을 포섭시켰다. 퀭탱과 포케가 교묘하게 나바라의 여왕 마르게리트(Marguerite)의 환심을 사게 됨에 따라 여왕은 이들을 네락의 자신의 작은 궁정에다 보호하고 도움을 주었다. 하지만 여왕은 지혜롭게도 이들의 사상이나 관습을 채택하지는 않았다. 여왕은 칼빈이 이들을 향해 혹독한 공격을 가하자 분노를 표출했다. 칼빈은 자신의 정당성을 주장하는 답신을 보냈는데 (1545년 4월 28일), 이 편지는 예의 바르고 솔직하며 남성적인 위엄을 드러내 보여주는 좋은 실례이다. 칼빈 자신은 그녀의 명예를 비난하거나 그녀의 왕적 위엄을 경멸할 의도는 전혀 없으며, 단지 목사로서 자신이 수행해야 할 의무에 충실하려고 단순하게 편지를 썼다면서, 일찍이 박해를 피해 도망자의 상태에 있을 때 자신을 보호해 주었던 여왕에게 정중한 예의를 다함으로 그녀를 안심시켰다.

"자신의 주인이 공격을 받으면 심지어 개도 짖습니다. 주님의 영예가 공격받는데 어떻게 본인이 침묵할 수 있겠습니까? … 여왕 전하께서는 본인과 같은 종은 곁에 두고 싶은 마음이 없다고 말씀하시는 것에 대해, 본인은 전하께 어떤 위대한 봉사를 드릴 만한 자격을 갖추고 있지 못하고, 또한 여왕 전하께서도 이것을 필요로 하시지 않는다는 것을 고백합니다 … 그럼에도 불구하고 전하를 섬기고자 하는 본인의 마음은 결코 부족하지 않으며, 전하께서 아무리 본인을 경멸하실지라도 본인으로서는 계속해서 진심으로 전하의 충실한 종으로 남겠습니다. 본인을 알고 있는 사람들은 본인이 결코 영주들의 궁정에 들어가려고 애쓴 일이 없다는 것을 너무도 잘 알고 있습니다. 왜냐하면 본인은 세속적인 명예를 구하고자 하는 시험을 결코 받았던 적이 없기 때문입니다. 본인은 지금 최상의 주인이신 하나님을 섬기는 만족스러운 이유들을 가지고 있습니다. 그분은 본인을 받아들이셨고, 세상의 눈으로 볼 때는 하찮을지라도 본인에게 명예로운 직책을 맡기셨습니다. 실로 본인이 만약 세상의 온갖 부와 모든 명예보다도 지금의 이러한 처지를 더 좋아하지 않았다면, 본인은 정말 더할나위없는 배은망덕한 자일 것입니다."[9]

베자는 이렇게 말한다. "칼빈의 수고 덕택에, 고대의 가장 기괴한 모든 이단들이 새로운 모습으로 나타난 이 흉악한 분파는 겨우 네덜란드와 그 주변에만 한정될 수 있었다."

제네바에서 세르베투스에 대한 재판이 진행되는 동안에 정치적이고 종교적인 자유파들은 칼빈을 전복시키기 위한 하나의 조직화된 노력을 결집시켰다. 하지만, 1555년 5월에 시도한 반역이 실패함에 따라 최종적으로 격퇴되고 말았다.

주〉

1. *Opera*, vol. XXXI. 27.
2. 칼빈은 자신의 선천적인 수줍음에 대해 적어도 한 번 이상 언급하시만, 그와 농시에 몇 번이나 자신의 목숨을 위험에 맡겼다.
3. Bonnet, II. p.133 and 135; *Opera*, XII. 632 이하. 하지만 비레에게 보낸 편지의 날짜는 보네가 제시한 12월 14일이 아니고, 12월 17일이다.
4. 다음과 같은 말이 이들에게 해당된다. "이들은 칼빈과 함께 천국에 있기보다는 베자와 함께 지옥에 있고 싶어한다(*Genevenses inter jocos dicebant, malle se apud inferos cum Beza quam apud superos esse cum Calvino*)." 이것은 Papyrius Masso가 제시한 인용문이다. 그러나 베자는 교리뿐만 아니라 치리에 있어서도 칼빈과 완전히 일치하였다(Audin, p.487.).
5. *Opera*, XV. 271.
6. The Galiffes fairly represent the animosity of these old families to Calvin, but far surpass their ancestors in literary and moral culture and respectability, which they owe to the effects of his reformation.
7. 예루살렘에 있는 자유파들의 회당은 바울의 선구자인 스데반을 대적하였다. 사도행전 6:9.

8. 이들은 사도 마태를 세리(*usurier*, a usurer), 사도 바울은 깨진 그릇(*potcasse*, a broken vessel), 베드로는 그리스도를 부인했다는 이유로 신을 버린 자(*renonceur de Dieu*), 사도 요한은 어린아이 같은 청년(*jouvenceau et follet*, a childish youth) 등으로 불렀다.

9. The French original in Henry, II. Beilage, 14, p.112 이하; also in Bonnet and in *Opera*, XII. 64-68. 라틴 판들은 4월 28일 대신에 4월 20일로 적는다.

적용과 실천을 위한 점검과 질문
'애국파들과 자유파들에 대항한 칼빈의 투쟁' 에 대하여

1. 칼빈 당시 제네바 교회를 구성하고 있었던 애국파와 자유파는 각기 어떤 성격의 단체들이었습니까? 이런 단체들이 오늘날 현대 교회 안에서는 어떤 모습으로 재현되고 있습니까?

2. 칼빈이 자신의 시편 서문에서 핵심적으로 말하고 싶었던 내용은 어떤 것들입니까?

3. 교회에 치리 질서를 도입하려는 칼빈에게 맞서서 그의 대적자들이 취한 행동은 구체적으로 어떤 것들이었습니까?

4. 제네바 교회에서 세력 확장을 꾀했던 '자유 성경의 형제 자매들' 은 어떤 잘못된 가르침을 주장했습니까? 이러한 경향은 오늘날은 어떻습니까?

5. 교회 안에서 나타나서는 안 될 사조들이 현대 교회 안에서 버젓이 나타나고 있는 현상들에는 어떤 것들이 있는지 논의해 봅시다. 가령, 특정인들끼리 모여서 부흥회를 좇아다니거나, 소위 약발(?)이 세다고 소문난 목사를 찾아가 안수받는 경우는 어떻습니까?

제10장 | 애국파와 자유파에 대항한 칼빈의 투쟁 · 231

개혁신앙의 산실: 제네바 교회

제11장
자유파 지도자들과 이들의 처벌
그루에, 페랭, 아모, 방델, 베르테리에르

The Leaders of the Libertines and their punishment:
Gruet, Perrin, Ameaux, Vandel, Berthelier

제11장
자유파 지도자들과 이들의 처벌
그루에, 페랭, 아모, 방델, 베르테리에르

The Leaders of the Libertines and their punishment:
Gruet, Perrin, Ameaux, Vandel, Berthelier

우리는 이제 애국파와 자유파의 주요 인물들을 살펴보면서 이들이 칼빈과 그의 치리 체계에 맞서서 싸웠던 사실을 주목할 것이다.

1. 쟈크 그루에(Jacques Gruet)

그루에1는 칼빈의 치리에 의한 최초의 희생자로 폭동과 신성모독 혐의로 사형을 당했다. 그의 경우는 세르베투스 사건 다음으로 가장 유명한 사건일 것이다. 물론 그루에는 정치적으로나 종교적으로나 두 방면에서 가장 나쁜 유형의 자유파였으므로, 그 당시 어떤 국가에서라도 사형 선고를 받았을 것이다. 그는 유서 깊고 존경받는 가문 출신의 애국파였고, 이전에는 참사회 의원이었다. 그는 비레가 독살당할 뻔했던 사건(1535)의 주모자였다는 의심을 받았다. 오뎅(Audin)이 말하듯이, 그는 칼빈과 피난민들에 대항하여 '시(詩)라기보다는 악의에 가득 찬' 시구들을 썼다. 그는 술집을 정기적으로 출입하는 단골 손님이었으며, 개인적인 자유를 간섭하는 한 교회와 국가가 요구하는 어떠한 법규에도 반대하였다.

그루에는 교회에서 설교를 들을 때 설교자의 얼굴을 뻔뻔스럽고도 반항적으로 쳐다보았다. 그는 처음에 무릎에 주름이 있는 반바지를 입음으로 베른식의 유행을 채택했는데, 나중에 치리 법원이 그러한 복장을 금지시키자 공개적으로 반항하고 나섰다. 칼빈은 그를 천한 사람이라고 부르면서 그의 도덕적이고 종교적인 성품을 비호의적으로 설명했는데, 이러한 사실은 전적으로 정당한 것이었다.

페랭의 아내가 치리 법원에 도전했던[2] 며칠 뒤인 1547년 6월 27일에 사보이 방언으로 기록된 다음과 같은 비방 문서가 성 베드로 예배당에 있는 칼빈의 설교단에 부착되었다.

"추악한 위선자여(Gros panfar), 너희와 너희 동료들은 자신들의 노력으로 아무 것도 얻지 못할 것이다. 만약 너희들이 스스로를 구하기 위해 도주하지 않는다면, 어느 누구도 너희들의 패배를 막아주지 못할 것이고, 너희는 너희들이 수도원을 떠났던 그때를 저주하게 될 것이다. 마귀와 그의 졸개 사제들이 모든 것을 파괴하기 위해 이곳으로 왔다는 경고는 이미 이루어졌다. 하지만 오랫동안 고통을 겪고 난 후 사람들은 스스로 복수한다. 프라이부르크의 베를(Verle)[3] 꼴을 당하지 않도록 주실하라. 우리는 그렇게 많은 주인을 소유하시 낳을 것이다. 우리가 경고하는 바를 가슴 깊이 명심하라."[4]

시의회는 즉각 조사에 들어가 그루에를 체포하였는데, 그는 며칠 전에도 칼빈에 맞서 그를 위협했으며, 저속하고 경건치 못한 시와 편지들을 썼었다. 그의 집에서 발견된 칼빈이 자유파에 대항해서 쓴 책의 여백에는 완전히 광기에 사로잡힌 듯한 그루에의 메모가 가득 적혀 있었다. 그리고 몇몇 글과 편지에서 발견된 비방문에서는, 추앙받기를 원하고, 교황에게서 영예를 찬탈하고자 하는 교만하고 야심에 찬 완강한 위선자로 칼빈을 묘사했다. 역시 성경을 조롱하고, 그리스도를 모독하며, 영혼의 불멸성 교리를 꿈이자 우화라고 간주하는 그루에의 필체로 기록된 두 페이지짜리 라틴어 문서도 발견되었다.

그루에는 당시로서는 상식적으로 시행되던 비인간적인 방식으로 한 달간 매일같이 고문을 받았다.5 그는 결국 자신이 협박문을 설교단에 갖다 붙였으며, 자신의 집에서 발견된 글들도 모두 자신의 것이라고 자백하였다. 하지만 그는 어떤 공모자도 없다면서 그들의 이름은 밝히기를 거부하였다. 그는 종교적이고 도덕적이고 정치적인 범법 행위로 유죄 판결을 받았다. 그가 종교를 경멸한 것은 명백히 죄였으며, 인간적인 것이든 신성한 것이든 간에 법률은 단지 인간의 변덕스러운 작품이라고 주장하는가 하면, 남녀 양측이 동의할 때에는 성관계도 죄가 아니라고 주장한 것과 또한 성직자들과 시의회를 협박한 것 등에 대해 유죄 판결이 내려졌다.

그는 결국 최종적으로 참수되었다(1547년 7월 26일). 그런데 이 처형은 자유파들을 공포에 떨게 하기는커녕 오히려 그 어느 때보다 더욱 격렬하게 만들었다. 사흘 후에 시의회는 20명이 넘는 젊은이들이 칼빈과 그의 동료들을 론 강에 던져 버리려는 음모에 가담했다는 정보를 입수했다. 칼빈은 모욕과 협박을 받음이 없이는 거리를 자유롭게 걸을 수 없었다.

그루에의 죽음 2-3년 후에, 그리스도, 동정녀 마리아, 선지자들과 사도들, 성경, 그리고 모든 종교에 대한 끔찍한 모독으로 가득 찬 그의 논문 한 편이 다시 발견되었다. 그는 이 글에서 유대교와 기독교의 창시자들이 범죄자들이라는 것과 그리스도께서는 당연히 십자가에 달리셔야 했다는 것을 입증하는 것을 목표로 삼았다. 어떤 사람들은 이 논문을 모세, 그리스도, 마호메트를 한 무리의 종교적인 사기꾼들로 다룬 바, 황제 프리드리히 2세(Frederick II) 시대의 책인 '데 트리부스 임포스토리부스'(*De tribus Impostoribus*)와 잘못 혼동하곤 한다.

칼빈의 충고대로 그루에의 책들은 집행인에 의해 그의 집 앞에서 공개적으로 불태워졌다(1550년 5월 22일).

2. 아미 페랭(Ami Perrin 혹은 Amy Pierre)

공화국의 군사 지도자(captain-general)였던 아미 페랭은 애국파 중에서 가장 유명하고 실제로 영향력도 있었다. 그는 비록 종교적인 동기라기보다는 정치적인 동기에서였지만 초기에 종교개혁에 앞장섰던 선구자들 중의 한 사람이었다. 그는 사제들이 파렐을 폭행하려 할 때에 그를 보호해주었으며, 칼빈을 제네바로 모셔오기 위한 스트라스부르크의 사절로 임명되기도 했었다.6 그는 목회자들과 함께 1542년의 교회 법령(Ecclesiastical Ordinances)을 작성했던 6명의 신도 중 한 사람으로서 당시 칼빈과 그의 개혁자들을 열렬히 지지하였다.

그런데 페랭은 칼에는 능수능란한 사람이었지만 글에서는 그렇지 않았다. 그는 허영심에 사로잡혔고, 야망에 찼으며, 허세를 부렸고, 과장이 심한 사람이었다. 칼빈은 이러한 페랭을 가리켜 "방금 '희극의 황제'(Caesar comicus)를 연기하고 또 다시 '비극의 황제'(Caesar tragicus)를 연기하는 무대 위의 황제"라고 했다.

페랭의 아내 프란체스카(Francesca)는, 당시 사보이에 대항한 정치적인 투쟁에서는 주요한 역할을 했을지라도 자유를 방종으로 잘못 이해한 끝에, 칼빈을 폭군이며 위선자라고 미워했던 파브로(Francois Favre)의 딸이었다. 그의 가족 전부가 칼빈에 대해 이러한 미움을 가졌다. 프란체스카는 지나치게 춤과 여흥을 즐겼고 기질이 난폭할 뿐만 아니라 언어도 거칠었다. 칼빈은 그녀를 평하기를, 아마존의 여왕으로서 그리스도에 대항해 싸우다가 아킬레스에게 살해 당한 '펜테실레아'(Penthesilea), 그리고 '놀라울 정도로 원한에 불타는 여자'라고 했다.7

하지만 칼빈은 여자를 상대로 싸운다는 것이 얼마나 어리석고 위험한가를 너무 늦게 깨달은 것 같다. 그는 간음한 여인인 막달라 마리아에게 보이신 그리스도의 행동을 잊었던 것으로 보인다.

벨 리브의 미망인 발타자르의 집에서 결혼식 중에 발생한 부끄러운 광경은 그곳에 있었던 파브르 가족에게 치리 법원의 견책과 시의회의 처벌을 초래했다. 페랭과 그의 아내, 그리고 그녀의 아버지 파브르는 수주간 투옥되었다(1546년 4월). 파브르는 어떤 자백도 거부하고 감옥에 들어갔으며 "자유! 자유! 나는 총회를 소집하기 위해서라면 천 크라운의 돈이라도 내겠다"고 소리쳤다.8 하지만 그녀의 남편 페랭은 치리 법원에 겸손하게 사과하였다. 칼빈은 파브르 가족에게 분명하게 말하기를, 비록 그들 전부가 왕관을 쓰고 있다 할지라도 제네바에서 사는 한 제네바 법에 반드시 복종해야 한다고 지적했다.9

페랭은 이때부터 칼빈 반대파의 선봉에 섰다. 그는 치리 법원을 카톨릭의 종교 재판소와 같다고 큰 소리로 비난했다. 그는 시의회에 막대한 영향력을 행사하여 1547년 3월에는 다수결의 투표로 교회의 치리권이 의회의 손에 넘어가도록 조정했다. 하지만 칼빈은 강력하게 저항하여 기존의 교회 법령이 다시 고수되도록 상황을 되돌려 놓았다.10

얼마 후, 페랭은 파리에 대사로 파견되어(1547년 4월 26일), 그곳에서 특별한 대우를 받았다. 이때 파리의 추기경 뒤 벨레이(du Bellay)는 스위스에 대한 독일 황제의 적대적인 계획을 좌절시키려 한다면서 페랭의 지휘 아래 일단의 프랑스군을 제네바에 주둔시키는 것이 가능한지를 타진해왔다. 비록 페랭이 조건부로 동의했지만, 이것은 제네바로부터 그의 충성심에 대한 의심을 야기시키는 근거가 되었다.

페랭의 부재 동안에 그의 아내와 그녀의 아버지가 술에 취해 난동을 부린 일로 다시 치리 법원에 소환되었다(1547년 6월 23일). 파브르는 출두를 거부하였다. 프란체스카는 자신의 사적인 생활을 공식적으로 간섭하려는 법원의 권리를 부인하였다. 치리 법원이 이에 대해 충고하자, 그녀는 분노에 빠져 설교자 아벨 푸팽(Abel Poupin)에게 퍼부어 모욕하기를, '남을 욕하는 자요, 자신의 아버지를 중상하는 자요, 천박한 돼지 떼 같은 자요, 그리고 고의적인 거짓말쟁이'라고 했다. 그녀는 다시 투옥되었지만 한 아들과 함께 허술한 관리 체계를 뚫고 탈출하였다. 이때 그녀는 성문에서 아벨 푸팽을 만나게 되었는데 그는 분을 삭이지 못하여 더욱 악에 차서 '전보다 훨씬 더 추잡한' 모욕을 퍼부었다.11

그루에의 협박조 문건이 출판되는 일이 일어났다(1547년 6월 27일). 이 문서에는 칼빈이 죽임을 당했다는 보고가 들어 있었다. 그리고 칼빈 자신은 '제네바의 자녀들'이 자신의 목에 500크라운의 현상금을 걸었다는 편지를 부르고뉴와 리옹으로부터 받기도 했다.[12]

파리로부터 귀환했을 때, 페랭은 자신의 지휘 아래 제네바에 200명의 프랑스 기병대를 숙영시키려 했다는 반역죄로 기소되었다. 그는 단지 제네바 정부의 승인을 받는다는 조건부로 이러한 병력에 대한 지휘권을 받아들였던 것이라고 변명했다. 이 사건에서 자유를 위해 투쟁해 온 노장이요 쉬용의 죄수였던 보니바르(Bonivard)는 페랭을 대적하여 갈라졌다. 베른의 사절들이 나서서 이 책임을 프랑스 대사 메그레(Maigret the Magnifique)에게 뒤집어 씌우려고 했다. 하지만 결국 페랭은 시의회로부터 축출되었고 총사령관의 직위도 금지되었다. 하지만 결국 그는 아내와 장인과 함께 감옥에서 풀려났다(1547년 11월 29일).

자유파들은 다시금 반격하기 위해 모든 힘을 결집시켰다. 이들은 200인 의회의 소집을 요구했고, 거기서 최고의 지지를 끌어냈으며, 무장한 지지자들의 분위기는 점차 격앙되어 갔다. 그런데 이 회의장에 뜻밖에도 칼빈이 무장한 군중들 앞에 나타나, '만약 누구든지 피를 흘리고자 한다면 나부터 시작하라'고 외치자, 놀라운 상황이 발생하게 되었다. 칼빈은 용기와 언변으로 그들의 광풍을 잠재우고 행여나도 발생했을지도 모르는 비참한 살육을 막는 데 성공하였다. 이는 이성으로 격정을 잠재운 장대한 승리요, 도덕으로 물리적인 폭력을 이긴 놀라운 승리였다.

칼빈에 대한 가장 강력한 비방자들까지도 이런 상황에서는, 칼빈과 그리고 역사의 진리 앞에 무심결에나마 찬사를 표하지 않을 수 없었다. 당시의 상황에 대한 극적인 설명을 들어보자.

"200인 의회가 열렸다. 지금까지 이보다 더 소란스러운 회의는 결코 없었다. 말로 떠드는 데 지친 각 당파들은 무력에 호소하기 시작했다. 사람들은 이러한 호소에 동조하기 시작했다. 이때 칼빈이 수행원도 없이 그들 앞에 나타나 자신의 죽음을 요구하는 소리를 들으면서 홀의 아래 자리로 안내되었다. 그는 팔짱을 끼고서 선동자들의 얼굴을 뚫어지게 바라보았다. 그들 중 누구도 감히 그를 치지 못했다. 이윽고 칼빈은 자신의 가슴을 열어젖힌 채 군중들 사이를 통과해 가면서, '당신들이 피를 원한다면 여기 아직 몇 방울의 피가 있다. 그러니 쳐라!' 고 외쳤다. 하지만 감히 누구도 팔을 치켜들지 못했다. 그리고 나서 칼빈은 천천히 200인 의회의 계단으로 올라갔다. 회의장은 곧 피로 젖을 것이라고 해도 좋을 정도로 사방에서 칼이 번쩍였지만, 개혁자의 위엄찬 모습 앞에서 사람들은 슬금슬금 무기를 내려놓기 시작했다. 칼빈의 엄숙한 몇 마디 말은 소동을 가라앉히기에 충분하였다. 칼빈은 의원 한 사람의 팔을 붙잡고 다시 계단을 내려가면서 사람들을 향하여 할 말이 있다고 소리쳤다. 그는 연설하기 시작했고, 그의 연설이 열정과 감동에 차기 시작하자, 어느덧 그들의 눈에서 눈물이 흐르기 시작했다. 군중들은 서로를 얼싸안았고, 조용히 물러가기 시작했다. 이날 애국파들은 결정적으로 패배하였다. 이때로부터 승리가 개혁자의 수중에 돌아갈 것이라는 사실에 대해서 쉽게 예측할 수 있었다. 자유파들이 카톨릭 성상을 파괴하고 성인들의 조각상 안치대를 뒤집어 엎거나 세월이 흘러 약해져 버린 나무 십자가를 집어던지는 정도가 문제였을 때는 그렇게도 대담한 듯이 보였지만, 사실상 이날 마치 호메로스의 서사시에 등장하는 영웅과도 같은 모습을 보여주었던 이 사람 앞에서는 나약한 여자처럼 공포에 떨었다."[13]

이날의 승리에도 불구하고 칼빈은 자신의 대적들을 신뢰하지 않았고, 파렐과 비레에게 보낸 편지에서 하나님이 자신을 보호하기 위하여 손을 펼치시지 않는 한 자신은 더이상 직위를 유지할 수 없을 것이라는 걱정의 심정까지도 표현하였다.

일종의 휴전이 경합 파벌 사이에서 성립되었다. 칼빈은 파렐에게 이렇게 편지를 썼다(1547년 12월 28일).

"저는 즉시 그와 만나 가장 시급한 문제부터 추진하였는데, 우리의 예전 황제는 저에게 어떠한 적의도 가지고 있지 않다고 하였습니다. 사실 저는 이 대화에서 신중하고 온건하게 얼마간 날카로운 질책도 사용하였으나, 상처를 줄 수 있는 말은 하지 않았습니다. 결국 그가 개혁을 약속하면서 제 손을 잡았지만, 저는 여전히 귀머거리에게 말한 것과도 같아 걱정입니다."[14]

다음 해에 칼빈은 비레에게 보내는 개인적인 편지에서, 제네바인들이 '비록 그리스도의 백성인 것처럼 행세하고 있으나 그리스도 없이 통치하기를 원하고 있으며' 따라서 자신은 그들의 '위선'과 맞서 싸워야만 한다고 말했다는 이유로, 시의회로부터 비난을 받았다. 왜냐하면 칼빈의 이 편지가 중간에 탈취되어 시의회에 전해졌기 때문이다. 그는 비레와 파렐에게 일종의 해명을 통하여 자신의 처지를 도와달라고 요청했다.[15]

이 사건으로 기회를 포착한 페랭은 조용히 움직였으며 상당한 유익을 얻었다. 그는 의원직에 회복되었고, 한동안 폐지되었던 총사령관의 직책에도 복귀되었다. 그는 심지어 수석 행정장관직에 선출되기도 했다(1549년 2월). 그는 세르베투스가 재판을 받는 동안에도 자신의 직위를 유지했으며, 시의회가 그에게 사형 선고를 내리지 않도록 반대 운동을 하였다(1553년).

세르베투스가 처형된 후 얼마 지나지 않아서 자유파들은 당시 제네바에 와서 자신들에게 상당히 엄격한 설교를 했던 파렐을 상대로 항의 시위를 일으켰다(1553년 11월 1일). 동전 제작소를 담당하고 있었던 베르텔리에르(Philibert Berthelier)와 그의 형제인 다니엘(Francois Daniel)은 노동자들을 선동하여 파렐을 론 강에 처넣으려고 하였다. 하지만 파렐의 동료들이 그를 둘러싸서 보호하였고, 시의회 앞에서 청중들에게 그의 무죄를 납득시켜 파렐을 변호하였다. 결국 서로 화해하기 위한 연회가 열려 피차 모든 적의를 잊고 묻어 버리기로 결정했다. 수석 행정장관 페랭은 마음이 약해졌는지 혹은 좋은 감정에 자극되어서였는지 모르겠으나, 파렐에게 용서를 구하면서 앞으로 그를 자신의 영적인 아버지와 목회자로 영원히 존경하겠다고 선언하였다.[16]

이때 후로 칼빈의 동료들은 시의회에서 유리한 위치를 얻었다. 많은 수의 종교적인 피난민들에게 시민권이 수여되었다.

하지만 또 다시 당시 소의회 의원이었던 페랭과 그의 친구 방델(Peter Vandel)과 베르텔리에르가 사생결단을 하고서 필사적으로 무모하고도 저주스러운 음모를 꾸몄는데 끝내 이것은 자신들에게 파멸을 제공하는 빌미가 되고 말았다. 이들은 종교의 자유를 위해 제네바로 피난 온 모든 외국인들과 이에 동정적인 제네바 시민들이 주일날 교회당에 모였을 때 이들 모두를 학살할 계획을 공모했다.

하지만 다행스럽게도 이 음모는 실행되기 전에 발각되었다. 이 폭도들은 200인 의회 앞에서 심리를 받게 되었는데, 이때 페랭과 다른 몇몇 주모자들은 뻔뻔스럽게도 자신들이 재판관인 듯이 재판석에 앉으려고 하였다. 하지만 이 사건이 법과 질서에 호의적으로 기우는 것을 감지한 페랭은 방델과 베르텔리에르와 함께 제네바에서 도망쳤다. 이들은 제네바로부터 공식 통보관에 의하여 소환을 받았지만 출두를 거부하였다. 결국 예정되었던 재판날에, 궐석 재판이 열려 다섯 명의 도망자에게 사형이 선고되었다. 이때 페랭의 경우는, 폭동 시에 행정장관의 지휘봉을 잡았던 그의 오른손을 자르라는 판결까지 덧붙여졌다. 이 형벌은 진짜 죄인들 대신에 가짜로 만들어 세운 허수아비 죄인들에게 집행되었다(1555년 6월).

이들의 재산은 몰수되었고, 아내들은 제네바에서 추방되었다. 제네바는 이 기회에 군사 독재의 위험을 막기 위해 총사령관 직책을 다시 폐지시켰다.

하지만 베른은 정부 차원에서 이 도망자들을 보호해주었다. 즉 베른 정부는 이들의 손을 빌려 칼빈과 제네바를 향해 비난과 중상모략이 가해지도록 허용하였던 것이다.

이런 식으로 '희극의 황제'(comic Caesar)는 '비극의 황제'(tragic Caesar)로 종국을 맞았다. 칼빈에 대한 공정한 전기 작가 다이어(Dyer)는 페랭의 생애의 마지막 장을 가리켜 '카틀리나적인 음모에 대한 풍자화'라고 칭했다.[17]

3. 피에르 아모(Pierre Ameaux)

아모의 경우는 정치적인 자유파과 종교적인 자유파 사이에 유지되었던 밀접한 연관성을 보여준다. 그는 200인 의회의 의원이었다. 그의 아내는 질이 좋지 않은 자유 연애론의 이론가이고 그것을 실천했다는 이유로 종신형을 선고받았는데 그는 아내와의 이혼을 시도하여 결국 성취했다. 하지만 그는 칼빈의 신학과 치리를 싫어하였다. 그는 자기 집에서 베풀어진 만찬에서 술에 만취한 끝에 대범하게도 칼빈을 그릇된 교리를 가르치는 선생이요, 매우 사악한 자요, 피카르디 촌놈 외에 아무것도 아니라면서 거침없이 비난했다.[18]

이 사건 때문에 그는 시의회에 의해 두 달간 투옥되었으며 60달러의 벌금을 선고받았다. 결국 그는 사과하였고 자신의 말을 취소하였다. 하지만 칼빈은 이렇게 가벼운 처벌로 끝나지 않고 재심을 요구하였다. 시의회는 그에게 굴욕적인 처벌을 내렸는데, 즉 속옷 차림으로 머리에는 아무것도 쓰지 않고 손에는 횃불을 든 채로 거리를 샅샅이 누비며, 무릎을 꿇고 하나님과 의회와 칼빈에게 용서를 구하라는 것이었다. 이러한 가혹한 판결이 내려지자 성 제르베 지구 사람들이 나서서 대중적인 폭동을 일으켰다. 하지만 시의회 의원들은 무리를 이루어 현장으로 행진하여 술집 주인들에게 문을 닫도록 명령하였고, 군중들에게 겁을 주기 위해 광장에 교수대를 세우게 했다. 결국 아모에 대한 선고가 집행되었다(1546년 4월 5일). 그리고 아모의 집에서 함께 술을 마셨던 두 설교자 마르(Henri de la Mare)와 메그레(Maigret)는 면직 처분을 받았다. 마르는 시의회 앞에서 칼빈이 '선하고 덕이 있으며 대단히 지적인 사람이지만 때로는 자신의 격분과 조급함, 가득 찬 증오심과 복수심으로 다스렸다' 고 했다. 목회자들은 마르를 옹호하여 중재했으며, 시의회는 그에게 6 에쿠(ecus)를 주었다. 다른 한 명의 설교자인 메그레는 더욱 심각한 죄를 저질렀는데 자신의 의무를 소홀히 한 죄와 평판이 나쁜 집을 방문한 죄 등이 발견되었다.

4. 피에르 방델(Pierre Vandel)

방델은 1548년에 행정장관이었다. 그는 잘 생기고 영리했지만 불성실한 기사여서, 시종들과 애첩을 데리고 자신을 드러내기를 좋아했으며, 손에는 반지를 끼고 가슴에는 금 목걸이를 차는 것을 좋아했다. 그는 칼빈을 추방하는 일에 적극적으로 나섰으며, 칼빈이 다시 귀환한 후로도 계속해서 대적하였다. 그는 방탕한 생활과 치리 법원 앞에서 무례한 행동을 했다는 죄목으로 감금되었다. 앞에서 보았듯이 그는 페랭의 음모에 주도적인 역할을 하였으며 따라서 페랭의 판결과 동일한 판결을 받자 도주하여 베른으로 망명하였다.

5. 필리베르 베르텔리에르(Philibert Berthelier 혹은 Bertelier, Bertellier)

베르텔리에르는 제네바 독립 전쟁에 참여했다가 1519년에 참수당한 저명한 애국자의 명성에는 어울리지 않는 불량한 자로, 칼빈의 가장 악질적인 원수에 속했다. 만일 볼섹이 칼빈을 모략했던 독단적인 말을 믿을 수 있다면, 그는 노용에 가서 칼빈의 젊은 시절에 관한 나쁜 소문들을 수집해 왔는데, 볼섹은 칼빈 사후 13년이나 지나서 이 자료들을 출판하였던 것이다(1577년). 하지만 이 사실을 입증해주는 구체적인 증거는 하나도 없다. 만약 자유파들이 당시 그러한 정보를 가지고 있었다면, 그들은 의당히 그것을 이용했을 것이다. 베자는 '가장 정점에 서 있는 뻔뻔한 자' 요 '많은 부정행위를 자행한 범죄자'라고 베르텔리에르를 지목하였다.

그는 칼빈을 모욕하고, 교회에 출석하지도 않고, 또한 다른 범죄들에 대해 어떤 사과도 거부했기 때문에 1551년 치리 법원에 의해 출교되었다. 칼빈은 병으로 인해 이 재판에 참석하지 못했다. 그러자 베르텔리에르는 자신이 서기로 일했던 시의회에 항소하였다. 시의회는 처음에는 치리 법원의 결정을 확정했지만, 나중에는 페랭이 행정장관직을 행사하고 있고 세르베투스의 재판이 진행 중이던 때에 그를 석방시켰으며, 공화국의 인장으로 서명된 사면서까지 그에게 써 주었다(1553년).

이로 인해 시의회와 정면으로 충돌하게 된 칼빈은 어쩔 수 없이 시의회에 복종하든가 단호히 불복종하든가 양자택일을 해야 했다. 후자를 선택할 경우 그는 두 번째이자 최종적으로 다시 추방당할 위험이 있었다. 하지만 그는 그런 위기 때문에 물러설 사람이 아니었다. 칼빈은 시의회의 결정에 반대하기로 결심하였다.

베르텔리에르가 사면되고 난 다음 주일에는 9월의 성찬식이 집례될 예정이었다. 칼빈은 성 베드로 교회당에서 평소처럼 설교하였고, 설교를 마무리 지으면서 자신은 출교된 사람에게 성찬을 시행함으로써 그것을 모독하는 죄는 결코 범하지 않을 것이라고 선포하였다. 그러면서 그는 목소리를 한층 높이고 손을 들어 올리면서 성 크리소스톰(Chrysostom)〈해설 23〉을 인용하여 이렇게 외쳤다.

"나는 하나님을 멸시하는 자로 낙인 찍힌 자들에게 이 손으로 하나님의 성물들을 제공하느니 차라리 내 목숨을 내어놓겠다."

이것은 장엄한 기독교적 영웅주의를 보여주는 또 다른 순간이었다. 종교에 대한 얼마간의 경외의 감정이 있고 칼빈의 성품에 대해 다소간 존경심도 지녔던 페랭은 이러한 엄중한 경고에 아주 깊은 인상을 받아서 베르텔리에르에게 성찬대에 접근하지 말라고 비밀리에 신호를 보냈다. 베자의 보고에 따르면 당시의 성찬식은 '마치 하나님 자신이 그들 가운데 가시적으로 임재하시는 것처럼 깊은 침묵과 엄숙한 두려움 속에서' 거행되었다.

오후에 칼빈은 마치 이번이 마지막 시간이나 되는 듯이 바울이 에베소 교회 장로들에게 한 작별의 인사(행 20:31)에 관해 설교하였다. 그는 회중들에게 그리스도의 가르침 안에 거하라고 애절한 심정으로 권면하고, 교회와 교인 각자를 섬기려는 자신의 마음이 얼마나 간절했는가를 선언하면서 이렇게 결론 맺었다.

"이곳의 상황에서 엿보이듯이 이번이 여러분께 대한 본인의 마지막 설교가 될 것 같습니다. 왜냐하면 권력을 가진 사람들이 하나님께서 허락하지 않으시는 것들을 본인에게 강요할 것으로 보이기 때문입니다. 그러므로 본인은 이제 바울처럼, 사랑하는 여러분들을 하나님과 그 은혜의 말씀에 의탁할 수밖에 없습니다."[19]

이 말은 심지어 칼빈의 적대적인 원수들에게까지도 깊은 인상을 주었다. 다음 날 칼빈은 동료들 및 장로들과 함께, 총회에 의해 재가된 법률이 공격을 받았으니, 사람들 앞에서 그들의 의견에 대한 청취를 허락해달라고 시의회에 요구하였다. 시의회는 청구를 거부하였지만, 대신 출교권이 시의회에 속한다고 선포한 앞서의 칙령을 보류할 것을 결의하였다〈해설 24〉.

이러한 소란 중에서도 세르베투스의 재판이 진행되었고, 결국 그가 화형당함으로써 종막을 고했다(1553년 10월 27일). 며칠 후에 종교를 경멸했던 베르텔리에르가 주의 만찬을 허락해 달라는 자신의 요청을 다시 반복했다(11월 3일). 앞서 이단을 정죄했던 시의회는 입법자로서 칼빈에게 복종하는 것이 싫어 자신들의 수중에 출교권을 계속 유지하기를 원했다. 하지만, 어떠한 타협도 양보하지 않으려는 목회자들과의 과열된 싸움을 피하기 위하여 시의회는 이 문제에 대한 다른 스위스 4개 주의 견해를 요청할 것을 결의하였다.

불링거는 취리히 교회와 관리들을 대신하여 12월에 답신을 보냈는데, 비록 그가 개인적인 차원에서는 지나친 엄격을 반대하여 칼빈을 충고했을지라도, 실제적으로는 칼빈의 견해를 지지하고 있었다. 반면 베른의 관리들은 자신들의 교회에서는 출교가 한 번도 없었다는 대답을 보내왔다. 다른 두 주에서 보낸 답신들은 지금 잃어버렸지만, 칼빈의 견해에 보다 호의적이었을 것으로 보인다.

한편 이야기는 바뀌어, 사건은 더욱 전도 유망한 국면을 띠었다. 새해 첫날에 시의회와 재판관들이 베푼 성대한 만찬에 칼빈도 참석하였고(1554년 1월 1일), 사람들은 일반적으로 평화에 대한 소망을 피력하였다. 다음 달에 200인 의회는 종교개혁의 교리들을 잘 준수하고, 과거의 투쟁들은 잊어버림으로써 상호간에 모든 증오와 적개심을 버리고, 서로가 잘 연합하여 살자고 손을 들어 맹세하였다(2월 2일).

하지만 칼빈은 이를 단지 휴전 정도로 여겼으며, 미래에 여전히 문제들이 일어날 것이라고 판단하였다. 그는 자신의 모든 적대자들을 기꺼이 용서했지만 치리 법원의 권리들은 어떠한 경우에도 희생할 수는 없으며, 만일 그렇지 않다면 차라리 제네바를 떠나겠노라고 시의회 앞에 선포하였다. 아니나 다를까, 칼빈의 예상대로 이러한 분란들이 1554년 중에도 계속 발생하였다. 그 와중에 반대 세력이 다시 일어나 외국인들과 시의회에 대항하려 했으나 이 계략은 실패로 돌아갔다. 결국 베르텔리에르는 페랭과 함께 사형을 선고받았지만, 그와 함께 도주함으로써 재판의 집행을 벗어났다.

이것이 제네바에서의 자유파들의 결말이었다.

주〉
1. 그는 Humbert Gruet의 아들로서, 제네바의 공증인이었다. 참사회원인 Claude Gruet와 혼동하지 말아야 한다(참고, *Opera*, XII. 546, note 9; Bonnet, Letters fr. I. 212, and Henry, II. 440.).
2. 날짜에 관해서는 *Opera*, XII. 546, note 7을 보라. 또한 Annal. XXI. 407, sub Lundi Juin 27: "*Un e' crit violent contre Calvin et ses collegues est trouvedans la chaire d' un des temples.*" 1547년 7월 2일자로 비레에게 보낸 칼빈의 편지. "*Postridie reperitur charta in suggestu qua mortem nobis minantur.*"
3. 섬 베드로 교회의 참사회원이 Peter Wernly는 1533년 5월 4일, 프로테스탑트와의 싸움 중에 목숨을 위하여 도망가다 죽임을 당했다.
4. *Opera*, XII. 546, note 8에 있는 원문을 보라. Gaberel and Ruchat give it in modern French. The editors of the Opera refer panfar to Abel Poupin ("*Panfar ventrosum dicit Poupinum*").
5. 그러나 젠틸레와 세르베투스의 경우에는 고문이 행해졌다는 언급이 없다.
6. 1540년 10월 21일. 그 다음날 두포(Dufour)가 시의회에 의해 임명되어 그의 자리에 앉았다. Annal. 267.
7. "*Prodigiosa furia.*" 파렐에게 보낸 1546년 9월 1일자 편지(in *Opera*, XII. 377 이하, and Bonnet, II. 56). 칼빈은 편지에서 말하기를, "그녀는 부끄러움도 없이 모든 죄악을 변명하였다"라고 한다. 그녀는 칼빈의 아내를 용서하지 않았고, 칼빈이 자신의 아기에게 세례를 주면서 그녀와 그녀의 전남편이 재세례파였다고 한 고백을 들어, 자신의 친구들에게 칼빈의 아내 이들레트가 창녀였다고 중상모략하였다. 이와 같이 칼빈은 1547년 8월 21일 파렐에게 보고한다(in *Opera*, XII. p.580; Bonnet, II. 124). 오뎅(Audin)은 프란체스카에 대해 이야기한다. "여걸이고, 잘 홍

분하고, 화를 잘 내고, 쾌락을 찾아다니고, 춤추기에 빠져있으며, 그리고 루터가 수도사를 증오한 만큼이나 칼빈을 증오한 여인이다"(p.390).

8. 칼빈은 파렐에게 보낸 1546년 4월의 편지에서, 그 사건에서의 프란체스카를 이렇게 상기한다. "그녀의 아버지가 이미 한 차례 간음을 시인하였고(1531년), 또 다른 간음에 대한 증거가 입수되었으며, 세 번째에 대한 강력한 소문이 있습니다. 저는 그녀의 오빠가 시의회와 목사들 모두를 공개적으로 모욕하고 조롱하였다고 진술했습니다." 그녀는 칼빈에게 이렇게 응답했다. *"Mechant homme, vous voulez boire le sang de notre famille, mais vous sortirez de Geneve avant nous."* See the notes in *Opera*, XII. 334.

9. 칼빈이 파렐에게 보낸 1546년 4월과 9월 1일자 편지들(in *Opera*, XII. p.334 이하, 377, and Bonnet II. 38, 56)과 치리 법원과 시의회의 기록을 보라(Registers of the Consistory and the Council in Annal. 377). Dyer, 208 페이지, Audin, 391 페이지 비교. Audin은 벨 강에서 결혼식과 댄스, 그리고 치리 법정 앞에서의 시험를 생생하게 묘사한다.

10. in Annal. 399-406에서 1547년 3월과 4월의 시의회 기록에서 뽑은 것을 보라.

11. 칼빈이 비레에게 보낸 1547년 7월 2일자 편지(*Opera*, XII. 545, Bonnet, II. 108). Annal. 407; Gaberel, I. 387; Roget, II. 284를 비교하라. 보니바르(Bonivard)와 그후에 Gaberel은 프란체스카가 아벨을 향해 그녀가 타고 있던 말을 몰고 돌진했지만, 아벨이 가까스로 피함으로써 심각한 부상을 면했다고 보고한다(note 6 in *Opera*, XII. 546.).

12. 칼빈이 파렐에게 보낸 1547년 8월 21일자 편지(*Opera*, XII. 580; Bonnet, II. 123 and note)와 1547년 9월 1일의 교회 법정의 기록(Registers. of the Consistory).

13. Audin, *Life of Calvin*, p.394.

14. *Opera*, XII. 642 이하. *"Tametsi resipiscentiam manu in manum implicita promisit, vereor, ne frustra surdo cecinerim fabulam."* Dyer(p.221)는 이 편지를 12월 2일로 잘못 매긴다.(아마 인쇄상의 오류인 것 같다).

15. Registers, 1548년 10월(in Annal. 436-438). 같은 시기에 칼빈의 동생 앙투앙(Antoine)의 아내가 간통죄로 투옥되었다(Ibid. 441).

16. 시의회의 행동(Nov. 13)과 in Annal. 561 and 562 페이지를 비교하라.

17. Dyer, p.397.

18. 1546년 1월 27일자 시의회 회의록에 의하면, 그는 *"que M. Calvin estoyt meschant homme et nestoyt que un picard et preschoyt faulce doctrine,"* 등등. Annal. 368, 370, 371의 경우와 비교하라. 오뎅은 아모를 "사악한 혀와 에너지가 결핍된 영혼을 지닌 술집의 남자"로 칭한다(p.386). 그는 술 파티에 대한 재미 있는 설명을 꽤 많이 제공한다.

19. 이 설교는 속기사가 기록한 것으로 베자에 의해 라틴어로 번역되었다.

적용과 실천을 위한 점검과 질문

'자유파 지도자들과 이들의 처벌'에 대하여

1. 칼빈이 성경적 교회를 이루려고 할 때 기득권층의 강력한 저항과 반대를 받았습니다. 실례들에 대해서 구체적으로 논의해 봅시다.

2. 칼빈은 비레에게 보낸 편지에서, '제네바인들이 비록 그리스도의 백성인 것처럼 행세하고 있으나 그리스도 없이 통치하기를 원한다'고 통탄했습니다. 이것은 무슨 의미입니까? 오늘날 현대 교회의 경우는 어떻습니까?

3. 칼빈이 이들과 적당히 타협하거나, 이들의 행동을 그냥 무시하고 지나치지 않은 이유는 무엇입니까?

4. 칼빈의 이와 같은 신앙적 절개 앞에서 오늘날 우리가 긴급히 배워야 할 본보기에 대해 구체적으로 어떤 사례들을 들 수 있겠습니까?

5. 최근 우리 교회가 그리스도의 통치 앞에서 순종, 혹은 불순종한 실례가 있다면 구체적으로 제시해 보고 그 의미를 나누어 봅시다.

제11장 | 자유파 지도자들과 이들의 처벌 · 251

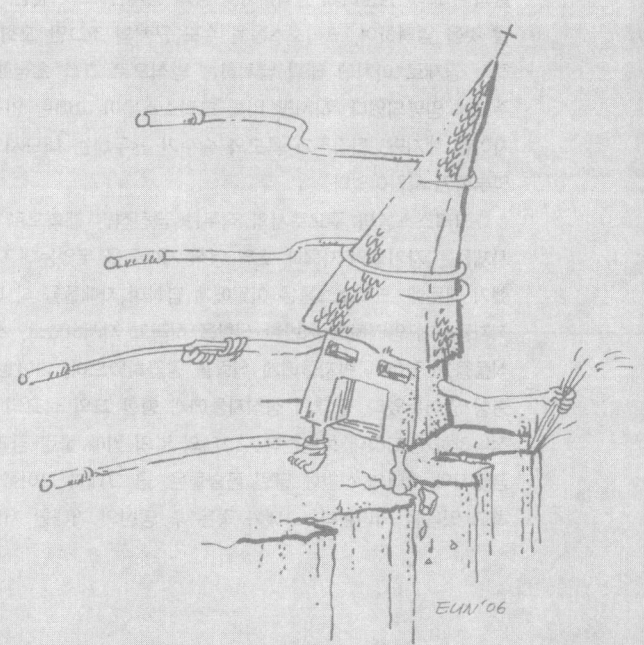

해설 23

'황금의 입' 크리소스톰

'황금의 입을 가진 요한'(John of the Golden Mouth)이라는 별명을 얻은 크리소스톰(Chrysostom, 346-407)은 안디옥에서 출생하여 웅변가 리바니오스(Libanios)에게서 수사학 교육을 받고, 세례를 받은 후, 타르수스의 주교 디오도르(Diodor)에게서 신학을 배웠다. 따라서 그는 안디옥의 문헌들을 쉽게 해석할 수 있었다. 그는 청년기에 광야로 들어가 금욕주의적인 생활을 하였지만, 지나친 금욕주의에서 얻은 중병으로 인하여 은둔 생활을 마치고, 이후 안디옥으로 되돌아오게 된다. 크리소스톰은 주교 플라비안에 의해 임직되었고, 교회의 여러 가지 과제를 맡았으며, 말씀의 봉사도 곁들였는데, 그의 천부적인 말솜씨는 이내 설교자로서 큰 명성을 얻게 되었다. 안디옥에서의 12년 동안의 설교를 통하여 수많은 절기 설교와 신약성경 강해가 지속적으로 나왔다. 그의 설교는 개인 속기사들에 의하여 빠짐 없이 기록되었다. 안디옥 사람들은 크리소스톰을 아주 귀하게 여겼고 자랑스러워했다. 386년에 저술한 '사제직'은 '목회 사역에 대해 지극히 높은 표준을 제시한 책'으로 유명하다.

그러던 중에 황제 아카디우스(Arcadius, 395-408년 재위)는 넥타리우스(Nectarius, 381-97 재위)가 죽게 되자 그의 후계자로 이 유명한 설교자를 콘스탄티노플의 주교에 임명하게 된다. 이때 당시 황제는 그의 높은 인기로 말미암아 폭동이 일어날 것을 염려하여, 크리소스톰을 수도 근처의 조그만 교회당으로 초청한 후, 그가 도착하자 강제로 마차에 태워 납치하는 방식으로 그를 초청했다. 그는 이곳에서 398년에 주교에 임명되었다. 하지만 비록 크리소스톰이 고매한 인격의 소유자이며 유능한 설교자이긴 했지만, 뒷공론과 음모와 술수가 난무하는 대도시의 주교 역할을 감당하기에는 역부족인 사람이었다.

크리소스톰의 주교로서의 직무는 급진적인 개혁으로 진행되었다. 당시 일부 독신 사제들은 자기들의 자택에 소위 영적 자매들을 두었는데 이로 인한 추문이 사방에 난무했기 때문에, 크리소스톰은 이들에게 명하여 자매들을 다 내어보내라고 하였다. 또한 성직자들에게 엄격하고 청빈한 생활을 하라고 지시하였으며, 스스로 모범이 되어 관사의 장식품들을 팔아 극빈자들에게 식량을 공급하였으며, 가난한 자들을 위하여 교회당 문을 항상 열어두었다. 당대의 성직자들에게 행한 그의 설교의 한 문장이 이 당시의 상황을 적나라하게 드러내 보여준다. "그대의 말의 입에 물린 금과 그대의 노예의 손목에 채운 금팔지와 그대의 신발에 달린 금술들은, 곧 그대가 고아를 늑탈하며 과부들을 굶주리게 하고 있음을 의미한다. 그대가 죽은 후 당신의 거대한 저택을 바라보는 통행자들이 수

군거릴 것이다. 저 저택을 짓기 위하여 얼마나 많은 고통이 뿌려졌는가? 얼마나 많은 고아들이 헐벗었는가? 얼마나 많은 과부들이 약탈 당했는가? 얼마나 많은 노동자들의 임금이 착취되었는가? 그러므로 당신들은 죽음을 통해서도 이러한 고발의 범위로부터 벗어날 수는 없을 것이다."

크리소스톰의 개혁 작업은 아시아 지역의 많은 곳에서 이루어지고 있던 성직 매매자들을 가차없이 파면한 데서 절정에 달하였다. 따라서 이 안디옥 사람에게 곧 어려움이 닥치게 되었다. 하나님의 말씀의 타협 없는 선포, 동방의 수도에 있는 혼혈인들을 위한 배려, 궁성과의 관계를 통하여 크리소스톰의 인기가 높아져간 것이 원인이었고, 그의 꾸밈없는 활동과 일련의 단호한 개혁은 주교단과 궁성 고관들의 불만을 사게 되었다. 결국 전임자보다 못하다는 비판이 여기저기서 나오기 시작했다. 이에 크리소스톰은 '사람들은 현직 주교를 모함하려는 의도가 있을 때만 전임자를 칭찬하는 법이다' 라는 말로써 응수했다. 그는 좋은 환대와 건축 사업을 위한 재정 지원을 바라고 찾아온 사람들의 기대를 무너뜨려 아주 검소한 대접으로 돌려보내기 일쑤였다. 크리소스톰은 자신이 콘스탄티노플의 총대주교라는 이유로 황궁 의전관이 자신을 최고위 관료들보다 더 높은 서열에 두고서 예우하는 것을 단호히 거부했다. 이는 당시 서방 로마 카톨릭의 반쪽 주교 다마수스(Damasus, 366-84 재위)가 자신을 높이기 위하여 황제의 수준을 넘는 접대를 베푼 것에 비할 때 너무나 대조적이었다. 금욕적이고 물질에 초연한 크리소스톰의 이러한 생활 방식은, 유복한 도시의 온갖 향락에 물들어 있는 사람들과 어울려 살기에는 결코 쉽지 않았다. 가난한 자들을 배려하라고 재촉하는 크리소스톰의 설교는 수채의 저택을 두고 수십 명의 하인들을 거느린 채 금 세면기의 버튼을 누르는 재미로 사는 부자들에게 극도의 모욕감을 안겨주었다. 남편에게 정절을 요구할 권리가 아내에게도 있다는 그의 설교는 도덕적 불감증에 안주하는 부자들의 감정을 상하게 했으며, 여성들의 사치에 대한 그의 가차없는 질책은 고급 향수와 유행에 민감한 귀부인들로부터 반감을 불러일으키기에 충분하였다.

크리소스톰이 오리겐(Origen)의 신학에 기울어져 있다고 판단한 알렉산드리아의 테오필루스(Theophilus) 주교가, 그를 정죄하려는 속셈으로 알렉산드리아에서 일을 꾸미기 시작했다. 처음에는 오리겐에게 극도의 혐오감을 가지고 있던 에피파니우스(Epiphanius, 315-403)를 사주하여 크리소스톰에게 시비를 걸게 하였지만 실패로 돌아가게 되자, 크리소스톰을 정죄하는 법정을 열기 위하여 직접 건너왔다. 이에 따라 이른바 칼케돈의 오크 궁에서(403년 6월), 다소 우스꽝스러운 비난들인, 에베소 침입, 궁성 모독, 조울증 환자와 같은 고립된 생활 등등에 근거하여, 궐석 재판으로 크리소스톰을 정죄한 테오필루스는 크리소스톰에게 통보하여 여러 가지 고소에 답변하라고 요구했다. 하지만 크리소스톰은 대꾸할 가치도 없다고 판단하여 일체 응하지 않았다.

그런데 바로 그 즈음에 크리소스톰의 설교가 빌미를 제공하여 문제를 일으키게 된다. 크리소스톰은 아합왕의 아내 이세벨의 예를 제시하면서, 여성들의 검소한 생활에 관해 설교하게 되었다. 그러자 과거 선량한 지주들의 토지를 가로챈 일이 있었던 황제 아카디우스(Arcadius, 395-408 재위)의 아내 유독시아(Eudixia)가 그것을 자신을 비난하는 말로 받아들이게 된다. 한 여름에도 서릿발을 날리는 여성의 원한으로, 앞서 테오필루스 일파가 가한 정죄는 다시 살아났고, 마침내 크리소스톰은 유배길에 오를 수밖에 없게 되었다. 크리소스톰의 응수는 마지막 고별 설교를 통하여 황후 유독시아를 명백하게 이세벨과 헤로디아에 비유한 후 유유히 유배지로 떠나는 방식으로 나타났다.

그런데 그가 떠난 바로 다음 날, 수도에 강한 지진이 발생하게 되었다. 그러자 황제의 아내 유독시아는 크게 겁을 먹고, 간절한 애원 끝에 크리소스톰으로부터 수도로 귀환하겠다는 약속을 받아낸다. 하지만 그가 돌아왔을 때 보였던 시민들의 열화와 같은 환영식은, 그를 비난하던 사람들에게 더더욱 단결의 빌미를 제공하였다. 그들은 물러서지 않았고 긴장은 더욱 커졌다. 그러던 중에 소피아 성당에 유독시아의 은상을 세우는 행사가 열리게 되었을 때, 크리소스톰의 황금의 입은 여지 없이 다시 열렸다. 이로 말미암아 이제는 황실 차원에서 이 말썽꾸러기 성직자를 제거하기로 결심하게 된다. 크리소스톰은 404년에 다시 추방의 길을 떠나게 되었고, 타우루스 남동부 지방 작은 마을 쿠쿠수스(Cucusus)에서 지내면서, 잃어버린 설교단을 대신하여 펜으로 수많은 사람들을 감동시켰다. 추방될 때에 부유한 과부 올림피아스(Olympias)는 넉넉한 자금을 보태주었고, 그의 지지자들은 무수한 편지를 보내와 격려하였다.

한편 서방의 영특한 로마 주교 이노센트 1세(Innocent I, 401-17 재임)는 사태를 정확하게 파악하고 크리소스톰을 지지했다. 이에 따라 더더욱 수많은 사람들이 크리소스톰을 찾아오게 됨에 따라 그곳은 마치 성지와도 같이 되었다. 결국 수도에 있던 권력자들의 시기심이 다시 발동되었고, 폰투스(Pontus)로 떠나라는 추방령이 다시 날아왔다. 새로운 유배지로 가던 중 코마나(토카트)에 이르게 된 크리소스톰은 병으로 지친 몸으로부터 오는 임박한 임종을 직감하면서 길 옆의 작은 교회당으로 자신을 옮기게 한다. "모든 것을 인하여 하나님께 감사드립니다. 아멘." 동방교회가 배출한 가장 위대한 설교자는 이렇게 일생을 마쳤다. 때는 407년 9월 14일이었다.

그의 생애가 이러한 고난의 길이었음에도 불구하고 크리소스톰이 남겨 놓은, 거의 모든 신약성경에 대한 주석을 망라하는 풍부한 문헌 유산은 우리를 놀라게 한다. 그밖에도 약 600여 편에 달하는 절기 설교들과 서간문들이 있다. 이 안디옥의 주석가는 유일한 해석을 통하여 그리스도론 분야에서 그 지역의 지도급 인물이 되었다. 그는 모든 혼합주의적 경향에 반대하여 그리스도의 양성의 독자성을 주장했고, 동시에 그것의 통일성을 적당하게 얼버무리지 않았다. 십자가의 사건은 바울의 입장과 같이 걸림돌의 성격을 지니고 있다고 인식했으며, 특히 '위로부터' 이 사건을 해명하고자 했다. 크리소스톰은 변모된 정치적 관계에서 만이 아니라 그의 주변 세계 모든 곳에서 십자가를 발견했다. 인간의 평등, 빈부 격차, 사회적 모순에 결코 둔감하지 않았던 그의 설교들은 여전히 현대 설교자들의 모범이다.

그의 신학 사상에서 명백하게 나타나는 현실주의는 구원의 신비에 대한 그의 이해, 특히 성례전 이해에서만이 아니라 그리스도인의 삶의 모습에 대한 추구에서도 관철되고 있다. 그리스도인의 삶의 과정에 관한 선포는 근본적으로 기독교 사회를 겨냥하고 있는데, 이 사회에서는 다름 아닌 수도원이 그 모델 기능을 담당하게 된다. 그런 점에서 이 안디옥 사람의 저작은 그 시대의 신앙심을 반영하고 있고, 민중의 경건의 영역속으로 파고 들었으나 아쉽게도 이에 대한 지속적인 신학적 성찰은 발견할 수 없다. 그럼에도 불구하고 그는 계시의 해석자와 동방의 위대한 교부로서 높은 권위를 얻게 되었다.

크리소스톰에 대한 재평가는 오래지 않아 이루어졌다. 마침내 438년에는 그의 유해가 코마나로부터 콘스탄티노플의 사도 교회로 이전되었다. 그가 남긴 말은 후세에 두고두고 음미된다. "나의 사역은 흙탕물이 끊임없이 흐르고 있는 땅의 한 구석을 깨끗이 청소하려고 하는 사람의 일과 같다." 이후 역사 속에서 그의 이름에는 '성 크리소스톰의 전례(前例)'라는 명칭이 붙었는데, 이는 중세 비잔틴에서 황도의 유서 깊은 전례의 작성자를 선정하려 할 때 크리소스톰보다 더 비중 있는 인물이 없었기 때문이다. 칼빈은 크리소스톰의 설교를 높이 평가하여 한 때는 그의 설교들을 편찬할 계획까지 가졌었다.

해설 24

교회의 권징(치리)과 교회의 표식과의 관계

칼빈은 성경의 가르침에 따라 교회의 치리, 곧 권징의 세 가지 목적을 제시한다(4.12.5). 권징은 그리스도께서 정하신 것이므로 교회에 유익한 것이다. 하지만 교회의 권징이 어느 정도로 엄격해야 하는가에 대해서는 조심스러운 입장을 취한다(4.11.6; 4.12.8). 권징이 가장 긴급하게 요구되는 것은 무엇보다도 주의 만찬을 순결하게 시행하기 위한 것과 관련된다. 칼빈은 크리소스톰(Chrysostom)이 당시 사제들이 권세 있는 자들을 두려워해서 성찬을 받기에 합당치 않은 자들을 제재하지 않았던 행위에 대해 단호하게 책망한 경우를 실례로 제시한다(4.12.5).

그런데 주목할 만한 것은 칼빈이 권징을 교회의 표식(marks) 중의 하나로는 명확하게 제시하지 않은 점이다. 이러한 생각은 당시 스트라스부르크의 개혁자 부써(Martin Bucer)의 생각과는 다른 것이고, 오히려 말씀 선포와 성례 시행 두 가지만을 교회의 표식으로 삼았던 루터(Martin Luther)의 입장과도 같다. 그러나 칼빈에게서 배운 존 녹스(John Knox)는 스코틀랜드 교회의 위임을 받아, 1560년에 일단의 팀원들과 신앙고백을 작성하면서 권징을 교회의 세 번째 표식으로 명확하게 제시했다(스코틀랜드 신앙고백 18조 참조). 1561년에 작성된 벨기에 신앙고백도 29절에서 권징을 교회의 세 가지 표식 중의 하나로 고백한다.

칼빈의 생각과 이후의 개혁파 교회의 신앙고백들의 생각에 피차 차이가 있다고는 볼 수 없다. 왜냐하면 좀더 엄격히 구분할 때 권징은 말씀과 성례에 속하는 것이기 때문이다. 교회의 권징은 말씀 선포와 성례 시행과 분리하여 독자적으로 시행될 수 있는 것이 아니다. 본래 '말씀 선포'의 의미란, '하나님의 말씀이 신실하게 가르쳐지고, 그것이 들려지는 곳'이라는 의미이다(4.1.9). 그러니까 하나님의 말씀은 '신실하게 가르쳐지는 것'만이 아니라, 동시에 '들려진다, 듣는다'고 했다. 이 '청종'하는 행위의 중요성이 많이 간과되는 경향이 있다. 말씀 선포는 청종을 위한 것이요, 곧 순종을 목표로 한 것이다. 오토 베버(Otto Weber)는 '참으로 듣는 것'은 교회의 권징 혹은 훈련에 순응하고 순종하는 실천을 낳는 것이므로, 굳이 말씀 선포와 별다른 항목으로 분리할 필요가 없는 것이라고 설명한다.

사실 교회의 권징은 '선한 행실'을 장려하는 데 목적이 있고, 교회는 이것을 말씀의 선포를 통하여 신자들에게 촉구한다. 물론 여기서 '선한 행실'은 도덕주의를 가리키는 좁은 의미가 아니고, 복음의 진리에 일치하는 삶, 곧 교회의 지체의 자리에서 머리이신 그리스도의 통치에 복종하는 신자의 순종을 의미한다. 그리스도께 순종하는 삶을 사는 데서 신자의 도덕성은 월등한 수준을 드러내게 된다. 이러한 신자의 '선행'에 대한 강조는 웨스트민스터 신앙고백에서 아주 명확하게 제시되었다. 이에 대한 존 리스(J. H. Reith)의 설명은 이렇다. "그렇기 때문에 10장에서 33장까지 웨스트민스터 신앙고백의 3분의 2를 할애해서 그리스도인의 생활을 다루고 있다는 것에 대해 놀랄 필요는 없다. 웨스트민스터 신앙고백 가운데 이 부분과 웨스트민스터 대요리문답의 10계명을 비교해서 생각하면 웨스트민스터 신앙고백을 작성한 사람들이 바른 교리에 주의를 집중한 것만이 아니라 생활 가운데서 교리를 실천하는 것에도 관심을 가지고 있었다는 것을 알 수 있다."

이런 차원에서 볼 때 '권징'이라는 말은, '신자의 훈련' 혹은 '신자의 단련'을 의미하는 것으로 좀더 적극적으로 이해할 필요가 있다. 교회의 훈련이라는 개념은 21세기를 사는 그리스도인들에게는 아주 낯선 개념처럼 들릴지 모르지만, 종교 개혁기의 그리스도인들은 이것을 적극적으로 생각했다. 칼빈은 제네바 교회를 위하여 '신앙교육서'(the Instruction in Faith)를 작성하여 적극적으로 가르쳤고, 온 교회에 정확한 복음의 진리를 공급하기 위해 교사를 세워 성도들을 가르치게 했다. 진리가 일차적으로 선포되고 계속해서 자세히 가르쳐졌다는 전제하에 성찬에 참여할 수 있는 자격이 성도들에게 있는가의 여부를 심사했다. 칼빈은 주의 만찬은 1주 1차씩 예배와 일체를 이루어 시행되는 것이 보다 성경적이라고 보았고, 그렇게 자주 시행되는 데서 올 수 있는 '성찬 경시 심리'에 대해서는, 오늘날의 장로회에 해당하는 교회법원의 기능과 역할을 최대한 활용함으로써 해결할 수 있는 문제라고 보았다.

하지만 오늘날은 칼빈의 이와 같은 정신을 찾아보기가 쉽지 않다. 간혹 성찬이 시행되는 경우를 보지만, 그것의 의미에 있어서도 다분히 츠빙글리적이어서 단순히 '기념설' 차원에서 머무는 경우가 다반사이다. 진정한 개혁파 교회라면 칼빈의 해석을 따라, 그리고 자신들이 고백하고 있듯이, 제반 개혁파 교회의 신앙고백들에 따라, 성찬에 대한 이해는 '그리스도의 영적 임재설'이어야 한다. 이러한 기대가 지나친 것(?)인지 모르겠다. 왜냐하면 성찬 문제의 회복에 대한 기대는커녕, 헤게만(H. G. Hegeman)이 잘 지적하고 있듯이, 말씀의 신실한 선포 역시 어느 정도 '단지 이야기', '신학의 설명', '성경강해', '도덕관', '심리적인 선동을 위한 연설', '종교적인 묵상', '시사해설' 등으로 변질되어 버려서, 지금은 '설교에서의 그리스도의 임재 문제'조차도 더 시급한 개혁의 현안으로 다루어져야 할 위기에 오늘날의 교회가 놓여져 있기 때문이다. 무너진 옆벽을 새로 쌓아야 하는데, 아뿔사 앞벽조차 또 무너지고 있다니!

개혁신앙의 산실: 제네바 교회

제12장
쇄신된 제네바
Geneva Regenerated, Testimonies Old and New

제12장
쇄신된 제네바
Geneva Regenerated, Testimonies Old and New

자유 사상파와의 오랜 투쟁은 칼빈의 존재를 더욱 두드러지게 부각시켜 주는 최상의 결과를 가져왔다. 제네바는 새로운 도시가 되었고, 도덕의 정도와 영적인 번영이 수 세대 동안 다른 어떤 기독교 도시들보다 제네바를 높였다. 지금의 제네바의 모습은, 이전에 16세기 로마 카톨릭 저술가들이 묘사했던 교황과 추기경들이 다스리던 시대와 얼마나 대조적인가! 만약 이 사악한 세상 안에서, 곧 여러 사람들이 뒤섞인 시민 공동체 속에서 이상적인 기독교 사회가 실현될 수 있었다면, 그것은 16세기 중반부터 18세기 중반까지의 제네바에서 이루어졌다.

이후로 제네바 출신의 루소와 인근 페르네 지역에 20년간 거주하였던 볼테르(Voltaire)의 신앙이 없는 혁명적인 천재성들이 이 획기적인 개혁가의 영향력을 서서히 파괴하기 시작했다.

1555년에 자유파가 최종적으로 붕괴된 이후로, 다시금 평화가 심각하게 교란되는 일은 없었으며, 칼빈의 사역은 아무런 방해도 받지 않고 전진하였다. 국가의 권력자들은 복음의 사역자들처럼 교회의 명예와 그리스도의 영광을 위한 일에 열성적으로 사역하였다. 교회당에는 더할 나위 없이 사람들로 가득 찼고, 하나님의 말씀이 매일같이 선포되었으며, 가정 예배는 규칙적인 신앙생활의 일부가 되었고, 쉬지 않고 기도가 드려지고 시편이 노래되었으며, 도시 전체가 자신들이 믿는 바를 실천하는 신실하고 정직한 기독교인들의 공동체 모습을 보여주는 것 같았다.

취리히와 베른에 도입되었던 '예언'(prophesying) 모임을 본받아, 매주 금요일마다 '집회'(Congregation)라고 불러진 영적 모임과 간증 대회가 성 베드로 교회당에서 열렸다. 전직 교황 사절로서 제네바에 잠시 머물렀던 베르제리우스(Peter Paul Vergerius)는 유별난 충격을 받았다. 그는 이렇게 말한다.[1]

"모든 목회자들과 많은 시민들이 참석한다. 설교자들 중에서 한 사람이 일어나 성경에서 본문을 읽고 간략한 설명을 한다. 다른 설교자가 그 주제에 관한 견해를 표현하고, 다음에는 누구든지 마음이 동하는 대로 자기의 견해를 표현할 수 있다. 이는 바울이 언급했던 고린도 교회의 관습을 모방한 것으로, 나는 이러한 공공 대담을 대하면서 많은 교화를 받았다."

제네바가 물질적으로 번영을 누리는 문제도 진지하게 다루어졌다. 더 높은 청결이 도입되어 경건 다음의 차원에서 취급되고 촉진되었다. 칼빈은 여기저기 다니면서 집 안과 좁고 구불구불한 골목의 모든 쓰레기들을 치우라고 요구하였다. 그는 관리들이 시장을 감독하도록 했으며, 해로운 음식의 판매 행위를 금하고 그런 것들을 압수하여 론 강에 던져버리도록 했다. 저급한 술집이나 주점들은 폐지되었고 폭음하는 사람들도 줄어들었다. 거리에서의 동냥 행위는 금지되었다. 대신 병원과 빈민을 위한 집들이 제공되었고 지속적으로 원만히 운영되었다. 일할 수 있는 사람에게는 모두 적절한 일자리를 주려고 노력하였다.

칼빈은 긴 연설을 통하여 시의회가 직물과 비단 산업을 도입할 것을 역설하였으며(1544년 12월 29일), 두 달 후에는 이에 대한 구체적인 계획서를 제출하면서, 사업을 위해 국고에서 충분한 금액을 빌려주라고 행정장관 쿼르테(Jean Ami Curtet)에게 추천하였다. 이에 따라 공장들이 설립되었으며 빠른 속도로 번창하게 되었다. 제네바의 직물과 비단은 스위스와 프랑스에서 귀한 상품으로 취급되었으며, 도시가 물질적인 부를 누리는 기반 산업이 되었다. 프랑스 왕실의 후원을 입은 리옹 시가 비단을 생산하기 시작하여 마침내 이 작은 공화국을 앞질렀을 때, 이미 제네바는 벌써 방향을 돌려 시계 산업을 통해 이 손실을 보충하였고, 미국의 기계들이 경쟁품을 만들어 성공하게 되었던 1885년까지 이 유용한 산업은 우세를 유지했다.

    제네바가 자신의 도덕적이고 물질적인 번영, 지적이고 문화적인 활동, 사회적인 세련됨, 세계적인 명성 등을 얻은 것은 모두 종교개혁과 칼빈의 치리에 크게 힘입었기 때문이다. 그는 모범적인 공동체의 이상적인 실례를 마련했던 것이다. 실로 정부로부터 모든 도움을 얻는다 할지라도 큰 나라에서는 이상적인 교회를 실현한다는 것이 불가능하다. 청교도들은 영국과 뉴잉글랜드에서 이를 시도하였지만, 단지 부분적으로 그리고 한시 동안만 성공의 모습을 보였다. 하지만 자발적인 원칙에 의거하여 회중들에게 이러한 노력을 기울이는 목사에 대해 어떠한 것도 금해서는 안 된다. 이따금씩 우리는 보기 드문 천재성과 헌신적인 자세를 갖춘 목회자의 인도하에서 작은 공동체들이 이런 일을 해내는 유사한 경우를 보게 되는데, 예를 들어, 슈타인탈의 오벌린(Oberlin), 헤르만스부르크의 하름스(Harms), 뉴데텔사우의 뢰헤(Lohe) 등은 고무적인 영향력을 자신들의 사역지 훨씬 너머까지 발휘하였다.

    칼빈의 영향을 입은 제네바가 변했던 모습을 자신의 눈으로 직접 목격하였던 방문자들의 증언을 들어보자.

    가령, 로마 카톨릭의 지배하에 있던 때와 칼빈 이전의 개혁 초기 단계의 상황을 누구보다도 잘 알았던 파렐의 경우를 보자. 그는 훗날 이 도시를 다시 방문하게 되었을 때(1557년), 자기는 이곳에서 기꺼이 가장 비천한 사람들과 더불어 경청하며 배울 것이고, 그리고 '다른 어떤 곳에서 첫째가 되기보다는 제네바에서 꼬리가 되겠다' 라고 블라우러(Ambrosius Blaurer)에게 편지를 썼다.[2]

그리고 비록 칼빈보다 나이가 5살이나 더 많았고, 또한 이미 영국 교회의 목사였지만, 겸손한 칼빈의 학생이 되어 제네바에서 수년간 배웠던 스코틀랜드의 개혁자 존 녹스(John Knox)는 자신의 친구 로크(Locke)에게 이렇게 편지를 썼다(1556년).

> "나는 진심으로 소망하거니와 자네를 이곳으로 인도하고 이끄는 것이 하나님의 기쁘신 뜻이라는 소망을 그칠 수 없고, 어떠한 두려움이나 부끄러움도 없이 이곳이 '사도 시대 이후 이 땅에 존재했던 가장 완벽한 그리스도의 학교'라고 단호히 말한다네. 물론 나는 다른 곳에서도 그리스도가 참되게 설교된다는 것을 인정하지. 하지만 나는 생활과 종교가 이처럼 진지하게 개혁된 경우를 그밖에 다른 어느 곳에서도 아직 보지 못했다네."[3]

야곱 안드레애(Jacob Andreae)의 손자요 루터파 일치신조(Formula of Concord) 〈**해설 25**〉의 핵심 저자로 뷔르템베르크의 루터파 교회의 빛나는 별이었던 안드레애(Valentine Andreae, 1586-1654) 박사의 경우는 어떠한가? 그는 그리스도에 대한 사랑의 열정이 충만한 사람으로, 칼빈 사후 거의 50년 만에 제네바를 방문하였을 당시 이미 칼빈주의를 반대하는 정통 루터파의 편견을 가지고 있었다(1610년). 하지만 자신이 여행한 광대한 지역은 물론이요 심지어 자신의 조국인 독일 땅에서조차 보지 못했던 바, 이 도시의 종교 상태가 어느 공동체보다도 기독 정치에 대한 자신의 이상에 가까운 것을 보고는 놀라움을 금치 못했다.

> "제네바에 있었을 때, 나는 내가 살아 있는 한 계속적으로 기억하고 갈망해야 할 어떤 위대한 것을 관찰하였다. 이곳에는 완전한 공화국의 완전한 제도뿐만 아니라 보다 특별한 장식이 있었는데 바로 도덕적인 치리였다. 이 제도는 매주 시민들의 행동거지와 아주 사소한 위반 행위들까지도 조사하되, 첫째로 구역 조사관들이, 다음으로 수석 검사관들이, 최종적으로 관리들이 범죄의 본질과 범죄의 굳어진 상태에 따라 심사하였다. 모든 저주나 맹세, 도박, 사치, 분쟁, 증오, 사기 기타 등등이 금지되었다. 더 큰 죄에 대해서는 거의 들을 수 없었다.

이 같은 도덕적 순결이란 얼마나 영광스러운 기독교의 장식물인가! 우리는 이러한 것이 결여되어 있고, 아예 전적으로 무시되고 있다는 사실을 깨닫고 반드시 눈물로 탄식해야 할 것이다. 만약 종교의 차이만 없었다면, 나는 이들의 도덕에 동감하여 이곳에 영원히 눌러 앉았을 것이다. 나는 어떤 것을 우리 교회에 도입하려고 시도하였다. 그런데 이와 같은 공적인 치리 못지 않게, 또한 내가 머물렀던 집 주인 스카론 씨 가정의 매일의 묵상, 성경 읽기, 말과 행동에 있어서의 하나님께 대한 경외심, 먹고 마시고 입는 일에서의 절제에 대한 가정 규율들도 무척 뛰어났다. 나는 내 부친의 가정에서조차도 이처럼 대단한 도덕적인 순결성은 찾아보지 못하였다."4

칼빈이 죽고 난 후에도 그의 치리가 그렇게 길고도 깊게 여전히 영향력을 미쳤다는 것에 대해서 이보다 더 강력하고 공정하며 생생하게 증언해주는 내용은 거의 상상조차 할 수 없을 것이다〈**해설 26**〉.

주)
1. Gabere(l, I. 612)과 Stahelin(I. 864)에 의해 인용된 쥐리히 도서관의 편지.
2. Kirchhofer, Farel's Leben, II. 125.
3. Thomas M'Crie, *Life of John Knox*(존 녹스의 생애), p.129 (Philadelphia ed. 1845).
4. 1642년에 저술된 안드레애의 자서전과, 1619년의 그의 *Respublica Christianopolitana* 혹은 *Christianopolis*를 보라. 스페너(Spener)는 안드레애의 이 기억을 회상했다.

적용과 실천을 위한 점검과 질문

'쇄신된 제네바'에 대하여

1. 칼빈의 교회 개혁이 가져온 성공은 제네바 도시 전체에 새롭게 쇄신된 모습을 가져왔습니다. 구체적으로 어떤 모습들이었습니까?

2. 이러한 모습에 비추어 볼 때, 오늘날 우리가 이루고 있는 지역 교회가 개선할 것이 있다면 구체적으로 어떤 것입니까?

3. (위 문제의 계속) 이 문제에 대한 실질적인 실천 방안으로 최우선적으로 제시되어야 할 것들 - 예를 들면, 교회직제의 구조조정, 각 기관들의 사명에 대한 인식 변화, 개인 그리스도인으로서의 신앙개혁 분야 등등 - 에 대해서 각자 의견을 제시하고 실천 계획을 세워 봅시다.

4. 성숙한 그리스도인 혹은 진실한 그리스도인이라는 명제 앞에서, 우선 '나' 부디 가장 시급하게 개혁되어야 할 것 세 가지씩을 제시하고, 그러한 개혁이 구체적으로 어떻게 자신이 속한 교회의 '쇄신'에 기여할 수 있겠는지에 대해서 논의해 봅시다.

5. 만일 하나님께서 우리 교회에 점수를 주신다면 몇 점을 받으리라고 예상하십니까? 왜 그렇습니까? 미달된 점수를 회복할 구체적인 방안은 무엇입니까?

제12장 | 쇄신된 제네바 · 267

해설 25

루터파 일치신조

독일에서의 종교개혁은 본질적으로 루터와 관련되어 있으며 네 개의 중요한 시기로 나누어 볼 수 있다. 첫 번째 시기는 1517년부터 아우크스부르크(Augsburg) 의회와 아우크스부르크 신앙고백이 있었던 1530년까지이다. 두 번째 시기는 1530년부터 소위 아우크스부르크 화의(Peace of Augsburg)라고 하는 1555년까지의 기간이며, 세 번째는 1555년부터 루터파의 교리인 '일치신조'(Formula of Concord)를 완성한 1577년까지 또는 일치신조서가 출판되고 발표된 1580년까지이다. 마지막으로 네 번째 시기는 1580년부터 1648년 30년 전쟁의 종결기까지로 나눌 수 있다.

해설 26

우리 사회의 쇄신을 향하여

칼빈의 개혁신앙 정책은 확실히 지역사회의 도덕적 수준을 한 단계 위로 월등히 끌어올려 놓았다. 즉 신실한 기독교 공동체가 실재로 존재하게 됨으로써 나타난 변화는 무엇보다도 더불어 사는 사회가 현실적으로 출현했다고 하는 점에서 각별한 의의를 찾을 수 있다.

"… 저급한 술집이나 주점들은 폐지되었고 폭음하는 사람들도 줄어들었다. 거리에서의 동냥 행위는 금지되었다. 대신 병원과 빈민을 위한 집들이 제공되었고 지속적으로 원만히 운영되었다. 일할 수 있는 사람에게는 모두 적절한 일자리를 주려고 노력하였다."

"제네바가 자신의 도덕적이고 물질적인 번영, 지적이고 문화적인 활동, 사회적인 세련됨, 세계적인 명성 등을 얻은 것은 모두 다 종교개혁과 칼빈의 치리에 힘입은 바가 크다. 그는 모범적인 공동체의 이상적인 실례를 마련했던 것이다."

칼빈의 가르침을 받은 개혁교회가 이러한 사회를 선도했고 앞장서서 구현했다. 즉 교회가 교회다운 모습을 온전히 갖춤으로써 이러한 사회가 출현할 수 있었다. 교회의 온전한 모습은 교회 내에 설정된 직분이 그 기능을 제대로 수행할 때에 구현된다. 이때 특별히 '집사의 직분'은 교회의 대표적인 모습중의 하나인 '섬기는 공동체'의 실상을 구현하는 일과 직결되어 있다. 실제로 '집사'라는 말 자체도 '섬김'이라는 의미에서 온 것이다. 그런데 이 집사의 직분은 다른 직분과 서열상 똑같으며 결코 열등하지 않다. 또한 집사직은 여성이 취할 수 있는 직분이기도 했다. 칼빈은 집사의 직분이 수행해야 하는 중요한 두 가지 사역을 제시하는데, 첫째는 구제하는 일이고, 둘째는 병든 자들을 위로하는 일이다(*Inst*, 4.3.9).

칼빈 당시 제네바 교회의 집사들은 교회의 복지시설이라 할 수 있는 구빈원 (hospital)에서 봉사하면서 병자들을 돌보고 가난한 자들과 노인, 과부, 고아들 및 생활이 어려운 사람들에게 물자를 제공하였다. 제네바 시에 구걸하는 자들이 없었던 것은 칼빈이 이와 같은 자신의 교회적 정책이 실제적으로 사회 속에서 펼쳐지도록 부단히 신경을 썼기 때문이었다. 칼빈은 죽음을 앞둔 고별사에서 목사들에게 말하기를, "진정한 개혁은 말만으로는 성취될 수 없는 것이다"라고 하였다.

앙드레 비엘레(Andre Bieler)가 칼빈의 교회관 연구를 통하여 확실하게 파악했듯이, 오늘날의 현대 교회는 집사 직분이 효과적으로 성경적 기능을 발휘하게 함으로써, 재물이 부자에게서 가난한 자에게로 원활하게 유통되게 하여, 교회가 추구해야 할 '이상적 경제 질서'를 세상에서 실현할 수 있어야 한다. 그는 "성도들은 하나님께서 자신들에게 주신 은사를 서로 교환하겠다고 하는 서약을 전제로 교회 안으로 모인다"고 했던 칼빈의 말을 소개하면서, 그러나 칼빈 시절의 이 집사 직분이 오늘날에는 아주 빈약하고 창백한 모습으로 약해져 버렸고, 어떻게 보면 사실상 이 직분은 교회 안에서 사라져 버렸다 해도 과언이 아니라면서 탄식한다.

실제로 현대 교회에서 집사직의 실상은 어떠한가? 사실 현대 교회에 나타난 집사직의 타락상에 대해서 일일이 열거하는 것은 입만 아프겠고, 우리네가 처한 측은한 처지를 더욱 부끄럽게 할 것이 틀림없지만, 그럼에도 불구하고 교회의 개혁, 아니 성경적 교회의 실상을 구현해야만 하는 영적 생명력의 용트림으로 말미암아 이 문제는 부득불 해결되어야 할 명제로 떠오른다.

집사의 직분이 본래의 의미를 되찾고, 그것이 마땅히 발휘해야 할 기능을 제대로 나타낼 때에, 비로소 교회는 예수 그리스도의 제사장직의 찬란한 광채를 발휘하게 될 것이다. 화란계 미국의 저명한 신학자요 개혁파 교회의 목사인 카이퍼(R. B. Kuiper) 교수는 "집사직은 그리스도의 자비의 직분을 대표하고, 자비의 실행은 틀림없이 해방의 위로를 수반한다"(Deacons represent Christ in His office of mercy, and the exercise of mercy certainly entails the consoling of the destressed.)라고 했다(*The Glorious Body of Christ*, p.154.). 교회에서 집사 직무가 가지고 있는 영적 봉사의 정체성과 가치가 교회를 교회되게 함에 있어 얼마나 귀중한 것인가를 충분히 파악할 수 있었기에 카이퍼는 이렇게 말할 수 있었다.